中国创业投资行业发展报告 2016

国家发展和改革委员会财政金融司
中国投资协会股权和创业投资专业委员会
主编　徐晓波　沈志群
副主编　王　丽　胡芳日

企业管理出版社
ENTERPRISE MANAGEMENT PUBLISHING HOUSE

图书在版编目（CIP）数据

中国创业投资行业发展报告. 2016 / 国家发展和改革委员会财政金融司，中国投资协会股权和创业投资专业委员会编著. —增订本. —北京 ：企业管理出版社，2016. 12

ISBN 978－7－5164－1434－7

Ⅰ. ①中… Ⅱ. ①国… ②中… Ⅲ. ①创业投资－研究报告－中国－2016 Ⅳ. ①F832. 48

中国版本图书馆 CIP 数据核字（2016）第 305206 号

书　　名：中国创业投资行业发展报告 2016
作　　者：国家发展和改革委员会财政金融司，中国投资协会股权和创业投资专业委员会
责任编辑：聂无逸
书　　号：ISBN 978－7－5164－1434－7
出版发行：企业管理出版社
地　　址：北京市海淀区紫竹院南路 17 号　邮编：100048
网　　址：http. //www. cmph. cn
电　　话：总编室（010）68701719　发行部（010）68701816　编辑部（010）68701891
电子信箱：niewuyi88@sina. com
印　　刷：虎彩印艺股份有限公司
经　　销：新华书店
规　　格：889mm×1194mm　1/16　20. 5 印张　450 千字
版　　次：2016 年 12 月第 1 版　2016 年 12 月第 1 次印刷
定　　价：180. 00 元

中国创业投资行业发展报告 2016 顾问委员会

主任委员

冯中圣　国家发展和改革委员会财政金融司司长

宋　密　中国投资协会股权和创业投资专业委员会会长

副主任委员

徐晓波　国家发展和改革委员会财政金融司副司长

沈志群　中国投资协会股权和创业投资专业委员会常务副会长

委员

（一）来自部委委员名单

翟　炜　全国人大财经委法案室副巡视员

张昌彩　国务院研究室信息研究司副司长

王　东　国家发展和改革委员会外资司副司长

李聚合　国家发展和改革委员会财金司副司长

邓天佐　科技部科研条件与财务司副司长

杨　岳　国家民政部人事司副司长

唐文弘　国家商务部外资司司长

徐　忠　中国人民银行金融市场司副司长

刘宝柱　国家税务总局所得税司副司长

鲍　绛　全国社保基金理事会股权资产部副主任

段继宁　中国银监会银行三部主任

李文红　中国银监会创新监管部副主任

周石平　国家工商总局企业局局长

王　磊　国家工商总局企业局副局长

丛　林　中国保监会法规部副主任

曾于瑾　中国保监会资金运用监管部主任

刘长春　国务院法制办财金司司长

徐　林　国家发展和改革委员会发展规划司司长

冯中圣　国家发展和改革委员会财金司司长

顾大伟　国家发展和改革委员会外贸司司长

沈竹林　国家发展和改革委员会高技术产业司副巡视员

王建凡　国家财政部税政司司长

曾晓安　国家财政部经建司司长

区利民　国家财政部行政政法司副司长

丛　明　国家税务总局法规司巡视员

谢　庚　全国中小企业股份转让系统公司总经理

郭　松　国家外汇管理局资本项目管理司司长

王建军　中国证监会市场监管部主任

刘健钧　中国证监会私募基金部副主任

刘合斌　国家税务总局政策法规司副司长

李　勇　国家民政部民间组织管理局副局长

许科敏　国家工信部中小企业局副局长

（二）来自省级创业投资企业备案管理部门委员名单

栗志纲　北京市金融工作局副局长

赵春华　河北省发展改革委副主任

柯永果　内蒙古自治区发展改革委副主任

田富英　吉林省发展改革委副主任

曹吉珍　上海市发展改革委副主任

余惊雷　天津市发展改革委副主任

胡景善　山西省发展改革委副主任

何　睿　辽宁省发展改革委副主任

唐　飞　黑龙江省发展改革委副巡视员

王汉春　江苏省发展改革委副主任

徐　幸　浙江省发展改革委副主任

张天培　安徽省发展改革委副主任

温正斌　福建省金融办副主任

邹　洪　江西省发展改革委副主任

潘好亮　山东省发展改革委副主任

刘文生　河南省发展改革委

王宏斌　湖北省发展改革委副主任

汤　兹　湖南省发展改革委副主任

吴维保　广东省发展改革委副主任

朱华友　海南省发展改革委副主任

欧阳林　重庆市发展改革委副主任

黄　河　四川省发展改革委副主任

张美钧　贵州省发展改革党组成员、总规划师，省委全面深化改革领导小组办公室专职副主任

丁兴忠　云南省发展改革委副主任

徐景浙　西藏自治区发展改革委党组成员副主任

唐从军　陕西省发展改革委巡视员

刘　剑　甘肃省发展改革委副主任

杨　扬　青海省发展改革委副主任

冀晓翀　宁夏发展改革委副主任

杜尊亚　新疆维吾尔族自治区发展改革委副主任

刘军国　新疆生产建设兵团发展改革委副主任

张晓萍　哈尔滨市发展改革委副主任

宋长者　长春市发展改革委副主任

李忠信　沈阳市发展改革委副主任

肖生滨　大连市发展改革委副主任

冯铁英　济南市发展改革委副主任

张旭东　青岛市发展改革委副主任

沈　琪　南京市发展改革委副主任

娄仲良　杭州市发展改革委副主任

华弼天　宁波市发展改革委副主任

姚志萍　厦门市金融办党组成员、总经济师

沈　涛　武汉市发展改革委副主任

冯劲夫　成都市发展改革委副主任

赵寅科　西安市发展改革委副主任

（三）来自高校科研院所委员名单

贾　康　财政部财政科学研究所所长

宋　立　国家发展改革委宏观院经济研究所所长

谢志华　北京工商大学创业投资研究中心主任

高　建　清华大学中国创业研究中心主任

刘曼红　中国人民大学风险投资研究中心主任

张　维　天津大学管理与经济学部主任

张陆洋　复旦大学中国风险投资研究中心主任

（四）来自地方创业投资协会委员名单

王松奇　北京市创业投资协会会长

方风雷　北京股权投资基金协会会长

李中和　江苏省创业投资协会名誉会长

王守仁　深圳市创业投资同业公会常务副会长

徐渊哲　中国企业投资协会秘书长

（五）来自中国创投委副会长单位委员名单（按姓氏笔画排列）

马　伟　光大汇益伟业投资管理（北京）有限公司董事总经理

邓　锋　北极光创投董事总经理创始人

邓　伟　亿阳集团股份有限公司创始人、董事长

王　飚　鲁信创业投资集团股份有限公司董事长总经理

王能光　君联资本管理股份有限公司董事总经理、首席财务官

王晓滨　高能天汇创业投资有限公司董事长

王永华　深圳市天图投资管理股份有限公司董事长

冯　涛　北京联创永宣投资管理股份有限公司总裁首席管理合伙人

关　键　北京市京都律师事务所高级合伙人

刘　昼　深圳市达晨创业投资有限公司董事长

刘澄伟　苏州元禾控股股份有限公司总裁

刘　梅　上海浦东发展银行股份有限公司总行投资银行及大客户部副总经理

牟坤林　安徽徽商产业投资基金管理有限公司董事长

中国创业投资行业发展报告 2016 编委会

序　言

党中央、国务院高度重视实施创新驱动发展。党的十八大以来，将创新驱动战略上升为国家战略。习近平总书记指出，综合国力的竞争说到底是创新的竞争，要深入实施创新驱动发展战略，推动科技创新、产业创新、企业创新、市场创新、产品创新、业务创新、管理创新等，加快形成以创新为主要引领和支撑的经济体系和发展模式。创业投资作为推动“双创”的重要资本引擎，促进其持续健康发展工作也受到了党和国家领导人的高度重视。李克强总理强调，坚持市场主导，发展各类创业投资，是落实新发展理念、实施创新驱动发展战略、推进供给侧结构性改革、培育发展新动能和扩大就业重要举措，有利于调动社会投资积极性，支持大众创业、万众创新，促进稳增长、调结构。张高丽副总理代表党中央、国务院亲自出席了今年双创活动周中举办的第四届中国创业投资行业峰会，并作了重要讲话，为创投行业加快发展明确了方向和目标。这是创投行业举办的第一次最高规格的行业盛会，给整个创投行业以极大鼓舞和鞭策，也给未来行业的健康可持续发展注入了极大信心和活力。

2016 年 9 月 20 日，国务院发布《国务院关于促进创业投资持续健康发展的若干意见》（国发［2016］53 号，以下简称《若干意见》），《若干意见》是促进创投行业发展的第一个政策性框架体系文件，为行业的持续健康发展提供了制度保障。创新驱动发展战略是一项长期战略措施，供给侧结构性改革和经济转型升级也是长期艰巨的任务，创业投资作为推动创新驱动和“双创”的重要资本引擎，未来也必将不断发展壮大并发挥出更加重要的积极作用。下一步，为确保各项政策切实落实到位，我们将按照国务院《若干意见》要求，积极会同有关部门加强促进创业投资发展的政策协调，建立部门之间、部门与地方之间政策协调联动机制，加强创业投资行业发展政策和监管政策的协同配合，增强政策针对性、连续性、协同性，推动相关政策落地实施。

近年来，国家先后出台了《国家创新驱动发展战略纲要》等一系列政策措施，大力推动创业创新。当前我国经济发展进入新常态，正处于发展方式和新旧动能转换的关键时期，必须落实好党中央、国务院加快实施创新驱动发展战略，推进“大众创业、万众创新”不断结出新硕果。自 2005 年国家发展改革委、科技部等十部门发布《创业投资企业管理暂行办法》以来，我国创业投资行业进入快速发展阶段，成为促进科技创新成果转化的重要资本力量。截至 2015 年末，全国备案创业投资企业数量达到 1557 家，总资产 4706 亿元，累计投资 17996 家企业，所投资企业工业与服务业增加值为 7520.75 亿元，所投资企业当年提供新增就业岗位 217 万个，取得了良好的经济社会效益。

2016年是我们与中国投资协会股权和创业投资专业委员会合作编撰《中国创业投资行业发展报告》的第六年。与以往年报有所不同的是，今年的行业发展报告在继续全面汇总分析“中国创业投资行业概况”、“备案创业投资企业资本资产、投资行业与股本退出分析”、“备案创业投资企业收益、税收优惠与经济社会贡献”、“各省区市创业投资发展”、“中国备案创业投资企业50强”等行业和地区发展情况的基础上，还增加收录了近两年出台的有关创业投资的法律法规制度，并重点对《国务院关于促进创业投资持续健康发展的若干意见》进行解读。

在编纂《中国创业投资行业发展报告》过程中，国务院各有关部门、各省级创业投资企业备案管理部门和社会各界都给予了大力支持，特别是编写小组的各位专家学者付出了辛勤的劳动，企业管理出版社对“报告”的出版发行也给予了大力支持，在此一并表示衷心感谢，并诚恳希望在各有关方面的继续支持下，通过大家的共同努力，不断提高《中国创业投资行业发展报告》的质量和水平，将其办成能够真正有效引导我国创业投资持续健康发展的白皮书。

国家发展改革委财金司

二零一六年十二月

国务院关于促进创业投资持续健康发展的若干意见

国发〔2016〕53号

各省、自治区、直辖市人民政府，国务院各部委、各直属机构：

创业投资是实现技术、资本、人才、管理等创新要素与创业企业有效结合的投融资方式，是推动大众创业、万众创新的重要资本力量，是促进科技创新成果转化的助推器，是落实新发展理念、实施创新驱动发展战略、推进供给侧结构性改革、培育发展新动能和稳增长、扩就业的重要举措。近年来，我国创业投资快速发展，不仅拓宽了创业企业投融资渠道、促进了经济结构调整和产业转型升级，增强了经济发展新动能，也提高了直接融资比重、拉动了民间投资服务实体经济，激发了创业创新、促进了就业增长。但同时也面临着法律法规和政策环境不完善、监管体制和行业信用体系建设滞后等问题，存在一些投资“泡沫化”现象以及非法集资风险隐患。按照党中央、国务院的决策部署，为进一步促进创业投资持续健康发展，现提出以下意见。

一、总体要求

创业投资是指向处于创建或重建过程中的未上市成长性创业企业进行股权投资，以期所投资创业企业发育成熟或相对成熟后，主要通过股权转让获取资本增值收益的投资方式。天使投资是指除被投资企业职员及其家庭成员和直系亲属以外的个人以其自有资金直接开展的创业投资活动。发展包括天使投资在内的各类创业投资，应坚持以下总体要求：

（一）指导思想。

牢固树立和贯彻落实创新、协调、绿色、开放、共享的发展理念，着力推进供给侧结构性改革，深入实施创新驱动发展战略，大力推进大众创业万众创新，使市场在资源配置中起决定性作用和更好发挥政府作用，进一步深化简政放权、放管结合、优化服务改革，不断完善体制机制，健全政策措施，加强统筹协调和事中事后监管，构建促进创业投资发展的制度环境、市场环境和生态环境，加快形成有利于创业投资发展的良好氛围和“创业、创新＋创投”的协同互动发展格局，进一步扩大创业投资规模，促进创业投资做大做强做优，培育一批具有国际影响力和竞争力的中国创业投资品牌，推动我国创业投资行业跻身世界先进行列。

（二）基本原则。

一是坚持服务实体。创业投资是改善投资结构、增加有效投资的重要手段。要进一步深化简政放权、放管结合、优化服务改革，创新监管方式，既要重视发挥大企业的骨干作用，也要通过创业投资激发广大中小企业的创造力和活力。以支持实体经济发展、助力创业企业发展为本，引导创业投资企业和创业投资管理企业秉承价值投资理念，鼓励长期投资和价值投资，防范和化解投资估值“泡沫化”可能引发的市场风险，积极应对新动能成长过程中对传统产业和行业可能造成的冲击，妥善处理好各种矛盾，加大对实体经济支持的力度，增强可持续性，构建“实体创投”投资环境。

二是坚持专业运作。以市场为导向，充分调动民间投资和市场主体的积极性，发挥市场规则作用，激发民间创新模式，防止同质化竞争。鼓励创业投资企业和创业投资管理企业从自身独特优势出发，强化专业化投资理念和投资策略，深化内部体制机制创新，加强对投资项目的投后管理和增值服务，不断提高创业投资行业专业化运作和管理水平，夯实“专业创投”运行基础。

三是坚持信用为本。以诚信为兴业之本、发展之基，加强创业投资行业信用体系建设，建立和完善守信联合激励和失信联合惩戒制度，促进创业投资企业和创业投资管理企业诚信守法，忠实履行对投资者的诚信义务，创建“信用创投”发展环境。

四是坚持社会责任。围绕推进创新型国家建设、支持大众创业万众创新、促进经济结构调整和产业转型升级的使命和社会责任，推动创业投资行业严格按照国家有关法律法规和相关产业政策开展投资运营活动，按照市场化、法治化原则，促进创业投资良性竞争和绿色发展，共同维护良好市场秩序，树立“责任创投”价值理念。

二、培育多元创业投资主体

（三）加快培育形成各具特色、充满活力的创业投资机构体系。鼓励各类机构投资者和个人依法设立公司型、合伙型创业投资企业。鼓励行业骨干企业、创业孵化器、产业（技术）创新中心、创业服务中心、保险资产管理机构等创业创新资源丰富的相关机构参与创业投资。鼓励具有资本实力和管理经验的个人通过依法设立一人公司从事创业投资活动。鼓励和规范发展市场化运作、专业化管理的创业投资母基金。（国家发展改革委、科技部、工业和信息化部、人力资源社会保障部、商务部、国务院国资委、工商总局、银监会、证监会、保监会按职责分工负责）

（四）积极鼓励包括天使投资人在内的各类个人从事创业投资活动。鼓励成立公益性天使投资人联盟等各类平台组织，培育和壮大天使投资人群体，促进天使投资人与创业企业及创业投资企业的信息交流与合作，营造良好的天使投资氛围，推动天使投资事业发展。规范发展互联网股权融资平台，为各类个人直接投资创业企业提供信息和技术服务。（国家发展改革委、科技部、证监会按职责分工负责）

三、多渠道拓宽创业投资资金来源

（五）大力培育和发展合格投资者。在风险可控、安全流动的前提下，支持中央企业、地方国有企业、保险公司、大学基金等各类机构投资者投资创业投资企业和创业投资母基金。鼓励信托公司遵循价值投资和长期投资理念，充分发挥既能进行创业投资又能发放贷款的优势，积极探索新产品、新模式，为创业企业提供综合化、个性化金融和投融资服务。培育合格个人投资者，支持具有风险识别和风险承受能力的个人参与投资创业投资企业。（国家发展改革委、财政部、国务院国资委、银监会、证监会、保监会按职责分工负责）

（六）建立股权债权等联动机制。按照依法合规、风险可控、商业可持续的原则，建立创业投资企业与各类金融机构长期性、市场化合作机制，进一步降低商业保险资金进入创业投资领域的门槛，推动发展投贷联动、投保联动、投债联动等新模式，不断加大对创业投资企业的投融资支持。加强“防火墙”相关制度建设，有效防范道德风险。支持银行业金融机构积极稳妥开展并购贷款业务，提高对创业企业兼并重组的金融服务水平。完善银行业金融机构投贷联动机制，稳妥有序推进投贷联动业务试点，推动投贷联动金融服务模式创新。支持创业投资企业及其股东依法依规发行企业债券和其他债务融资工具融资，增强投资能力。（国家发展改革委、科技部、人民银行、银监会、证监会、保监会按职责分工负责）

四、加强政府引导和政策扶持

（七）完善创业投资税收政策。按照税收中性、税收公平原则和税制改革方向与要求，统筹研究鼓励创业投资企业和天使投资人投资种子期、初创期等科技型企业的税收支持政策，进一步完善创业投资企业投资抵扣税收优惠政策，研究开展天使投资人个人所得税政策试点工作。（国家发展改革委、科技部、财政部、商务部、税务总局、证监会按职责分工负责）

（八）建立创业投资与政府项目对接机制。在全面创新改革试验区域、双创示范基地、国家高新区、国家自主创新示范区、产业（技术）创新中心、科技企业孵化器、众创空间等，开放项目（企业）资源，充分利用政府项目资源优势，搭建创业投资与企业信息共享平台，打通创业资本和项目之间的通道，引导创业投资企业投资于国家科技计划（专项、基金等）形成科技成果的转化。挖掘农业领域创业投资潜力，依托农村产业融合发展园区、农业产业化示范基地、农民工返乡创业园等，通过发展第二、三产业，改造提升第一产业。有关方面要配合做好项目对接和服务。（国家发展改革委、科技部、工业和信息化部、农业部、商务部按职责分工负责）

（九）研究鼓励长期投资的政策措施。倡导长期投资和价值投资理念，研究对专注于长期投资和价值投资的创业投资企业在企业债券发行、引导基金扶持、政府项目对接、市场化退出等方面给予必要的政策支持。研究建立所投资企业上市解禁期与上市前投资期限长短反向挂钩的制度安排。（国家发展改革委、科技部、财政部、人民银行、证监会按职责分工负责）

（十）发挥政府资金的引导作用。充分发挥政府设立的创业投资引导基金作用，加强规范管理，加大力度培育新的经济增长点，促进就业增长。充分发挥国家新兴产业创业投资引导基金、国家中小企业发展基金、国家科技成果转化引导基金等已设立基金的作用。对于已设立基金未覆盖且需要政府引导支持的领域，鼓励有条件的地方按照“政府引导、市场化运作”原则推动设立创业投资引导基金，发挥财政资金的引导和聚集放大作用，引导民间投资等社会资本投入。进一步提高创业投资引导基金市场化运作效率，促进政策目标实现，维护出资人权益。鼓励创业投资引导基金注资市场化母基金，由专业化创业投资管理机构受托管理引导基金。综合运用参股基金、联合投资、融资担保、政府出资适当让利于社会出资等多种方式，进一步发挥政府资金在引导民间投资、扩大直接融资、弥补市场失灵等方面的作用。建立并完善创业投资引导基金中政府出资的绩效评价制度。（国家发展改革委、科技部、工业和信息化部、财政部按职责分工负责）

五、完善创业投资相关法律法规

（十一）构建符合创业投资行业特点的法制环境。进一步完善促进创业投资发展相关法律法规，研究推动相关立法工作，推动完善公司法和合伙企业法。完善创业投资相关管理制度，推动私募投资基金管理暂行条例尽快出台，对创业投资企业和创业投资管理企业实行差异化监管和行业自律。完善外商投资创业投资企业管理制度。（国家发展改革委、商务部、证监会按职责分工负责）

（十二）落实和完善国有创业投资管理制度。鼓励国有企业集众智，开拓广阔市场空间，增强国有企业竞争力。支持有需求、有条件的国有企业依法依规、按照市场化方式设立或参股创业投资企业和创业投资母基金。强化国有创业投资企业对种子期、初创期等创业企业的支持，鼓励国有创业投资企业追求长期投资收益。健全符合创业投资行业特点和发展规律的国有创业投资管理体制，完善国有创业投资企业的监督考核、激励约束机制和股权转让方式，形成鼓励创业、宽容失败的国有创业投资生态环境。支持具备条件的国有创业投资企业开展混合所有制改革试点，探索国有创业投资企业和创业投资管理企业核心团队持股和跟投。探索地方政府融资平台公司转型升级为创业投资企业。依法依规豁免国有创业投资企业和国有创业投资引导基金国有股转持义务。（国家发展改革委、财政部、国务院国资委、证监会按职责分工负责）

六、进一步完善创业投资退出机制

（十三）拓宽创业投资市场化退出渠道。充分发挥主板、创业板、全国中小企业股份转让系统以及区域性股权市场功能，畅通创业投资市场化退出渠道。完善全国中小企业股份转让系统交易机制，改善市场流动性。支持机构间私募产品报价与服务系统、证券公司柜台市场开展直接融资业务。鼓励创业投资以并购重组等方式实现市场化退出，规范发展专业化并购基金。（证监会牵头负责）

七、优化创业投资市场环境

（十四）优化监管环境。实施更多的普惠性支持政策措施，营造公平竞争的发展环境，深化简政放权、放管结合、优化服务改革，搞好服务，激发活力。坚持适度监管、差异监管和统一功能监管，创新监管方式，有效防范系统性区域性风险。对创业投资企业在行业管理、备案登记等方面采取与其他私募基金区别对待的差异化监管政策，建立适应创业投资行业特点的宽市场准入、重事中事后监管的适度而有效的监管体制。加强信息披露和风险揭示，引导创业投资企业建立以实体投资、价值投资和长期投资为导向的合理的投资估值机制。对不进行实业投资、从事上市公司股票交易、助推投资泡沫及其他扰乱市场秩序的创业投资企业建立清查清退制度。建立行业规范，强化创业投资企业内控机制、合规管理和风险管理机制。加强投资者保护，特别是要进一步完善产权保护制度，依法保护产权和投资者合法经营、合法权益和合法财产。加强投资者教育，相关投资者应为具有风险识别和风险承受能力的合格投资者。建立并完善募集资金的托管制度，规范创业投资企业募集资金行为，打击违法违规募集资金行为。健全对创业投资企业募集资金、投资运作等与保护投资者权益相关的制度规范，加强日常监管。（国家发展改革委、科技部、国务院国资委、证监会按职责分工负责）

（十五）优化商事环境。各地区、各部门不得自行出台限制创业投资企业和创业投资管理企业市场准入和发展的有关政策。建立创业投资行业发展备案和监管备案互联互通机制，为创业投资企业备案提供便利，放宽创业投资企业的市场准入。持续深化商事制度改革，提高工商登记注册便利化水平。促进创业投资行业加强品牌建设。（国家发展改革委、工商总局、证监会会同各有关部门按职责分工负责）

（十六）优化信用环境。有关部门、行业组织和社会征信机构要进一步建立健全创业投资企业、创业投资管理企业及其从业人员信用记录，实现创业投资领域信用记录全覆盖。推动创业投资领域信用信息纳入全国信用信息共享平台，并与企业信用信息公示系统实现互联互通。依法依规在“信用中国”网站和企业信用信息公示系统公示相关信息。加快建立创业投资领域严重失信黑名单制度，鼓励有关社会组织探索建立守信红名单制度，依托全国信用信息共享平台，按照有关法律法规和政策规定实施守信联合激励和失信联合惩戒。建立健全创业投资行业信用服务机制，推广使用信用产品。（国家发展改革委、商务部、人民银行、工商总局、证监会按职责分工负责）

（十七）严格保护知识产权。完善知识产权保护相关法律法规和制度规定，加强对创业创新早期知识产权保护，在市场竞争中培育更多自主品牌，健全知识产权侵权查处机制，依法惩治侵犯知识产权的违法犯罪行为，将企业行政处罚、黑名单等信息纳入全国信用信息共享平台，对严重侵犯知识产权的责任主体实施联合惩戒，并通过“信用中国”网站、企业信用信息公示系统等进行公示，创造鼓励创业投资的良好知识产权保护环境。（国家发展改革委、人民银行、工商总局、知识产权局、证监会等按职责分工负责）

八、推动创业投资行业双向开放

（十八）有序扩大创业投资对外开放。发展创业投资要坚持走开放式发展道路，通过吸引境外投资，引进国际先进经验、技术和管理模式，提升我国创业投资企业的国际竞争力。按照对内外资一视同仁的原则，放宽外商投资准入，简化管理流程，鼓励外资扩大创业投资规模，加大对种子期、初创期创业企业支持力度。鼓励和支持境内外投资者在跨境创业投资及相关的投资贸易活动中使用人民币。允许外资创业投资企业按照实际投资规模将外汇资本金结汇所得的人民币划入被投资企业。（国家发展改革委、商务部、人民银行、国家外汇局按职责分工负责）

（十九）鼓励境内有实力的创业投资企业积极稳妥“走出去”。完善境外投资相关管理制度，引导和鼓励创业投资企业加大对境外及港、澳、台地区高端研发项目的投资，积极分享高端技术成果。（国家发展改革委、商务部、人民银行、国家外汇局按职责分工负责）

九、完善创业投资行业自律和服务体系

（二十）加强行业自律。加快推进依法设立全国性创业投资行业协会，鼓励具备条件的地区成立创业投资协会组织，搭建行业协会交流服务平台。充分发挥行业协会在行业自律管理和政府与市场沟通中的积极作用，加强行业协会在政策对接、会员服务、信息咨询、数据统计、行业发展报告、人才培养、国际交流合作等方面的能力建设，支持行业协会推动创业投资行业信用体系建设和社会责任建设，维护有利于行业持续健康发展的良好市场秩序。（国家发展改革委、科技部、民政部、证监会按职责分工负责）

（二十一）健全创业投资服务体系。加强与创业投资相关的会计、征信、信息、托管、法律、咨询、教育培训等各类中介服务体系建设。支持创业投资协会组织通过高等学校、科研院所、群团组织、创业投资企业、创业投资管理企业、天使投资人等多种渠道，以多种方式加强创业投资专业人才培养，加大教育培训力度，吸引更多的优秀人才从事创业投资，提高创业投资的精准度。（国家发展改革委、科技部、证监会按职责分工负责）

十、加强各方统筹协调

（二十二）加强政策顶层设计和统筹协调。国家发展改革委要会同有关部门加强促进创业投资发展的政策协调，建立部门之间、部门与地方之间政策协调联动机制，加强创业投资行业发展政策和监管政策的协同配合，增强政策针对性、连续性、协同性。建立相关政

府部门促进创业投资行业发展的信息共享机制。（国家发展改革委、证监会会同有关部门按职责分工负责）

各地区、各部门要把促进创业投资持续健康发展作为深入实施创新驱动发展战略、推动大众创业万众创新、促进经济结构调整和产业转型升级的一项重要举措，按照职责分工抓紧制定相关配套措施，加强沟通协调，形成工作合力，确保各项政策及时落实到位，积极发展新经济、培育新动能、改造提升传统动能，推动中国经济保持中高速增长、迈向中高端水平。

国务院

2016 年 9 月 16 日

目　录

前　言

——中国创业投资发展回顾与展望

党的十八大以来，创新驱动发展战略上升为国家战略，国务院先后印发了《国家创新驱动发展战略纲要》等一系列政策措施，大力推动了创业创新，为创业投资提供了大量优秀的投资标的，而创业投资为推动“双创”事业也做出了重要贡献，创业、创新、创投三个要素叠加，不断推动我国科技进步和繁荣富强。在全国“大众创业、万众创新”战略推动下，我国经济重新激发新活力、新动力，一批新产业、新业态开始出现，涌现出一大批优秀的创业企业，2015 年创投活跃度明显增加。基于全国备案创业投资企业年检数据分析，2015 年度我国创投行业发展呈现以下特征：

1. 创业投资行业继续保持增长态势

截至 2015 年末，全国备案创业投资企业 1557 家，增长 1.96%，增长速度相比上年下降 3.13 个百分点。从备案创业投资企业投资运作状况看，总体上更趋稳健。2014 年，有 39 家备案创业投资企业，因基金存续期满、业务转型、变更注册地点、注册资金不到位及投资运作不符合十部委办法规定等原因而退出备案；2015 年只有 17 家退出备案。

与备案创业投资企业数量持续增长相对应，我国备案创业投资企业的资产规模也迅速增加。截至 2015 年末，我国备案创业投资企业资产总规模达 4706 亿元（不含承诺资本额），增长 22.61%，增速比上年增加 6.18 个百分点。

2. 在组织形式方面，有限合伙型比例持续提高，公司型的绝对数量和金额均保持增长

从创业投资企业数量看，截至 2015 年末，公司型创业投资企业占 80.27%，同比下降 1.42 个百分点；有限合伙型创业投资企业占 20.25%，同比提高 1.47 个百分点。但是，公司型创业投资企业的绝对数量和金额仍保持增长。2015 年度，公司型创业投资企业数量增加 31 家；合伙型创业投资企业数量增加 32 家。

从创业投资企业资产看，截至 2015 年末，公司型创业投资企业占 89.04%，同比提高 0.15 个百分点；有限合伙型创业投资企业占 9.62%，同比提高 0.01 个百分点。但是，公司型创业投资企业所管理资产的金额也同样保持增长。2015 年度，公司型创业投资企业所管理资产的金额增加 312.21 亿元；合伙型创业投资企业所管理资产的金额增加 33.64 亿元。

我们知道，原有关于创业投资企业的税收优惠政策主要针对公司型创业投资企业，没有将合伙型创业投资企业纳入税收优惠范围，使得大部分合伙型创业投资企业缺乏备案积极性；虽然 2015 年 11 月国家税务总局发布《关于有限合伙制创业投资企业法人合伙人企业所得税有关问题的公告》，将税收优惠政策扩展到所有合伙型创业投资企业，但是大部分企业还未能完全了解该项政策，没能及时到主管部门备案；导致备案合伙型创业投资企业数量远低于公司型创业投资企业。

3. 在管理模式方面，委托管理和自聘团队管理占比连续5年变化不大，表明国内创投管理模式选择趋于成熟

从创业投资企业数量看，截至2015年末，采取自聘管理团队管理的占比下降至60.97%，同比下降0.97个百分点；委托其他创业投资企业管理的占比下降至4.79%，同比下降0.07个百分点；委托创业投资管理企业管理的占比上升至34.24%，同比提高1.04个百分点。两类委托管理型合计占比已经上升到39.25%，同比提高0.97个百分点。

从创业投资企业的资产规模看，截至2015年末，自聘管理团队管理的创业投资企业的资产总规模占比上升至76.34%，同比提高0.87个百分点；委托其他创业投资企业管理的创业投资企业的资产总规模占比上升到3.29%，同比提高0.35个百分点；委托创业投资管理企业管理的创业投资企业的资产总规模占比下降到20.37%，同比下降1.22个百分点；两类委托管理型合计为23.74%，同比下降0.87个百分点。

4. 在资本来源方面，民营资本占比继续上升

从实到资本来源看，截至2015年末，财政预算出资占比上升到15.54%，同比提高0.36个百分点；国有机构占比下降到40.01%，同比下降0.67个百分点。非国有机构占比上升到29.74%，同比上升0.62个百分点；个人出资占比下降到13.57%，同比下降0.07个百分点；外资占比为1.12%，同比略降0.14个百分点。民营资本三项合计占比上升到44.45%，同比上升0.41个百分点。

从承诺资本来源看，截至2015年末，财政预算出资占比上升到13.95%，同比提高0.21个百分点；国有机构占比下降到38.94%，同比下降0.83个百分点。非国有机构占比上升到30.77%，同比上升0.9个百分点；个人出资占比下降到15.05%，同比下降0.07个百分点；外资占比为1.29%，同比略降0.21个百分点。民营资本三项合计占比上升到47.11%，同比上升0.62个百分点。

对比承诺资本来源结构和实到资本来源结构，我们还发现：2015年，非国有机构、个人和外资等民营资本在承诺资本来源总额中的占比上升幅度，高出其在实到资本来源总额中的占比上升幅度0.21个百分点。由于承诺资本体现创业投资企业未来可运用的资本实力，因此，可以预期：民营资本在我国未来创业投资资本来源中还将延续上升态势。

5. 投资规模继续呈现快速增长势头

从投资案例数量看，2015年度新增投资案例2168个，同比多增306个；年末投资案例余额13101个，同比增长11.81%；历年累计投资案例增加到17996个。

与投资案例增长相类似，投资金额也总体保持增加态势。2015年度新增投资金额331.77亿元，同比多增83.74亿元；年末投资余额2049.41亿元，同比增长12.70%；历年累计投资金额增加到2602.85亿元。

6. 创投企业投资活跃度提升

2006～2014年间，单个创业投资企业平均投资案例一直保持在3－4个之间，2015年达到4.76个，说明2015年来我国创业投资企业的投资行为开始回归早期中小企业。

2006～2014年间，单个创业投资企业平均投资金额也一直保持在5000万元左右，但2015年快速提升到7291.66万元，说明2015年来我国创业投资企业资本规模有较大的扩大，单个企业的融资规模也在提高。

7. 投资行业在相对集中于软件产业、医药保健和金融服务业的同时，金融服务业成为新热点

从对不同行业的投资案例分布看，近年来，创业投资企业对网络产业、软件产业、金融服务业、IT服务业和医药保健业等5个行业的投资较多，新能源、传统制造业投资减少。2015年，网络产业跃居第一位，金融服务产业居第二位，软件产业居第三位；到2011年，金融服务产业仍居第一位，新材料工业产业跃居第二位，传统制造业居第三位。

从投资金额看，近年来，创业投资企业对医药保健、网络产业、新能源高效节能技术产业和金融服务产业等4个行业的投资较多。2015年投资金额居前三位的行业分别是：金融服务产业、医药保健、软件产业。

8. 投资阶段开始向早期集中，长期投资成为主流

从不同投资阶段的案例分布看，2015年度，创业投资企业投资于种子期、起步期、扩张期、成熟期和重建期的占比分别为：25.55％、42.44％、28.14％、3.27％、0.6％。从年度变化看，对种子期的投资上升2.94个百分点，对起步期的投资上升1.52个百分点，对其他各阶段的投资占比均有所下降。

从不同投资阶段的金额分布看，2015年度，创业投资企业投资于种子期、起步期、扩张期、成熟期和重建期的占比分别为：9.88％、36.73％、43.26％、7.21％和2.92％。从年度变化看，对起步期的投资占比下降7.88个百分点，对其他各阶段的投资占比均有所上升，特别对扩张期的投资占比上升5.03个百分点。

从不同持股时间投资案例看，2015年度股本退出项目按持股不足1年、持股1～2年、持股2～4年、持股4～7年、持股7年以上等5个类别进行分析，投资占比分别为：9.94％、11.21％、32.36％、35.80％和10.70％。持股不足1年的投资占比虽然下降了0.3个百分点，但仍然较高；可喜的是持股4～7年的投资占比上升了11.02个百分点。

从不同持股时间投资金额看，2015年度股本退出项目按持股不足1年、持股1～2年、持股2～4年、持股4～7年、持股7年以上等5个类别进行分析，投资占比分别为：8.36％、5.11％、38.26％、38.34％和9.93％。虽然持股不足1年的投资占比上升了2.5个百分点；但是，4～7年的投资占比上升了18.38个百分点，跃居第一位。

9. 股本退出案例和金额继续呈“双增”的良好局面

从实现股本退出案例看，2015年实现股本退出案例数为785个，比上年增加111个。截至2015年末，创业投资企业累计实现股本退出案例4896个。

从实现股本退出金额看，2015 年实现股本退出金额达 101.38 亿元，比上年多退出 1.63 亿元。截至 2015 年末，创业投资企业累计实现股本退出的金额达 553.92 亿元。

股本退出继续呈现出案例和金额“双增”的良好局面，一方面得益于 2006 年 3 月 1 日施行《创业投资企业管理暂行办法》以来，我国创投企业得到持续健康发展，培育了不少优质企业；另一方面得益于多层次资本市场建设的不断完善，为创投企业实现股本退出创造了多元通道。

10. 经济社会贡献显著，但经济社会贡献率下降明显

2015 年，创业投资企业所投资企业的年末就业人数为 198.67 万人，所投资企业的研发投入为 758.72 亿元，所投资企业销售额为 19157.35 亿元，所投资企业工业与服务业增加值为 7520.75 亿元，所投资企业缴纳税金 841.63 亿元。

从相关指标看，我国创业投资企业通过支持企业的创业活动，在增加就业岗位、提高企业研发能力、促进创新产品产业化、支撑 GDP 增长和促进税收增长等多方面做出了重要贡献。创业投资企业培育了一大批企业，很多企业壮大为新兴产业的龙头试点企业，代表先进产业的发展方向。

但是，我们也应当看到，我国创业投资业发展也存在许多问题。一些创业投资企业热衷于“赚快钱”，为所投企业提供增值服务的意识比较淡薄，投后管理能力欠缺。少数创业投资企业的投资运作不够规范，假借“创业投资”名义变相从事贷款和担保活动，或涉及从事证券投资。备案管理以来，备案管理部门共对 203 家创业投资企业和管理企业取消备案资格（其中，有部分是因为创业投资企业到期清算注销备案），对若干有望通过整改实现规范运作的创业投资企业，在暂时保留备案的同时，向其提出限期整改要求。

同时，创业投资相关法律法规的不完善也在一定程度上制约了我国创业投资行业的发展。自 2005 年国家发展改革委、科技部等 10 个部门发布《创业投资企业管理暂行办法》已经有十年多了，原有相关创业投资规章制度已经不能适应新经济环境和创投发展需求，必须通过顶层设计加以解决。

可喜的是，在 2016 年，中国创投业无论是宏观层面还是微观层面，都发生巨大变化。一方面，三大国家级政府引导基金平台（国家新兴产业创业投资引导基金、全国中小企业发展基金、科技成果转化引导基金）进入实际运作阶段；二是国务院发布《国务院关于促进创业投资持续健康发展的若干意见》。该文件是我国创业投资 20 年来第一部以国务院名义印发的促进行业持续健康发展的系统性、前瞻性的政策框架体系，是创投行业发展的纲领性文件，它标志着我国创业投资将迎来持续健康发展的黄金时代。

第一篇　中国创业投资行业概况

第1章 创业投资机构数量与资产规模增长状况

1.1 2006～2015年度创业投资企业数量增长状况

根据国家发展改革委等十部委于2005年11月颁布、自2006年3月起施行的《创业投资企业管理暂行办法》，国家对创业投资企业实行备案管理，依法完成备案的创业投资企业，投资运作符合有关规定的可享受政策扶持。自2006年国家发展改革委和各省级备案管理部门启动创业投资企业备案管理工作以来，绝大多数创业投资企业积极向备案管理部门申请备案。截至2015年末，全国备案创业投资企业共计1356家（见表1-1和图1-1）。

表1-1 2006～2015年度创业投资企业备案数量增长状况（家,%）

年度	年度新增	年度退出	年度总数	较上年度增长
2006	112	0	112	—
2007	87	0	199	77.68
2008	139	2	336	68.84
2009	137	2	471	40.18
2010	206	17	660	40.13
2011	253	4	909	37.73
2012	227	41	1095	20.46
2013	175	35	1235	12.79
2014	97	39	1293	4.70
2015	80	17	1356	4.87

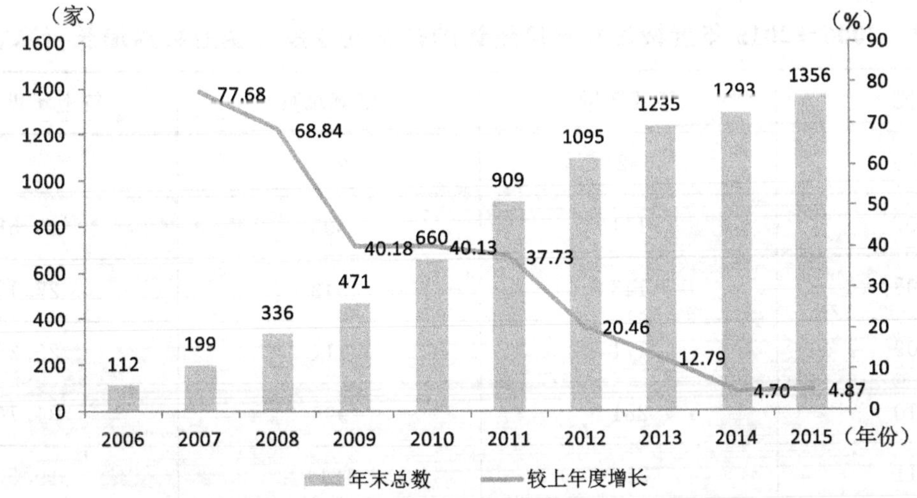

图1-1 2006～2015年度创业投资企业备案数量增长状况

从备案创业投资企业投资运作状况看，总体上都比较稳健，仅有少数创业投资企业退出备案。2006 年以来，因存续期满、业务转型、变更注册地点、注册资金不到位及投资运作不符合十部委办法等原因而注销备案，退出备案管理系统的创业投资企业累计 157 家，其中 2012 年退出的创业投资企业达 41 家，2014 年退出的创业投资企业达 39 家，2015 年退出数量有所减少，2014 年退出的创业投资企业只有 17 家，这表明我国创业投资在政府政策的推动下，创业投资市场再次活跃有一定关系。

鉴于创业投资企业从设立到备案具有时滞，仅按备案年度统计不能反映各备案创业投资企业实际设立年份，我们还按设立年度口径，对备案创业投资企业的数量增长状况进行了分析。从表 1-2 和图 1-2 可以看出，2005 年 11 月《创业投资企业管理暂行办法》的发布，对于促进创业投资企业发展起到了明显的促进作用，2006 年当年（即办法施行的第一年）全国新设立的备案创业投资企业即达 52 家。2007 年 2 月财政部、国家税务总局联合发布《关于促进创业投资企业发展有关税收政策的通知》后，新设立创业投资企业数量有较快增长，2007、2008 年全国新设立的备案创业投资企业分别达 141 家、148 家。尽管 2008 年下半年爆发的国际金融危机对全球创业投资发展带来了负面影响，但 2009 年我国新设立的备案创业投资企业仍达 171 家。2009 年 10 月创业板的开通，极大地刺激了创业投资活动，2010 年全年新设立的目前仍备案在册的创业投资机构 281 家。进入 2013 年，受我国资本市场行情不景气和中国证监会暂停 IPO 影响，当年新增创业投资企业仅有 87 家。2013 年 6 月，中央编办印发《关于私募股权基金管理职责分工的通知》，对私募股权基金管理职责重新分工：证监会负责私募股权基金的监督管理，实行适度监管，保护投资者权益；发展改革委负责组织拟订促进私募股权基金发展的政策措施，会同有关部门研究制定政府对私募股权基金出资的标准和规范。部分创业投资企业以为只需到证监会进行监管备案，不再需要到发展改革委进行发展备案和年检，导致 2014、2015 年新增创业投资企业数量持续下降，2015 年新增创业投资企业仅 30 家。截至 2015 年末，全国备案创业投资企业数量增加到 1557 家（含 2015 年末以前设立，在 2015 年末至本报告出版前备案的创业投资企业）（见表 1-2 和图 1-2）。

表 1-2 2006～2015 年度按设立年度统计的备案创业投资企业数量增长（家，%）

年度	年度新增	年度总数	较上年度增长
2006	52	254	—
2007	141	395	39.58
2008	148	543	27.17
2009	171	714	25.26
2010	281	995	34.10
2011	216	1211	19.55

续表

年度	年度新增	年度总数	较上年度增长
2012	154	1365	11.70
2013	87	1452	6.22
2014	75	1527	5.09
2015	30	1557	1.96

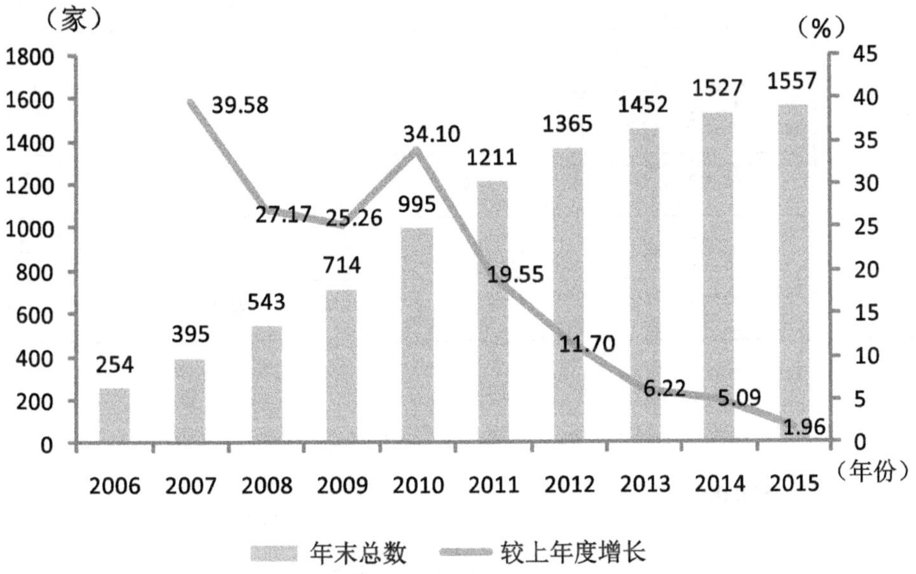

图 1-2 2006～2015 年度按设立年度统计的备案创业投资企业数量增长

1.2 2006～2015 年度备案创业投资管理企业数量增长状况

按照《创业投资企业管理暂行办法》，创业投资企业实行委托管理的，其受托管理机构（包括专业创业投资管理顾问企业、受托管理其他创业投资企业资产的创业投资企业）需要附带备案。从附带备案的创业投资管理企业的状况来看，自 2007 年以来，各年度新备案创业投资管理企业的数量稳步增长，但 2011 年以来增长速度开始放缓。截至 2015 年底，附带备案的创业投资管理企业共计 306 家，较上年增长 11.27%（见表 1-3 和图 1-3）。

表 1-3 2006～2015 年度创业投资管理企业附带备案数量增长（家，%）

年度	年度新增	年度退出	年度总数	较上年度增长
2006	2	0	2	—
2007	10	0	12	500.00
2008	14	0	26	116.67
2009	17	0	43	65.38
2010	64	2	105	144.19
2011	42	0	147	40.00
2012	48	2	193	31.29
2013	57	7	243	25.91
2014	35	3	275	13.17
2015	34	3	306	11.27

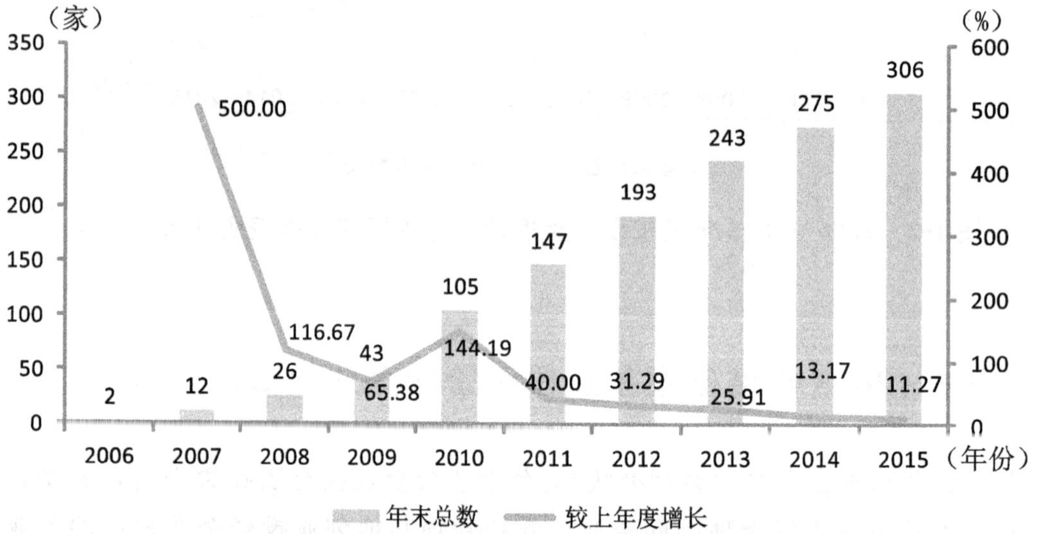

图 1-3 2006～2015 年度创业投资管理企业附带备案数量增长

按实际设立年度口径，截至 2015 年末，创业投资管理企业共计 345 家，较上年增长 4.23%（见表 1-4 和图 1-4）。

表 1-4　2006～2015 年度按设立年度统计的备案创业投资管理企业数量增长（家，%）

年度	年度新增	年度总数	较上年度增长
2006	9	41	—
2007	26	67	59.52
2008	30	97	34.72
2009	33	130	30.00
2010	53	182	35.82
2011	63	245	32.43
2012	40	285	15.85
2013	25	310	8.77
2014	21	331	6.77
2015	14	345	4.23

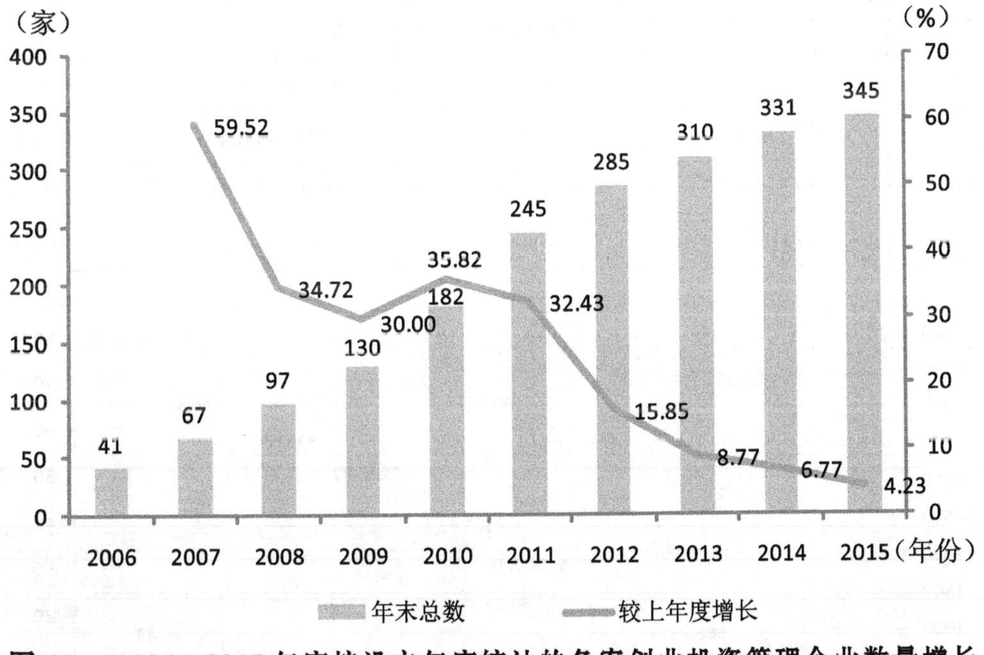

图 1-4　2006～2015 年度按设立年度统计的备案创业投资管理企业数量增长

1.3 2006～2015年度备案创业投资企业资产规模增长状况

根据《创业投资企业管理暂行办法》，创业投资企业以及创业投资管理顾问企业可以代理非创业投资机构或个人的创业投资业务。但鉴于非创业投资机构或个人的创业投资资本属于非组织化的创业投资资本，创业投资企业的资产才可能以组织化的创业投资形式进行运作，本报告仅分析创业投资企业的资产规模。与创业投资企业数量持续增长相对应，2006～2015年，我国创业投资企业的资产规模也迅速增加。截至2015年末，我国备案创业投资企业资产总规模达4705.28亿元（不含承诺资本额），同比增长22.59%（见表1-5和图1-5）。

表1-5 2006～2015年度备案创业投资企业总资产增长（万元，%）

年度	年度新增	年末减少	年末总数	较上年度增长
2006	2974876.85	0	2974876.85	—
2007	2093248.94	0	5068125.79	70.36
2008	1786221.32	2000.00	6852347.11	35.20
2009	2877386.41	24154.01	9705579.51	41.64
2010	6511594.67	168754.91	16048419.27	65.35
2011	6994703.03	28905.83	23014216.47	43.40
2012	5932480.41	478451.11	28468245.77	23.70
2013	4873380.65	376321.93	32965304.49	15.80
2014	6321168.66	904997.59	38381475.56	16.43
2015	9171317.22	499987.80	47052804.98	22.59

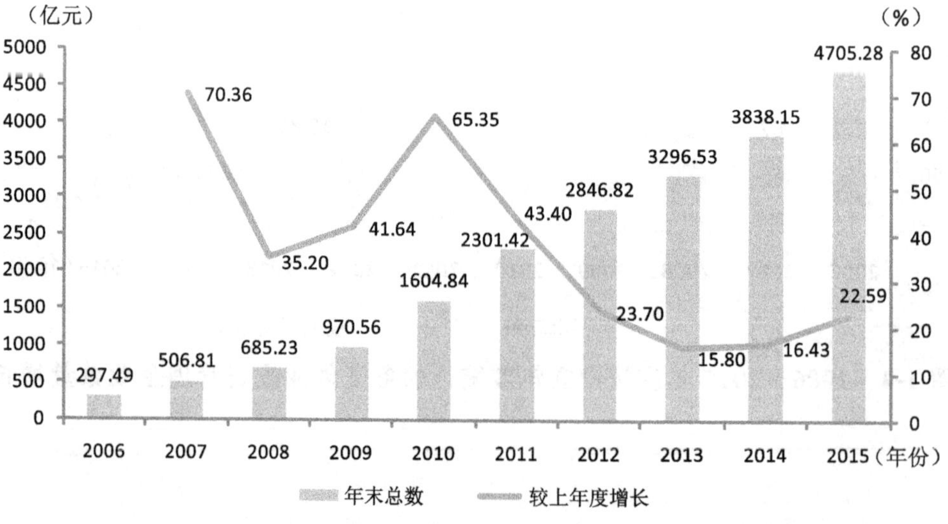

图1-5 2006～2015年度备案创业投资企业总资产增长

第2章　不同类型创业投资企业数量分布状况

2.1　2006～2015 年度按中外资性质分类的数量分布

从备案创业投资企业的中外资性质来看，自 2006 年《创业投资企业管理暂行办法》实施以来，中资创业投资企业的数量一直占绝对多数，占比一直高居 96%以上的水平；外商投资创业投资企业（包括中外合资创业投资企业、外商独资创业投资企业）的数量虽然也呈逐年增加势头，但截至 2015 年末，数量仅为 36 家，占比仅为 2.38%（见表 2-1 和图 2-1）。

表 2-1　2006～2015 年度按中外资性质分类的备案创业投资企业数量分布（家，%）

年度	中资		中外合资		外商独资	
	年末数	所占比率	年末数	所占比率	年末数	所占比率
2006	109	97.32	3	2.68	0	0
2007	195	97.99	4	2.01	0	0
2008	326	96.45	11	3.25	1	0.30
2009	459	96.63	15	3.16	1	0.21
2010	658	96.62	21	3.09	2	0.29
2011	903	96.68	29	3.11	2	0.21
2012	1127	97.07	32	2.76	2	0.17
2013	1301	97.38	33	2.47	2	0.15
2014	1398	97.56	33	2.30	2	0.14
2015	1477	97.62	34	2.25	2	0.13

2.2　2006～2015 年度按组织形式分类的数量分布

按照我国相关法律规定，在我国设立的创业投资企业可以采取有限责任公司、股份有限公司及有限合伙企业的组织形式。从目前备案创业投资企业的组织形式看，公司型创业投资企业一直占据绝对比重。值得关注的是，近三年来，有限合伙型创业投资机构呈现明显增加的趋势，至 2015 年底，采取有限合伙型的备案创业投资企业达 289 家，占比为

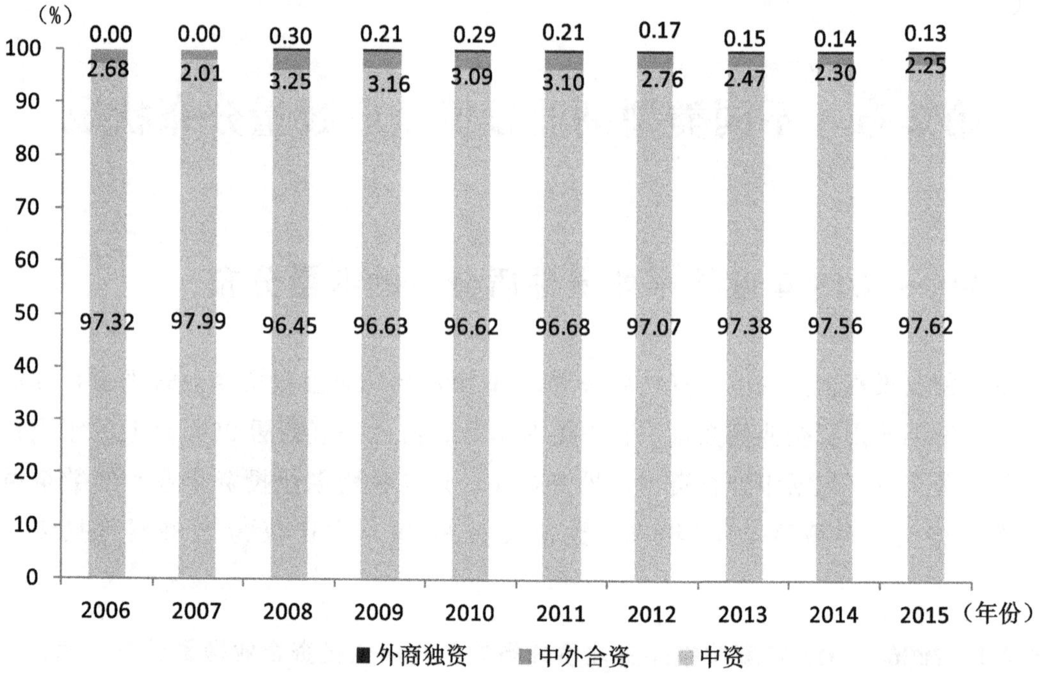

图 2-1　2006～2015 年度按中外资性质分类的备案创业投资企业数量分布

19.10%。此外，还有少数创业投资企业采取了其他组织形式（主要是一些地方政府设立的事业法人组织形式的创业投资企业，这些创业投资企业在治理结构上也类似于公司法人），占比呈逐年下降趋势（见表 2-2 和图 2-2）。

表 2-2　2006～2015 年度按组织形式分类的备案创业投资企业数量分布（家，%）

年度	有限责任公司		股份有限公司		有限合伙		其他	
	年末数	所占比率	年末数	所占比率	年末数	所占比率	年末数	所占比率
2006	100	89.28	9	8.04	0	0.00	3	2.68
2007	180	90.45	13	6.53	0	0.00	6	3.02
2008	303	89.64	21	6.21	4	1.19	10	2.96
2009	431	90.74	25	5.26	8	1.68	11	2.32
2010	611	89.72	28	4.11	29	4.26	13	1.91
2011	815	87.26	29	3.10	75	8.03	15	1.61
2012	971	83.63	34	2.93	140	12.06	16	1.38
2013	1077	80.61	35	2.62	206	15.42	18	1.35
2014	1123	78.37	35	2.44	255	17.79	20	1.40
2015	1168	77.20	36	2.38	289	19.10	20	1.32

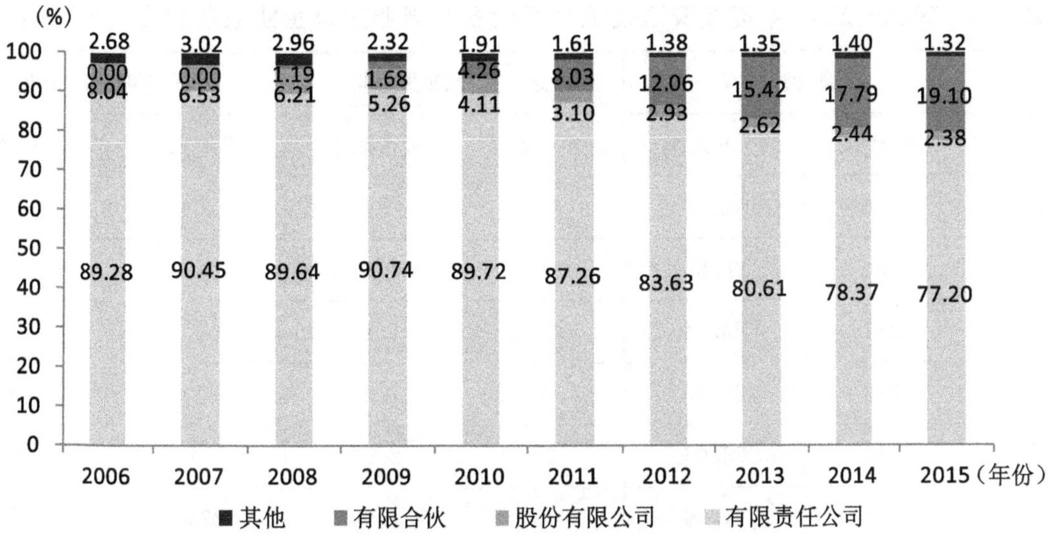

图 2-2　2006～2015 年度按组织形式分类的备案创业投资企业数量分布

2.3　2006～2015 年度按管理模式分类的数量分布

创业投资企业的管理模式包括自我管理和委托管理两类。通常而言，在创业投资发展初期，由于缺乏可以信赖的专业管理机构，创业投资企业往往采取自聘管理团队方式实行自我管理；当创业投资发展到一定阶段，市场上已经涌现出专业管理机构后，新组建的创业投资企业就往往不再自聘管理团队，而是从节约管理成本、享受专业管理服务角度出发，将所组建的创业投资企业资产委托给其他已经取得既有业绩的创业投资企业，特别是已经取得既有业绩的专业创业投资管理机构管理。

从我国近几年的创业投资企业管理模式数据来看，可以看出一些积极的发展变化趋势：一方面，尽管自聘管理团队仍然是我国备案创业投资企业最主要的管理模式，但其比例呈现出逐年下降趋势，截至 2015 年末，采取自聘管理团队管理模式的备案创业投资企业占比为 62.92%，比实施备案管理制度初期的 2006 年下降了 29 个百分点；另一方面，采取委托管理模式的创业投资企业的比例逐年稳步上升，截至 2015 年末，委托其他创业投资企业管理的备案创业投资企业占比为 4.69%，委托创业投资管理顾问企业管理的备案创业投资企业占比为 32.39%，两者合计已经达到 37.08%（见表 2-3 和图 2-3）。

表2-3 2006～2015年度按管理模式分类的备案创业投资企业数量分布（家，%）

年度	自聘管理团队		委托其他创投企业		委托管理顾问企业	
	年末数	所占比率	年末数	所占比率	年末数	所占比率
2006	104	92.86	0	0	8	7.14
2007	181	90.95	1	0.51	17	8.54
2008	281	83.14	4	1.18	53	15.68
2009	388	81.69	6	1.26	81	17.05
2010	518	76.06	20	2.94	143	21.00
2011	664	71.09	45	4.82	225	24.09
2012	781	67.27	56	4.82	324	27.91
2013	863	64.59	63	4.72	410	30.69
2014	914	63.78	67	4.68	452	31.54
2015	952	62.92	71	4.69	490	32.39

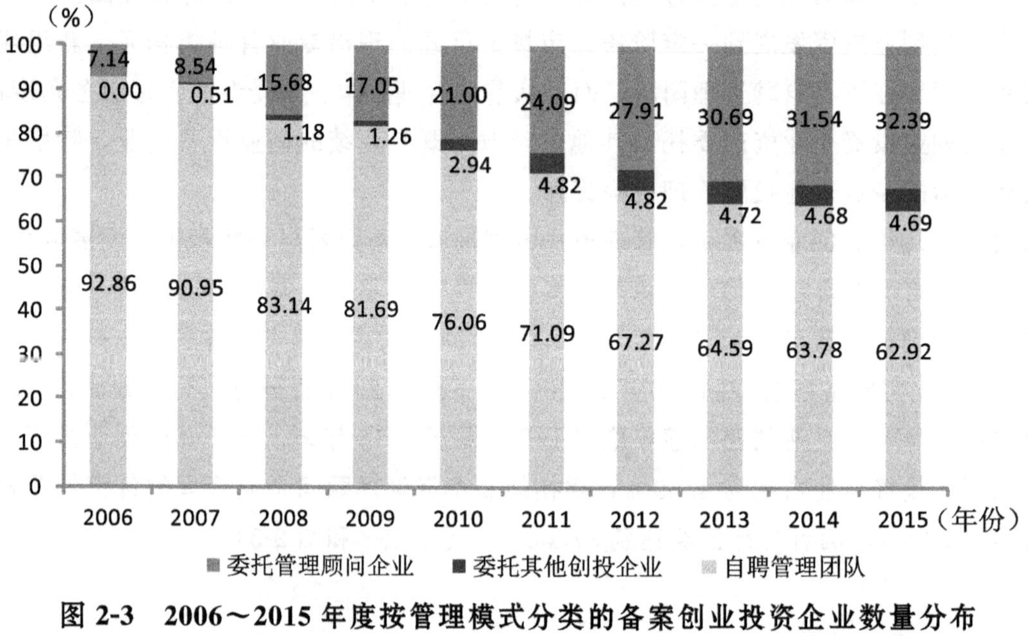

图2-3 2006～2015年度按管理模式分类的备案创业投资企业数量分布

第3章　不同类型创业投资企业资产分布状况

3.1　2006～2015年度按中外资性质分类的资产分布

备案创业投资企业按中外资性质分类的资产结构分布，呈现出与第2章所分析的数量结构相类似的特点：中资创业投资企业的资产规模一直占绝对数额，占比一直高居95%以上的水平；但外商投资创业投资企业（包括中外合资创业投资企业、外商独资创业投资企业）的规模总体上呈下降势头，截至2015年末，规模仅为65.89亿元，占比仅为1.91%（见表3-1和图3-1）。

表3-1　2006～2015年度按中外资性质分类的备案创业投资企业资产分布（万元，%）

年度	中资		中外合资		外商独资	
	年末金额	占比%	年末金额	占比%	年末金额	占比%
2006	2930281.46	98.59	41921.39	1.41	0	0
2007	5014267.40	99.05	48184.39	0.95	0	0
2008	6567519.82	95.96	207121.29	3.03	69032.00	1.01
2009	9236584.39	95.63	353289.12	3.66	69032.00	0.71
2010	14723075.87	96.33	492152.93	3.22	68732.00	0.45
2011	21172474.57	96.33	703712.09	3.21	101968.39	0.46
2012	25646628.48	96.50	748074.78	2.81	183063.25	0.69
2013	27677102.45	97.12	750970.63	2.64	67054.00	0.24
2014	30308721.72	97.97	566802.85	1.83	61818.00	0.20
2015	33777724.84	98.09	648742.83	1.88	10205.83	0.03

3.2　2006～2015年度按组织形式分类的资产分布

从按组织形式分类的资产分布看，2006～2015年，包括有限责任公司型和股份有限公司型创业投资企业的资产总规模占全部创业投资企业资产总规模的比例均占绝大多数。另

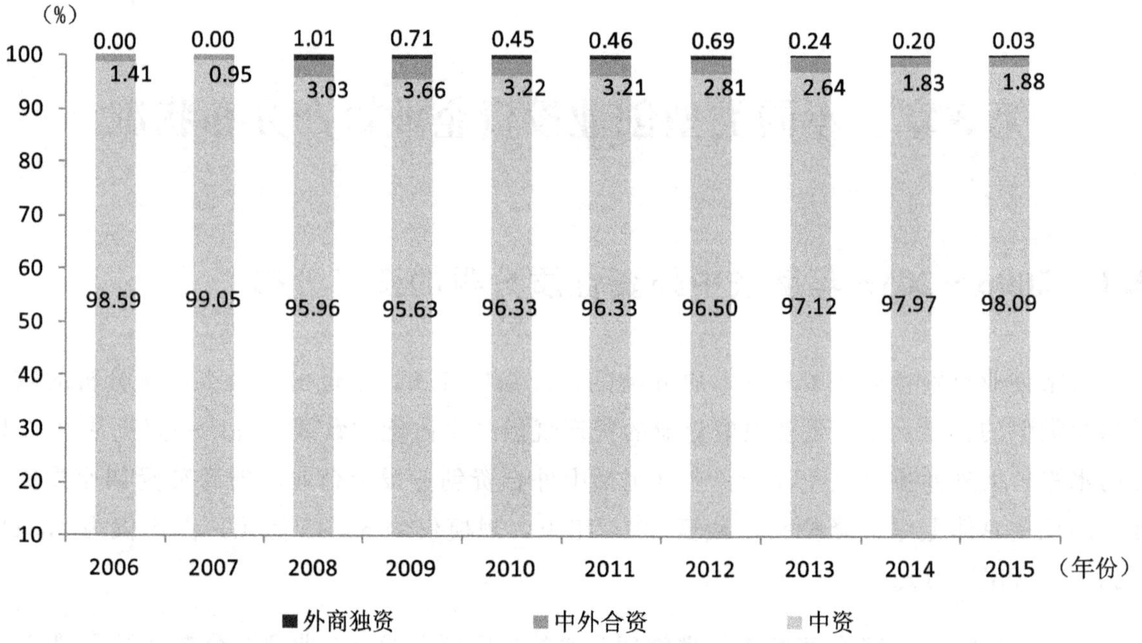

图 3-1 2006～2015 年度按中外资性质分类的备案创业投资企业资产分布

一方面，有限合伙型创业投资企业资产总规模占比在近年呈快速上升势头，截至 2015 年末，总规模占比已从 2009 年末的不到 1%上升到 9.65%（见表 3-2 和图 3-2）。

表 3-2 2006～2015 年度按组织形式分类的备案创业投资企业资产分布（万元,%）

年度	有限责任公司		股份有限公司		有限合伙		其它	
	年末金额	占比	年末金额	占比	年末金额	占比	年末金额	占比
2006	2577452.71	86.72	342091.54	11.51	0	0	52658.60	1.77
2007	4394544.97	86.81	394939.22	7.80	0	0	272967.60	5.39
2008	5888044.55	86.04	559619.03	8.18	35875.03	0.52	360134.50	5.26
2009	8392994.90	86.89	734854.23	7.61	90505.90	0.94	440550.48	4.56
2010	12963692.43	84.82	1500063.92	9.81	379766.69	2.49	440437.76	2.88
2011	18587366.93	84.57	1643328.10	7.48	1206559.88	5.49	540900.14	2.46
2012	22105633.51	83.17	1271479.60	4.79	2466113.21	9.28	734540.19	2.76
2013	23213521.33	81.46	1408116.04	4.94	3021154.01	10.61	852335.70	2.99
2014	26479631.15	85.59	1020832.46	3.30	2972505.46	9.61	464373.50	1.50
2015	27084847.33	78.65	3570794.02	10.37	3322197.38	9.65	458834.77	1.33

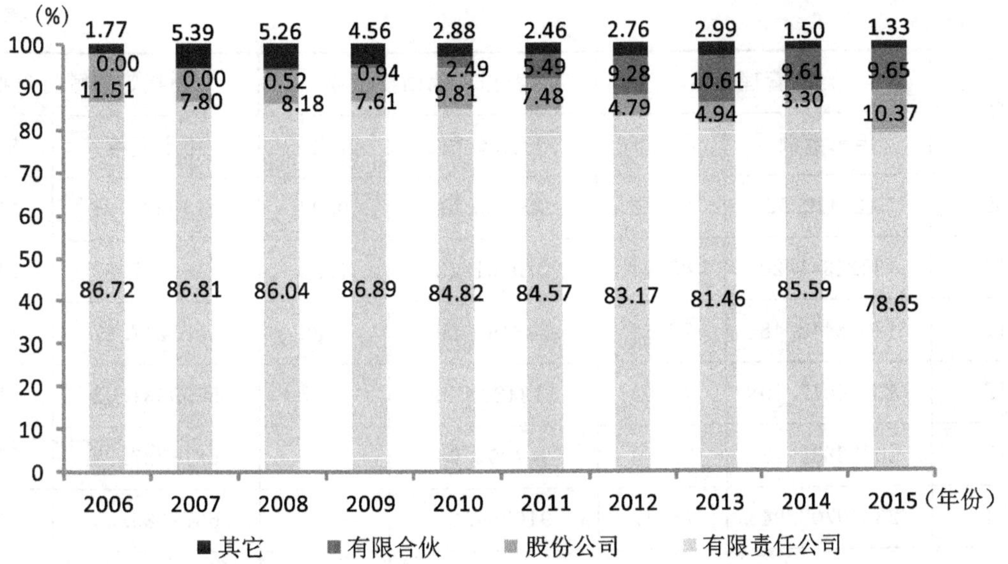

图 3-2　2006～2015 年度按组织形式分类的备案创业投资企业资产分布

3.3　2006～2015 年度按管理模式分类的资产分布

从按管理模式分类的资产分布角度看，自聘管理团队管理的创业投资企业的总资产一直占全部创业投资企业资产总规模的绝对比重，从 2006 至 2013 年度的比例呈明显下降趋势，但 2014、2015 年度的占比开始回升；委托其他创业投资企业或创业投资管理顾问企业管理的创业投资企业的资产总规模虽然仍只占较小比例，从 2006 至 2013 年度呈现出快速上升的势头，但 2014、2015 年度占比有所回调。其中，自聘管理团队管理的创业投资企业的资产总规模的占比从 2006 年末的 95.16%下降为 2015 年末的 76.30%；委托其他创业投资企业或创业投资管理顾问企业管理的创业投资企业的资产总规模占比则从 2006 年末的 4.84%上升为 2015 年末的 23.7%（见表 3-3 和图 3-3）。委托管理型创业投资企业的资产总规模占比，与其总数量占比相比较，低大约 10 个百分点。

表 3-3　2006～2015 年度按管理模式分类的备案创业投资企业资产分布（万元，%）

年度	自聘管理团队		委托其他创投企业		委托管理顾问企业	
	年末金额	占比%	年末金额	占比%	年末金额	占比%
2006	2828221.75	95.16	0	0	143981.10	4.84
2007	4777733.19	94.37	20000.00	0.40	264718.60	5.23
2008	6164775.18	90.08	27879.00	0.41	651018.93	9.51

续表

年度	自聘管理团队		委托其他创投企业		委托管理顾问企业	
	年末金额	占比%	年末金额	占比%	年末金额	占比%
2009	8420412.92	87.18	88816.78	0.92	1149675.81	11.90
2010	12824341.20	83.91	279161.73	1.83	2180457.87	14.26
2011	17058442.48	77.62	848495.20	3.86	4071217.37	18.52
2012	19684012.10	74.06	1134223.39	4.27	5759531.02	21.67
2013	20733833.18	72.76	947956.68	3.33	6813337.22	23.91
2014	23349702.94	75.47	910254.04	2.95	6677385.59	21.58
2015	26273987.06	76.30	1161156.02	3.37	7001530.42	20.33

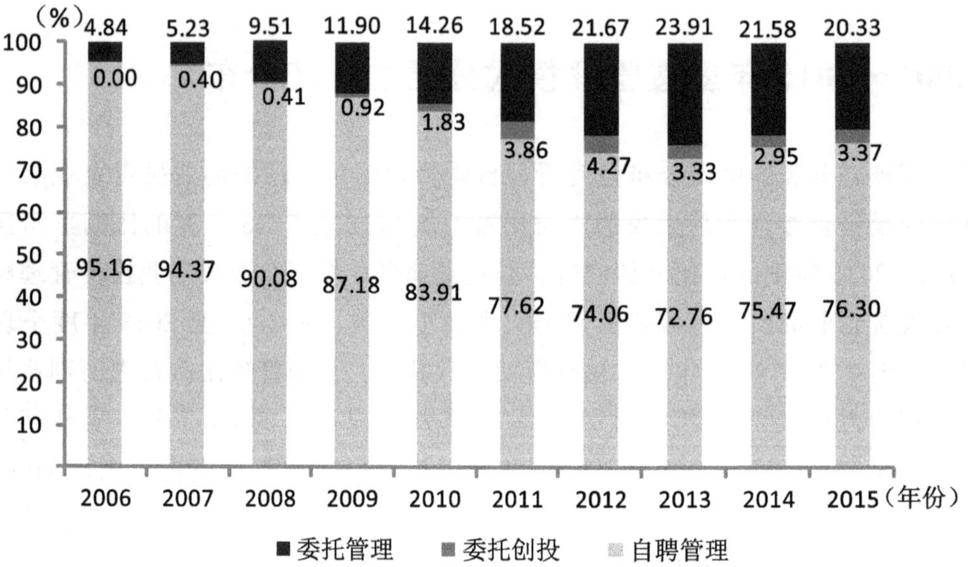

图 3-3　2006～2015 年度按管理模式分类的备案创业投资企业资产分布

第4章　不同类型创业投资企业平均资产规模分布状况

4.1　2006～2015年度按中外资性质分类的平均资产规模比较

平均资产规模是反映和衡量创业投资市场发展的重要指标之一。从表4-1和图4-1可以看出，2014年前，外商独资创业投资企业的平均资产规模明显超过中资和中外合资创业投资企业；但2014年后，中资创业投资企业的平均资产规模增长显著，远远超过外资创业投资企业的平均资产规模。

从趋势看，自2009年以来，中资创业投资企业和中外合资创业投资企业的平均资产规模逐年上升，这可能是由于随着我国创业投资环境的不断改善及国内创业投资专业管理水平的提升，募资能力得到了提升；而外商独资创业投资机构的平均资产规模则呈现出逐年下降的势头。

表4-1　2006～2015年度按中外资性质分类的备案创业投资企业平均资产规模（万元，%）

年度	中资		中外合资		外商独资	
	平均规模	增长率	平均规模	增长率	平均规模	增长率
2006	27132.24	—	13973.80	—	0	—
2007	26252.71	−3.24	12046.10	−13.80	0	—
2008	20523.50	−21.82	17260.11	43.28	69032.00	—
2009	20434.92	−0.43	22080.57	27.93	69032.00	0.00
2010	24416.38	19.48	22370.59	1.31	68732.00	−0.43
2011	26010.41	6.53	27065.85	20.99	33989.46	−50.55
2012	25749.63	−1.00	27706.47	2.37	45765.81	34.65
2013	26949.47	4.60	27813.73	0.39	33527.00	−26.74
2014	31803.49	18.01	25763.77	−7.37	30909.00	−7.81
2015	39973.64	25.69	29488.31	14.46	10205.83	−66.98

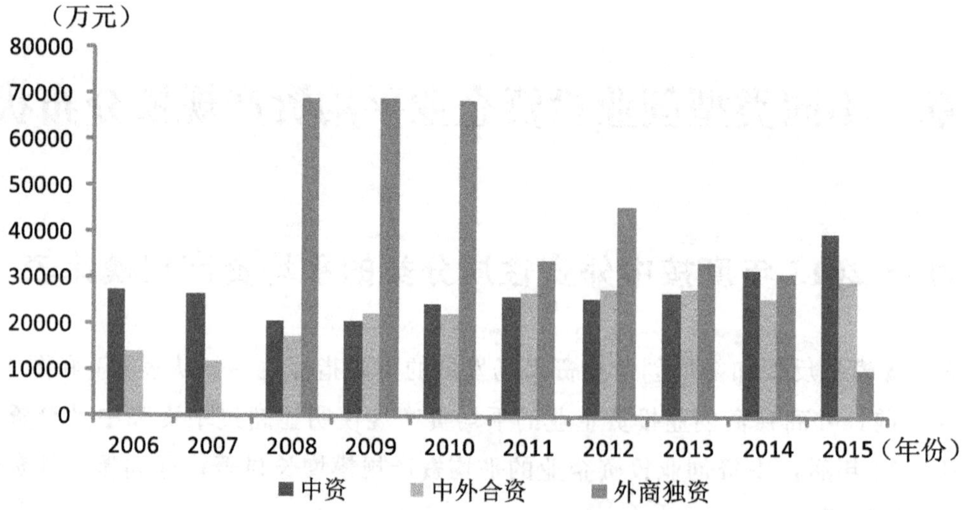

图 4-1　2006～2015 年度按中外资性质分类的备案创业投资企业平均资产规模

4.2　2006～2015 年度按组织形式分类的平均资产规模比较

不同组织形式的创业投资企业，其平均资产规模也有较大差别。在 2006～2015 年间，都呈现出相同的规律：股份有限公司型创业投资企业的平均资产规模显著高于有限责任公司型创业投资企业，有限责任公司型创业投资企业的平均资产规模又显著高于有限合伙型创业投资企业。这和与我国法律体系类似的欧洲大陆法系国家（如德国、法国）的情形比较类似。值得关注的是，2008 至 2012 年，有限合伙制创业投资企业的平均资产规模呈现出稳步增加的趋势，其后的 2013 年度和 2014 年度有所下降，但 2015 年度又迅速增加至 18983.99 万元；特别是股份有限公司制创业投资企业的平均资产规模快速增加到 132251.63 万元（见表 4-2 和图 4-2）。

表 4-2　2006～2015 年度按组织形式分类的备案创业投资企业平均资产规模（万元，%）

年度	有限责任公司		股份有限公司		有限合伙		其它	
	平均规模	增长率	平均规模	增长率	平均规模	增长率	平均规模	增长率
2006	26034.88	—	38010.17	—	0	—	17552.87	—
2007	24969.01	−4.09	32911.60	−13.41	0	—	38995.37	122.16
2008	19758.54	−20.87	27980.95	−14.98	8968.76	—	32739.50	−16.04
2009	19701.87	−0.29	30618.93	9.43	11313.24	26.14	40050.04	22.33

续表

年度	有限责任公司		股份有限公司		有限合伙		其它	
	平均规模	增长率	平均规模	增长率	平均规模	增长率	平均规模	增长率
2010	23190.86	17.71	53573.71	74.97	14065.43	24.33	36703.15	−8.36
2011	25532.10	10.10	58690.29	9.55	16757.78	19.14	36060.01	−1.75
2012	26160.51	2.46	41015.47	−30.12	18403.83	9.82	43208.25	19.82
2013	27934.44	6.78	46937.20	14.44	17068.67	−7.25	47351.98	9.59
2014	35025.97	25.39	37808.61	−19.45	16513.92	−3.25	33169.54	−29.95
2015	41414.14	18.24	132251.63	249.79	18983.99	14.96	38236.23	15.28

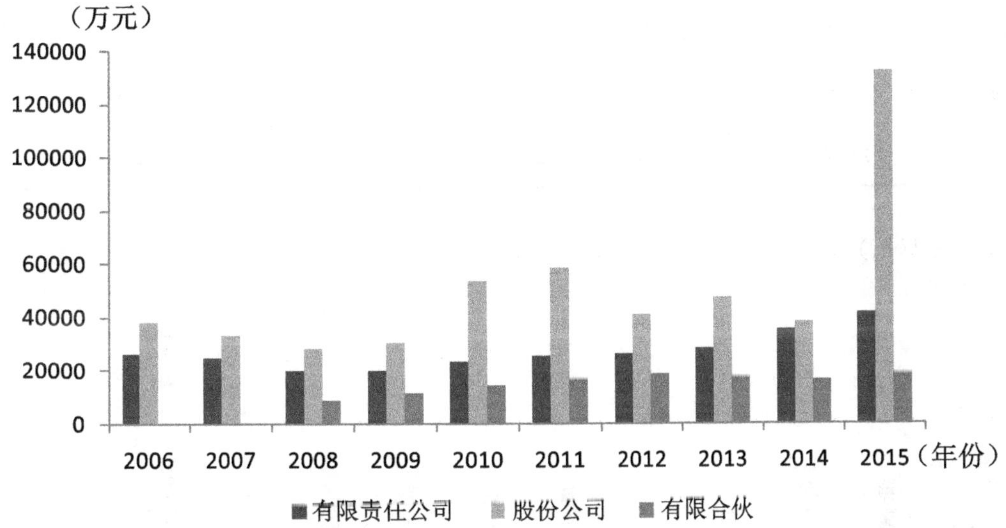

图 4-2　2006～2015 年度按组织形式分类的备案创业投资企业平均资产规模

4.3　2006～2015 年度按管理模式分类的平均资产规模比较

从按管理模式分类的平均资产规模比较看，自聘管理团队进行管理的创业投资企业的平均资产规模显著高于委托其他创业投资企业或创业投资管理顾问企业管理的创业投资企业；委托其他创业投资企业管理的创业投资企业的平均资产规模与委托创业投资管理顾问企业管理的创业投资企业的平均资产规模，则没有显著的差异性（见表 4-3 和图 4-3）。

表 4-3 2006～2013 年度按管理模式分类的备案创业投资企业平均资产规模（万元，%）

年度	自聘管理团队		委托其他创投企业		委托管理顾问企业	
	平均规模	增长率	平均规模	增长率	平均规模	增长率
2006	27458.46	—	0	—	17997.64	—
2007	27146.21	−1.14	20000.00	—	14706.59	−18.29
2008	22417.36	−17.42	6969.75	−65.15	12055.91	−18.02
2009	22158.98	−1.15	12688.11	82.05	14020.44	16.30
2010	27402.44	23.66	14692.72	15.80	15686.75	11.88
2011	29310.04	6.96	18053.09	22.87	19024.38	21.28
2012	29467.08	0.54	19898.66	10.22	19071.29	0.25
2013	31849.21	8.08	17235.58	−13.38	19466.68	2.07
2014	39845.91	25.11	17174.60	−0.35	19755.58	1.48
2015	52865.17	32.67	25242.52	46.98	21543.17	9.05

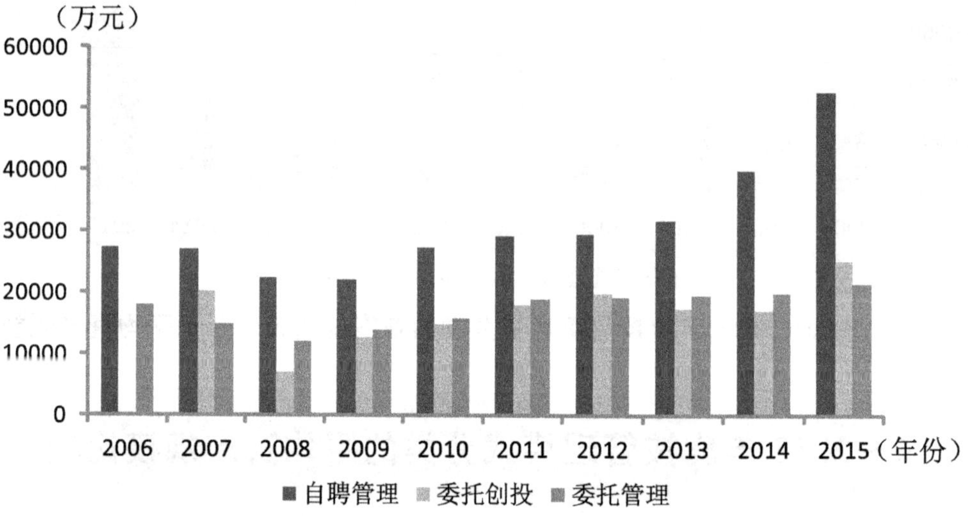

图 4-3 2006～2015 年度按管理模式分类的备案创业投资企业平均资产规模

第 5 章　创业投资机构从业人员数量增长及结构分布状况

5.1　2006～2015 年度创业投资机构从业人员数量增长状况

2006～2015 年，备案创业投资机构从业人员数量从 1771 人增加至 11766 人，但其增长幅度呈现逐年下降趋势。特别是从 2014 年起，备案创业投资机构从业人员呈现负增长，其中 2014 年减少 1593 人，2015 年减少 1220 人（见表 5-1 和图 5-1）。

表 5-1　2006～2015 年度备案创业投资机构从业人员数量增长

年度	年末人数	较上年增加数	较上年增长（%）
2006	1771	—	—
2007	3231	1520	88.84
2008	5045	1814	56.14
2009	6919	1874	37.15
2010	9332	2413	34.87
2011	13151	3819	40.92
2012	14415	1264	9.61
2013	14579	164	1.14
2014	12986	−1593	−10.93
2015	11766	−1220	−9.39

5.2　2006～2015 年度创业投资机构从业人员学历分布状况

2006～2015 年，创业投资机构从业人员的学历均主要以本科占比最高，平均 44.92%，硕士次之，平均达 31.77%，二者合计平均每年占比在 76.69%以上。本科及本科以下学历占比呈下降趋势（见表 5-2 和图 5-2）。

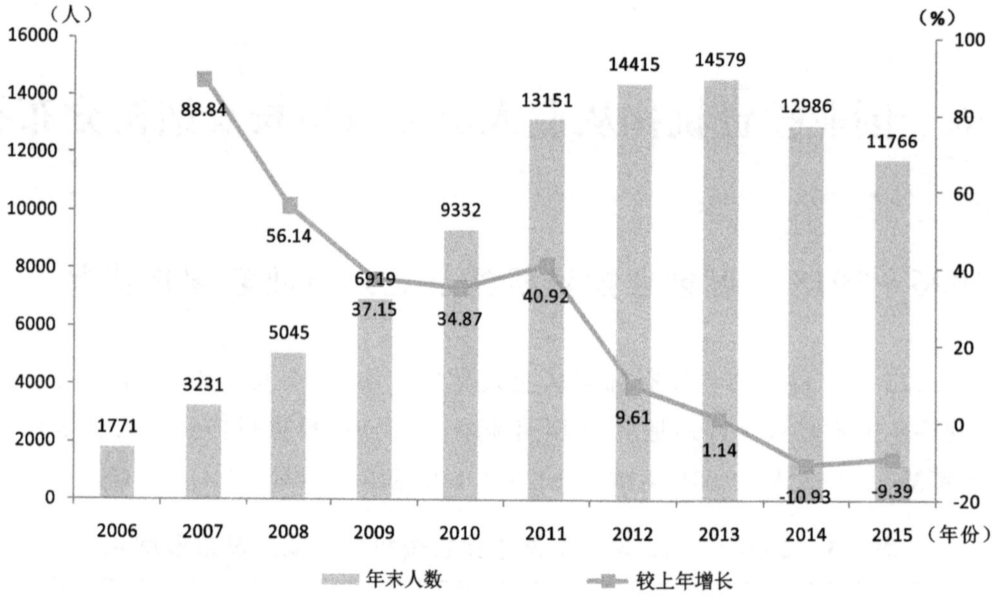

图 5-1　2006～2015 年度创业投资机构从业人员数量增长

表 5-2　2006～2015 年度备案创业投资机构从业人员学历结构（人,%）

年度	博士		硕士		本科		本科以下	
	人数	占比	人数	占比	人数	占比	人数	占比
2006	70	4.13	521	30.74	706	41.65	398	23.48
2007	115	3.70	847	27.26	1422	45.77	723	23.27
2008	186	3.91	1391	29.32	2138	45.06	1030	21.71
2009	254	3.92	1919	29.60	2936	45.29	1374	21.19
2010	358	4.33	2501	30.28	3767	45.61	1634	19.78
2011	498	4.60	3324	30.77	4991	46.20	1991	18.43
2012	575	4.64	3990	32.20	5611	45.28	2215	17.88
2013	643	5.28	4140	33.99	5484	45.02	1913	15.71
2014	566	5.29	3840	35.88	4795	44.80	1502	14.03
2015	498	5.13	3660	37.67	4325	44.51	1233	12.69

2015 年，备案创业投资机构本科学历从业人员占比为 44.51%，硕士学历从业人员占比为 37.67%，本科以下学历从业人员占比为 12.69%，具有博士学历的从业人员占比为 5.13%（见图 5-3）。

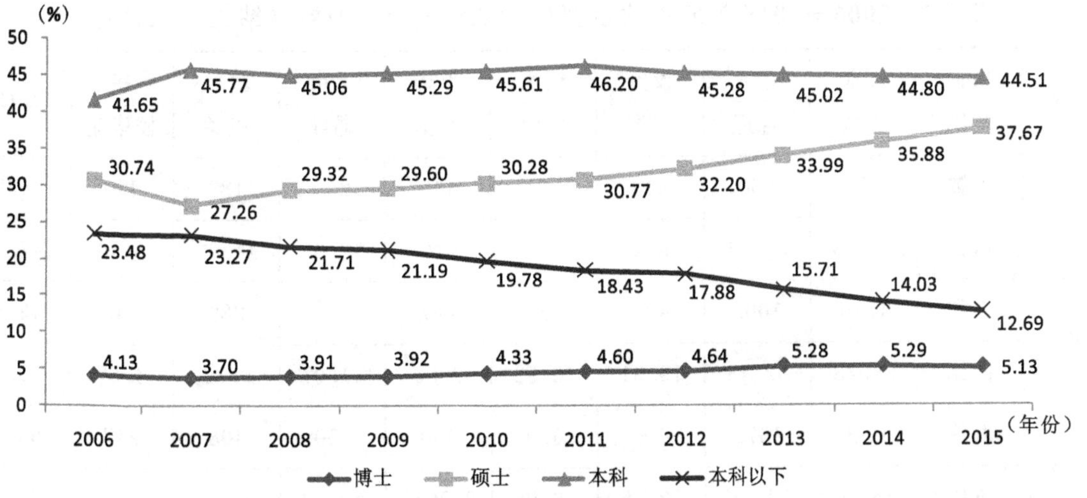

图 5-2　2006～2015 年度备案创业投资机构从业人员学历结构

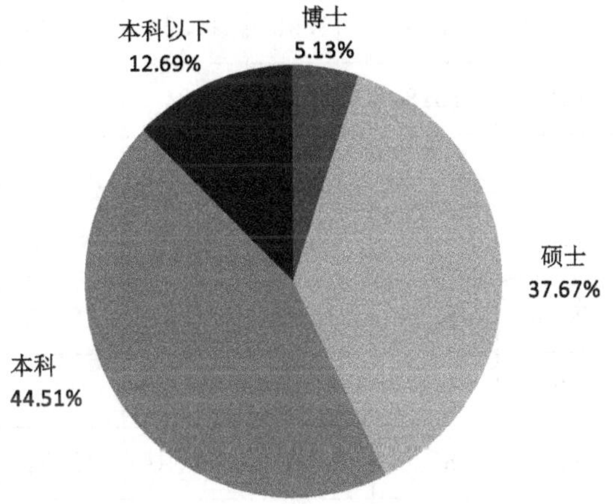

图 5-3　2015 年度备案创业投资机构从业人员学历结构

5.3　2006～2015 年度创业投资机构从业人员从业背景分布状况

2006～2015 年，备案创业投资机构从业人员的从业背景主要集中在创业投资、企业管理和投资咨询三个领域，三者合计占比均在 80%以上。各年度从业人员在其进入当时所在创业投资机构前平均拥有 1.47、1.39、1.32、1.34、1.34、1.31、1.32、1.32、1.32、1.30 个不同领域的从业背景。这主要是因为创业投资涉及创业和投资各方面知识技能，复合型人才更适合从事创业投资工作（见表 5-3）。从 2009 年起，各种从业背景的创业投资机构从业人员的占比趋于稳定（见图 5-4）。

表 5-3 2006～2015 年度创业投资机构从业人员从业背景结构（人,%）

年度	指标类别	创业投资	企业管理	投资咨询	技术研发	市场营销	上市辅导	政府机关	直接学校毕业	合计
2006	人数	754	560	313	221	149	205	187	110	2499
	占比	44.48	33.04	18.47	13.04	8.79	12.09	11.03	6.49	147.43
2007	人数	1219	1009	600	420	297	344	289	140	4318
	占比	39.23	32.48	19.31	13.52	9.56	11.07	9.30	4.51	138.98
2008	人数	1746	1475	909	520	430	550	408	247	6285
	占比	36.80	31.09	19.16	10.96	9.06%	11.59	8.60	5.21	132.47
2009	人数	2335	2029	1215	708	726	762	569	356	8700
	占比	36.02	31.30	18.74	10.92	11.20	11.75	8.78	5.49	134.20
2010	人数	2900	2488	1618	847	994	1047	726	443	11063
	占比	35.11	30.12	19.59	10.25	12.03	12.68	8.79	5.36	133.93
2011	人数	3818	3190	2048	1016	1247	1324	917	558	14118
	占比	35.34	29.53	18.96	9.40	11.54	12.25	8.49	5.16	130.67
2012	人数	4629	3662	2337	1124	1376	1554	1019	644	16345
	占比	37.36	29.55	18.86	9.07	11.10	12.54	8.22	5.20	131.90
2013	人数	4647	3567	2267	1103	1307	1508	1025	620	16044
	占比	38.15	29.29	18.61	9.06	10.73	12.38	8.42	5.09	131.73
2014	人数	4128	3169	1985	977	1013	1333	907	593	14105
	占比	38.57	29.61	18.55	9.13	9.46	12.45	8.47	5.54	131.78
2015	人数	3781	2839	1793	857	874	1134	775	558	12611
	占比	38.92	29.22	18.45	8.82	9.00	11.67	7.98	5.74	129.80

注："从业背景"特指来所在创投机构前就具有的从业背景，一个从业人员可能有多种从业背景。

2015 年当年，备案创业投资机构从业人员从业背景为创业投资、企业管理、投资咨询、上市辅导、市场营销、技术研发、政府机关及直接从学校毕业的人员所占比例分别为 38.92%、29.22%、18.45%、8.82%、9.00%、11.67%、7.98%和 5.74%（见图 5-5）。

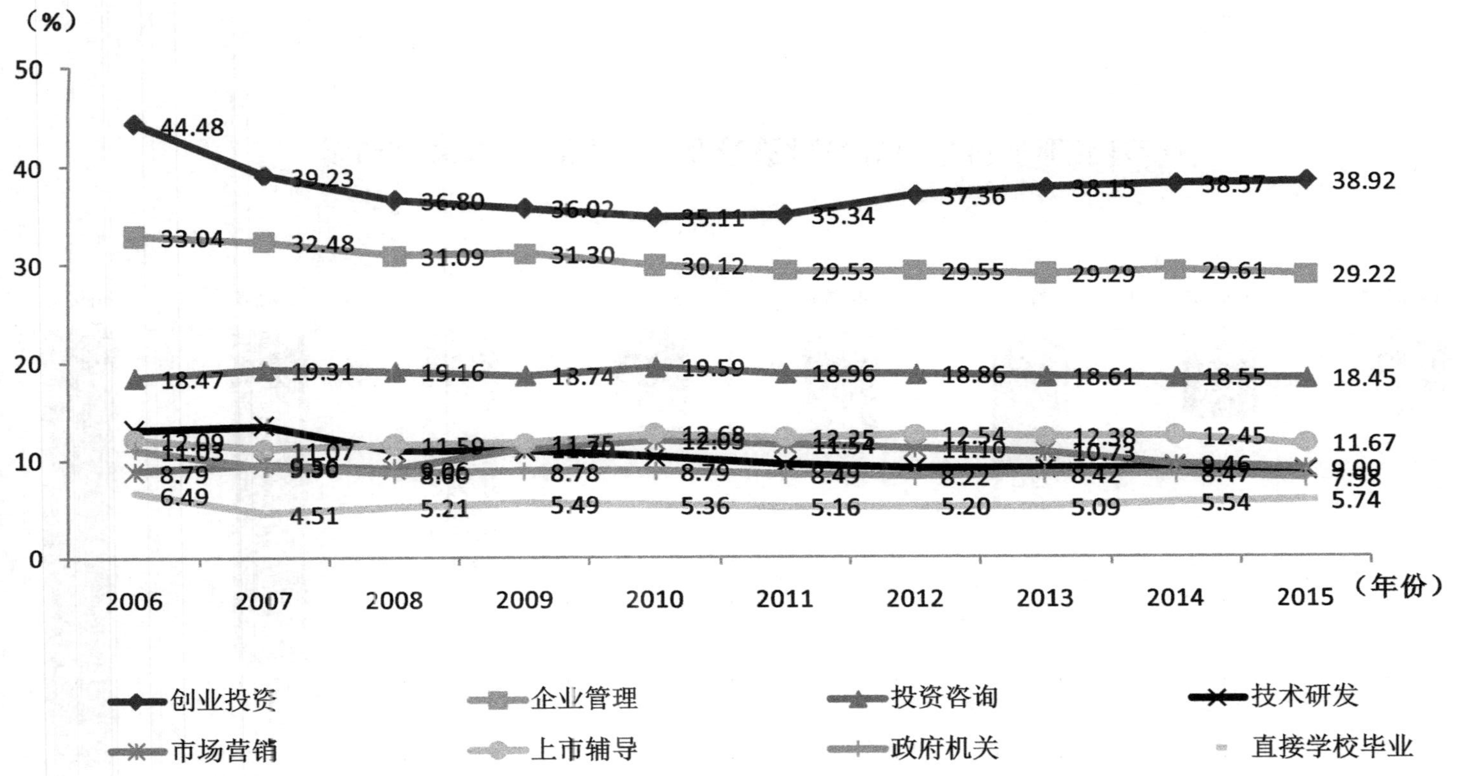

图5-4 2006～2015年度备案创业投资机构从业人员从业背景结构

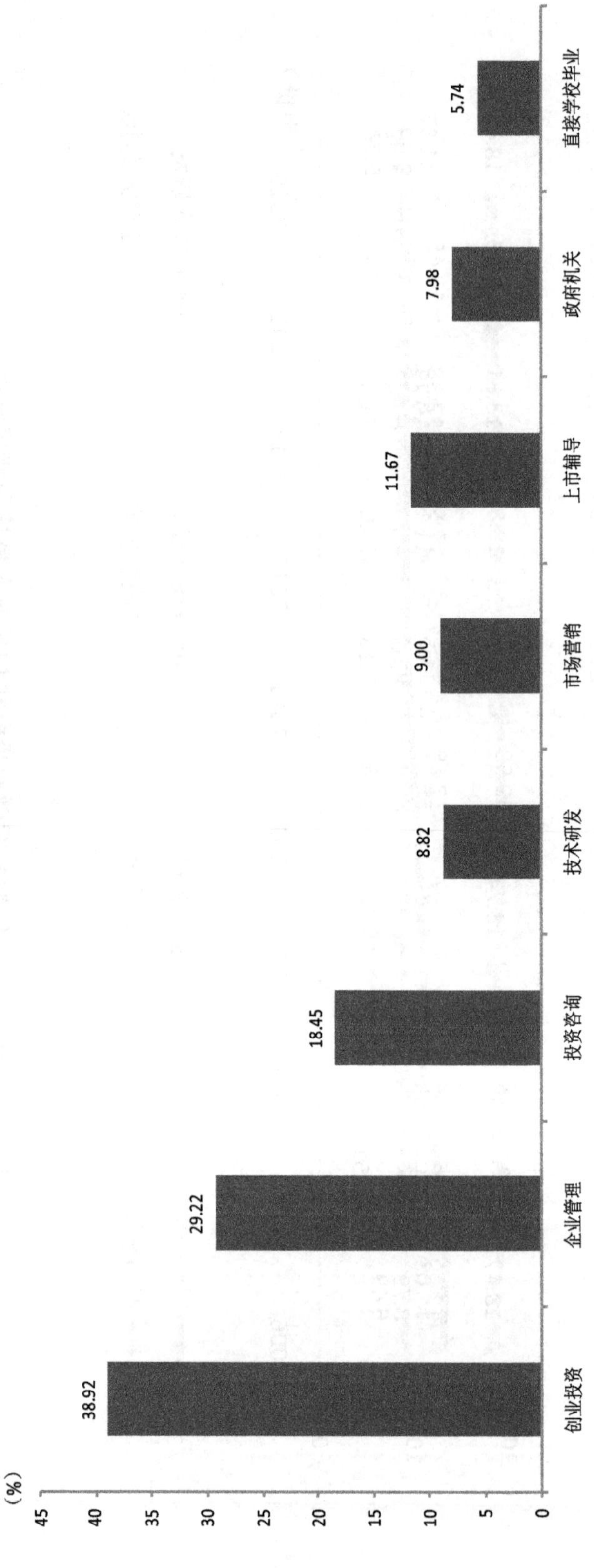

图5-5　2015年度备案创业投资机构从业人员从业背景结构

第二篇　备案创业投资企业资本资产、投资行为与股本退出分析

第6章 创业投资企业资本资产分析

6.1 2006~2015年度创业投资企业资本增长状况

2006年3月1日起颁布实施的《创业投资企业管理暂行办法》第九条第三项规定，创业投资企业的资本可以采取承诺制。这样，创业投资企业的资本就有了“实到资本”和“承诺资本”两个概念。“实到资本”体现创业投资企业现实可运用的资本实力，“承诺资本”体现创业投资企业未来可运用的资本实力。

2006~2015年度，创业投资企业的实到资本总额和承诺资本总额均呈持续增长态势，年度复合增长率分别达到33.31%和33.70%，但这种增长趋势近两年有所减缓。

截至2015年末，创业投资企业实到资本总额达到2193.25亿元，当年增长率为5.17%；创业投资企业承诺资本总额达到2326.59亿元，当年增长率为4.09%（见表6-1和图6-1）。

表6-1 2006~2015年度资本总额及其增长状况（万元，%）

年度	实到资本总额	较上年变化率	承诺资本总额	较上年变化率
2006	1829555.24	—	1925296.90	—
2007	2990943.62	63.48	3324625.82	72.68
2008	4379531.36	46.43	5189304.72	56.09
2009	5970816.49	36.33	7606472.17	46.58
2010	9392411.14	57.31	10195214.37	34.03
2011	13271508.69	41.30	14277604.57	40.04
2012	16947081.28	27.70	18529649.52	29.78
2013	19681926.15	16.14	21534790.12	16.22
2014	20854552.78	5.96	22351137.00	3.79
2015	21932545.99	5.17	23265939.19	4.09

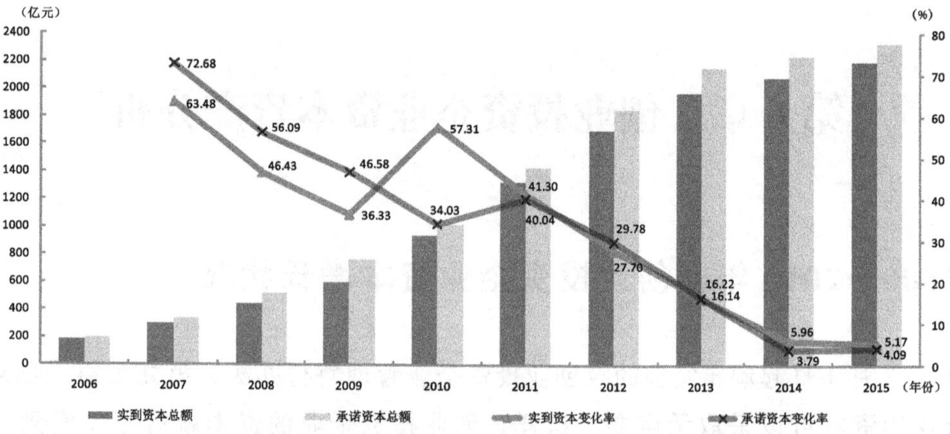

图 6-1 2006～2015 年度实到资本总额、承诺资本总额及增长率

6.2 2006～2015 年度创业投资企业资本来源结构

6.2.1 按投资人属性分类的资本来源结构

为体现创业投资资本来源中的国有、非国有和外资等构成，本报告从投资人属性角度，将创业投资企业的资本来源分为：财政预算出资、国有机构、非国有机构、个人和外资。

1. 按投资人属性分类的实到资本来源结构

从实到资本来源看，财政预算出资占比从 2006 年的 33.00%下降到 2015 年的 15.54%；国有机构占比从 2006 年的 48.80%下降到 2015 年的 40.03%；非国有机构占比从 2006 年的 12.74%上升到 2015 年的 29.74%；个人出资占比从 2006 年的 4.27%上升到 2015 年的 13.57%；外资占比从 2006 年的 1.19%下降到 2015 年的 1.12%。从占比变化趋势看，自 2011 年以来，不同投资人属性的实到资本来源结构基本保持稳定（见表 6-2 和图 6-2）。

表 6-2 2006～2015 年度按投资人属性分类的实到资本来源结构（万元，%）

年度	指标类别	财政预算	国有机构	非国有机构	个人	外资
2006	金额	603752.30	892896.85	233160.26	78129.00	21616.83
	占比	33.00	48.80	12.74	4.27	1.19
2007	金额	870256.78	1478897.35	459682.16	155287.50	26819.83
	占比	29.10	49.44	15.37	5.19	0.90
2008	金额	1051763.78	1971264.75	834609.66	394262.25	127630.92
	占比	24.02	45.01	19.06	9.00	2.91

续表

年度	指标类别	财政预算	国有机构	非国有机构	个人	外资
2009	金额	1321667.7	2771555.41	1113658.28	625197.31	138737.79
	占比	22.14	46.42	18.65	10.47	2.32
2010	金额	1683489.70	4058580.65	2398140.80	1010216.93	241983.06
	占比	17.92	43.21	25.53	10.76	2.58
2011	金额	2120352.89	5397990.72	3753843.22	1695694.64	303627.22
	占比	15.98	40.67	28.28	12.78	2.29
2012	金额	2604350.99	6906474.74	4753070.76	2398578.70	284606.09
	占比	15.37	40.75	28.05	14.15	1.68
2013	金额	3057132.64	7904384.36	5732647.39	2715779.49	271982.27
	占比	15.53	40.16	29.13	13.80	1.38
2014	金额	3166265.11	8503964.13	6073435.73	2844156.70	266731.11
	占比	15.18	40.78	29.12	13.64	1.28
2015	金额	3409695.28	8777574.00	6524634.26	2977521.11	246521.34
	占比	15.54	40.03	29.74	13.57	1.12

注："外资"包括来自境外机构、境外个人和境内外资机构的资金。

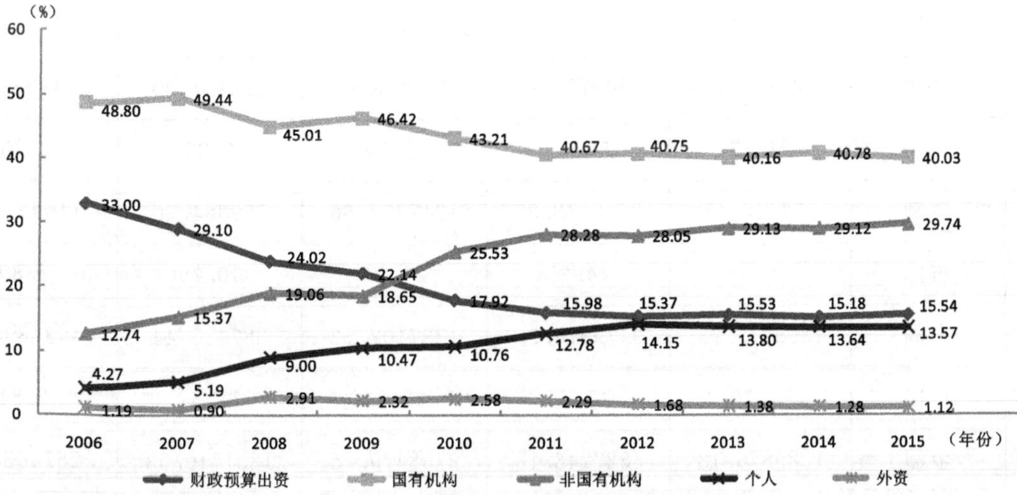

图 6-2　2006～2015 年度不同属性投资人在实到资本总额中占比关系比较

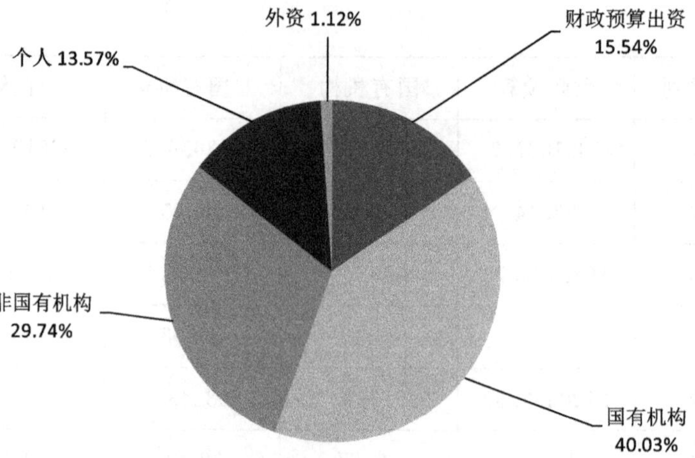

图 6-3 2015 年度不同属性投资人在实到资本总额中占比关系

2. 按投资人属性分类的承诺资本来源结构

从承诺资本来源看，财政预算出资占比从 2006 年的 33.31%下降到 2015 年的 13.95%，但从 2012 起占比又开始回升；国有机构占比从 2006 年的 46.08%下降到 2015 年的 38.94%；非国有机构占比从 2006 年的 13.30%上升到 2015 年的 30.77%；个人出资占比从 2006 年的 6.19%上升到 2015 年的 15.05%，但 2015 年占比略有下降；外资占比从 2006 年的 1.12%上升到 2010 年有 2.62%，其后逐年下降，2015 年下降为 1.29%（见表 6-3 和图 6-4）。

表 6-3 2006～2015 年度按投资人属性分类的承诺资本来源结构（万元，%）

年度	指标类别	财政预算	国有机构	非国有机构	个人	外资
2006	金额	641313.96	887226.85	256010.26	119129.00	21616.83
	占比	33.31	46.08	13.30	6.19	1.12
2007	金额	725340.48	1690723.35	656241.16	228194.00	24126.83
	占比	21.82	50.85	19.74	6.86	0.73
2008	金额	935847.48	2296048.35	1247732.66	559684.50	149991.73
	占比	18.03	44.25	24.04	10.79	2.89
2009	金额	1308579.93	3479874.35	1737102.72	887425.44	193489.73
	占比	17.20	45.75	22.84	11.67	2.54
2010	金额	1289876.18	4627746.18	2758475.75	1251710.53	267405.73
	占比	12.65	45.39	27.06	12.28	2.62

续表

年度	指标类别	财政预算	国有机构	非国有机构	个人	外资
2011	金额	1676388.02	6062286.81	4192290.58	1989347.04	357292.12
	占比	11.75	42.46	29.36	13.93	2.50
2012	金额	2424262.32	7495694.65	5480388.94	2764036.05	365267.56
	占比	13.08	40.45	29.58	14.92	1.97
2013	金额	3030232.34	8610036.27	6395315.74	3154378.41	344827.36
	占比	14.07	39.98	29.70	14.65	1.60
2014	金额	3070189.86	8888205.17	6677175.96	3379618.00	335948.01
	占比	13.74	39.77	29.87	15.12	1.50
2015	金额	3246438.64	9059286.95	7158866.93	3500675.08	300671.59
	占比	13.95	38.94	30.77	15.05	1.29

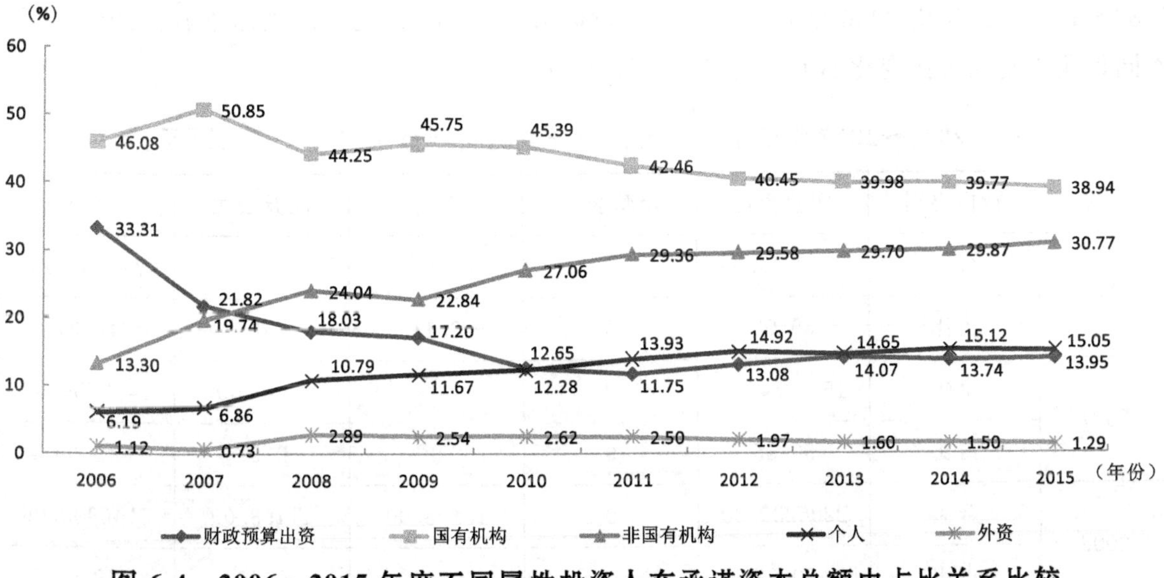

图 6-4　2006～2015 年度不同属性投资人在承诺资本总额中占比关系比较

6.2.2　按投资人行业分类的资本来源结构

为了体现境内不同行业机构投资者投资创业投资企业的情况，以便为完善境内机构投资者投资创业投资企业的政策提供依据，本报告按照行业类别将投资人分为实业企业、保险公司、银行、证券公司和其他，主要考察机构投资者在创业投资企业资本来源中所起的作用。

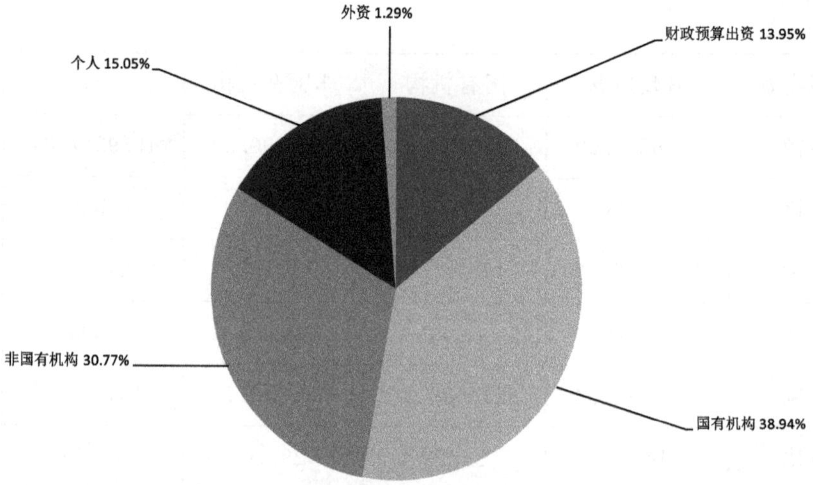

图 6-5 2015 年度不同属性投资人在承诺资本总额中占比关系

1. 按投资人行业分类的实到资本来源结构

从实到资本来源看，实业企业出资占比由 2006 年的 59.08%下降到 2015 年的 45.76%；保险公司出资占比依然很低，2014 年后略有下降；银行出资占比由 2006 年的 0.11%上升到 2015 年的 0.41%；证券公司出资占比由 2006 年的 0 上升到 2015 年的 1.89%；其他占比由 2006 年的 40.81%上升到 2015 年的 51.92%；总体来看，2012 年后，不同行业投资人占比变化不大（见表 6-4 和图 6-6）。

表 6-4 2006～2015 年度按投资人行业分类的实到资本来源结构（万元，%）

年度	指标类别	实业企业	保险公司	银行	证券公司	其他
2006	金额	1080849.05	0	2000.00	0	746706.19
	占比	59.08	0	0.11	0	40.81
2007	金额	1506054.05	0	0	2000.00	1482889.57
	占比	50.35	0	0	0.07	49.58
2008	金额	2206230.30	0	15108.00	11498.00	2146695.06
	占比	50.38	0	0.34	0.26	49.02
2009	金额	3006446.48	0	88258.00	111498.00	2764614.01
	占比	50.35	0	1.48	1.87	46.30
2010	金额	4706782.96	1600.00	40108.00	111738.00	4532182.18
	占比	50.11	0.02	0.43	1.19	48.25

续表

年度	指标类别	实业企业	保险公司	银行	证券公司	其他
2011	金额	6440326.52	0	65108.00	232138.00	6533936.17
	占比	48.53	0	0.49	1.75	49.23
2012	金额	7755972.73	7115.00	74608.00	302898.00	8806487.55
	占比	45.77	0.04	0.44	1.79	51.96
2013	金额	8874729.87	8865.00	90108.00	367898.00	10340325.28
	占比	45.09	0.05	0.46	1.87	52.53
2014	金额	9828296.84	6200.00	90107.85	408297.90	10521650.19
	占比	47.13	0.03	0.43	1.96	50.45
2015	金额	10037892.10	5000.00	90108.00	413899.67	11389046.22
	占比	45.76	0.02	0.41	1.89	51.92

注："其他"项下包括政府财政出资、个人和外资等，下同。

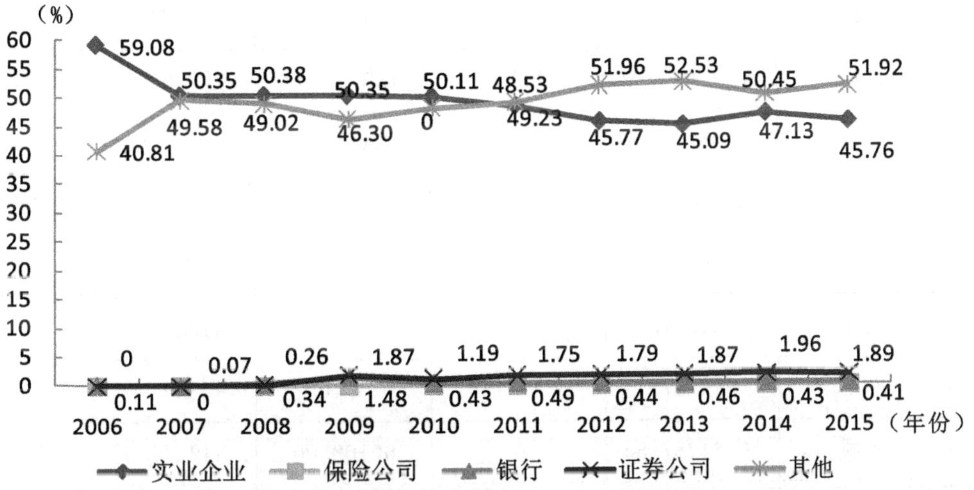

图 6-6 2006～2015 年度不同行业类别投资人在实到资本总额中占比关系比较

2. 按投资人行业分类的承诺资本来源结构

从承诺资本来源看，实业企业出资占比由 2006 年的 56.34%下降到 2015 年的 45.84%；保险公司出资占比一直维持在 0 左右；银行出资占比由 2006 年的 0.10%上升到 2015 年的 0.39%；证券公司出资占比由 2006 年的 0 上升到 2015 年的 1.50%；其他占比由 2006 年的 43.56%上升到 2015 年的 52.27%（见表 6-5 和图 6-7）。

表 6-5　2006～2015 年度按投资人行业分类的承诺资本来源结构（万元,%）

年度	指标类别	实业企业	保险公司	银行	证券公司	其他
2006	金额	1084629.05	0	2000.00	0	838667.85
	占比	56.34	0	0.10	0	43.56
2007	金额	1717495.55	0	0	2000.00	1605130.27
	占比	51.66	0	0	0.06	48.28
2008	金额	2679185.05	0	15108.00	11498.00	2483513.67
	占比	51.63	0	0.29	0.22	47.86
2009	金额	3835488.11	0	221408.00	111498.00	3438078.06
	占比	50.42	0	2.91	1.47	45.20
2010	金额	5368605.98	0	90108.00	111738.00	4624762.39
	占比	52.66	0	0.88	1.10	45.36
2011	金额	7166190.26	0	90108.00	242538.00	6778768.31
	占比	50.19	0	0.63	1.70	47.48
2012	金额	8670964.63	1200.00	139608.00	275298.00	9442578.89
	占比	46.79	0.01	0.75	1.49	50.96
2013	金额	9803443.69	1200.00	90108.00	340298.00	11299740.43
	占比	45.52	0.01	0.42	1.58	52.47
2014	金额	10521371.18	1200.00	90107.85	340297.90	11398160.07
	占比	47.07	0.01	0.40	1.52	51.00
2015	金额	10664287.55	0	90108.00	349274.67	12162268.97
	占比	45.84	0	0.39	1.50	52.27

总体而言，我国创业投资资本的来源结构相对比较稳定，绝大部分资金仍主要来源于实业企业、财政预算和个人出资，金融机构出资所占比例很小。

在英美等发达国家，随着创业投资业的日趋成熟，保险公司、商业银行、证券公司等金融机构已逐步成为最重要的创业投资资本来源。但是，从我国 2015 年末的时点数据看，无论是实到资本来源总额，还是承诺资本来源总额，由于金融机构出资占创业投资资本来源总额的比例非常小，导致实业企业和主要由财政预算资金与个人构成的其他出资占据绝对比重，2015 年末，二者合计分别占 97.68%和 98.11%（见图 6-8 和图 6-9）。虽然我国已

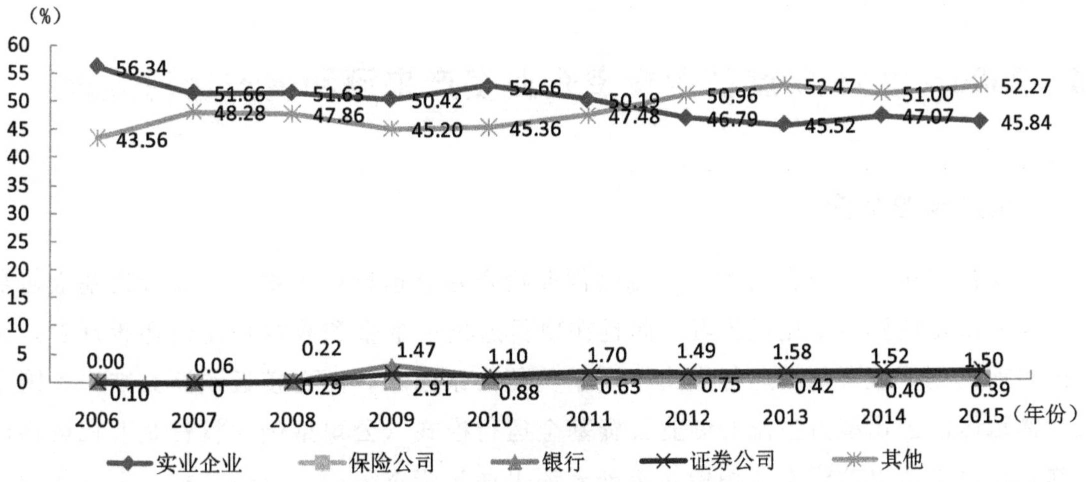

图 6-7　2006～2015 年度不同行业类别投资人在承诺资本总额中占比关系比较

经逐步放开各类金融机构参与创业投资，但各类金融机构参与创业投资的积极性，特别是各类金融机构作为机构投资人参股创业投资企业的积极性并不高，未来仍需积极引导和鼓励各类金融机构以适当方式参与创业投资。

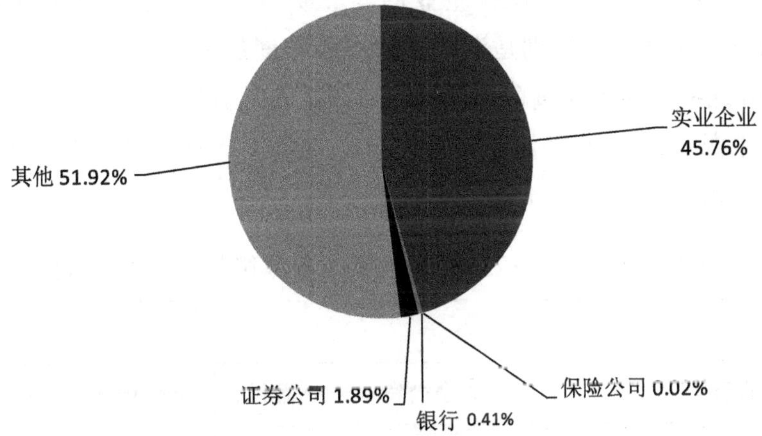

图 6-8　2015 年度不同行业类别投资人在实到资本总额中占比关系

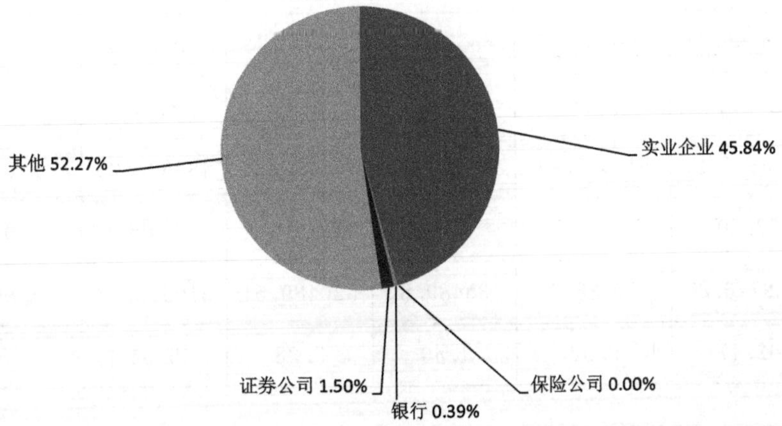

图 6-9　2015 年度不同行业类别投资人在承诺资本总额中占比关系

6.3 2006～2015年度创业投资企业资产来源和资产运用分析

6.3.1 资产来源结构

在英美法系国家有限合伙型占主流的创业投资基金运行模式中，创业投资基金通常只能以投资者所出的资本金用做投资，而且在项目退出后本金和收益均需返还投资者。但鉴于我国目前的创业投资基金运行模式不同于英美法系国家，而更接近欧洲大陆法系国家和我国台湾地区的公司型占主流的创业投资基金运行模式（公司型创业投资企业在运作过程中，除以投资者所出的资本金用做投资外，还可通过资本公积、盈余公积、未分配利润等途径增加投资资本，并进一步通过债权融资提高投资能力），我们对以创业投资企业自身名义持有的全部自有资产的来源进行考察分析。

从表6-6和图6-10可以看出，我国创业投资企业的资产来源结构确实呈现出多元化特点。在所有者权益中，除实收资本外，资本公积、盈余公积、未分配利润也均做出了一定贡献。2006～2015年，不仅创业投资企业的实收资本逐年增长，而且资本公积、盈余公积、未分配利润也快速增长。特别是资本公积在各年度的占比均高达10%左右，2015年达到15.32%，未分配利润在各年度的占比也在6%左右，分别成为创业投资企业所有者权益的第二、第三大来源。2015年银行贷款总额相比前两年有所下降，在资产来源中的占比呈逐年下降的趋势，由2006年的10.38%下降至2015年的2.82%。

表6-6 2006～2015年度资产来源结构（万元，%）

年度	指标	所在者权益				负债		其他
		实收资本	资本公积	盈余公积	未分配利润	银行贷款	债券融资	
2006	金额	1787086.41	294015.45	36086.49	105047.94	307720.85	0	434162.22
	占比	60.29	9.92	1.22	3.54	10.38	0	14.65
2007	金额	2956169.11	500433.20	65650.44	298245.19	439652.85	0	818556.63
	占比	58.21	9.85	1.29	5.87	8.66	0	16.12
2008	金额	4325314.19	510373.94	104231.15	431320.58	483635.05	0	978512.79
	占比	63.30	7.46	1.53	6.31	7.08	0	14.32
2009	金额	6039776.87	959036.27	135489.82	520489.51	516573.13	50009.00	1447512.19
	占比	62.47	9.92	1.40	5.38	5.34	0.52	14.97

续表

年度	指标	所在者权益				负债		其他
		实收资本	资本公积	盈余公积	未分配利润	银行贷款	债券融资	
2010	金额	9115203.52	2214003.04	202558.87	905408.56	1071250.03	50000.00	2385437.66
	占比	57.17	13.89	1.27	5.68	6.72	0.31	14.96
2011	金额	13260311.69	2635535.24	294494.75	1297504.74	1145718.66	110522.00	4019545.25
	占比	58.25	11.58	1.29	5.70	5.03	0.49	17.66
2012	金额	16944174.28	3048847.86	353607.05	1597090.28	1010041.93	144234.19	4667285.50
	占比	61.03	10.98	1.27	5.75	3.64	0.52	16.81
2013	金额	19680219.14	3297791.26	482496.02	1978190.46	1289807.87	99439.53	5062292.46
	占比	61.71	10.34	1.51	6.20	4.06	0.31	15.87
2014	金额	20854545.77	4326763.41	576432.40	2449241.59	1018635.38	265421.19	6894901.02
	占比	57.31	11.89	1.58	6.73	2.80	0.73	18.96
2015	金额	21935939.00	6827532.62	1302124.71	3515191.26	1256900.04	497484.74	9227883.64
	占比	49.22	15.32	2.92	7.89	2.82	1.12	20.71

注：各项目均为年末金额。

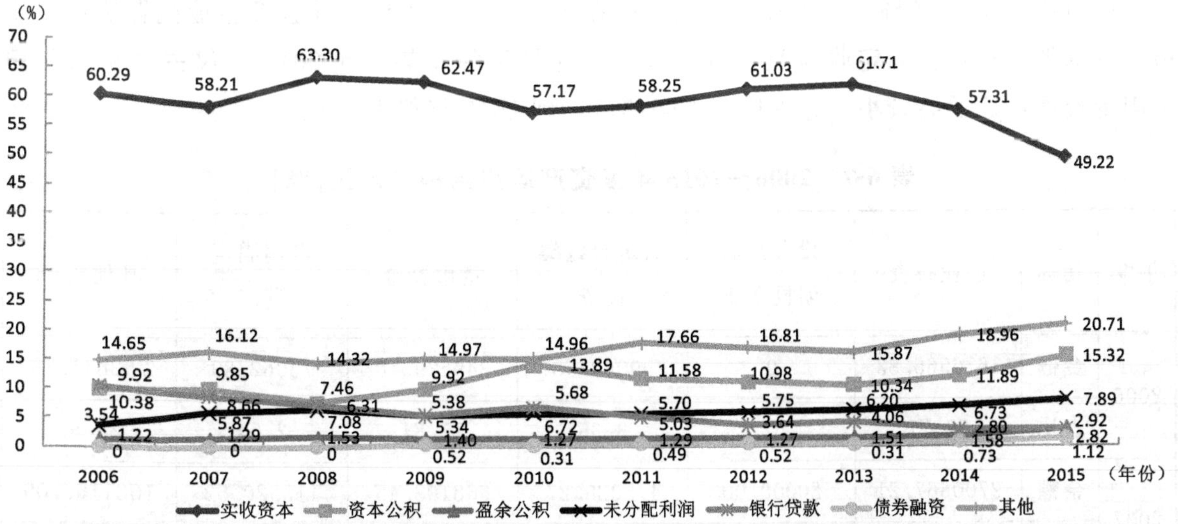

图 6-10　2006～2015 年度不同资产来源占比增长趋势

从 2015 年末创业投资企业总资产来源构成看，实收资本占 49.22%；资本公积占

15.32%；盈余公积占2.92%；未分配利润占7.89%；银行贷款占2.82%；债券融资占1.12%；其他占20.71%（见图6-11）。

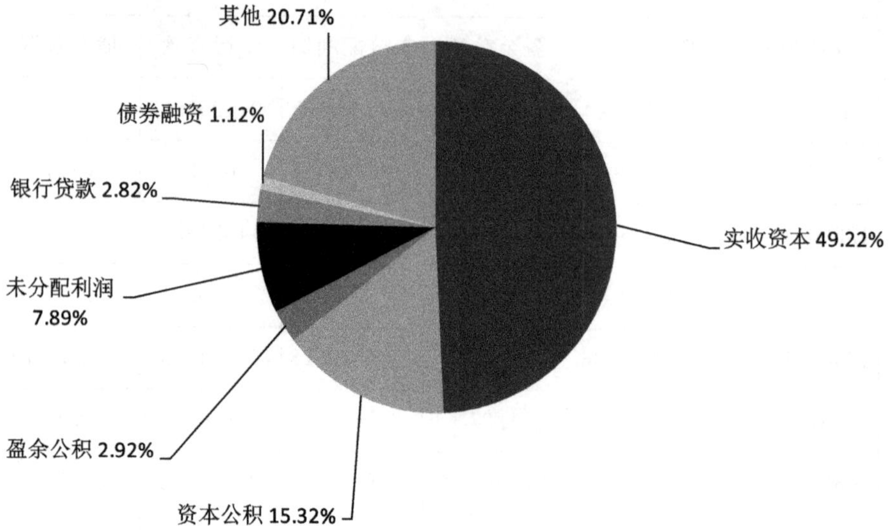

图 6-11　2015 年度资产来源结构

6.3.2　资产运用结构

从表6-7和图6-12、图6-13可以看出：2006～2015年，在创业投资企业的全部自有资产中，直接用于从事创业投资的比例一直居于50%左右。尽管数据显示投资其他创业投资企业的金额占比较小，但根据抽样调查，各年度占比高达25%左右的“其他资产”也主要运用到投资于其他创业投资企业，三项合计，创业投资企业直接或间接从事创业投资的资产运用占比已超过70%。货币资金占比保持在15%左右，说明创业投资企业闲置资金多以银行存款形式存在。固定收益类投资近几年占比呈下降趋势，到2015年仅占2.91%。自用固定资产占比始终较小，且占比呈下降趋势，到2015年仅占0.81%。

表 6-7　2006～2015 年度资产运用结构（万元，%）

年度	指标	创业投资	投资其他创投企业	固定收益类投资	货币资金	自用固定资产	其他资产
2006	金额	1676565.83	0	99069.68	349579.18	75062.89	752841.78
	占比	56.77	0	3.35	11.84	2.54	25.50
2007	金额	2700667.21	20000.00	475025.27	668108.45	115520.52	1081165.09
	占比	53.37	0.40	9.39	13.20	2.28	21.36

续表

年度	指标	创业投资	投资其他创投企业	固定收益类投资	货币资金	自用固定资产	其他资产
2008	金额	3507393.56	22016.00	475061.36	1155871.99	109693.83	1534163.27
	占比	51.55	0.32	6.98	16.99	1.61	22.55
2009	金额	5118084.39	28643.75	673917.97	1772739.75	153591.53	1883302.95
	占比	53.14	0.30	7.00	18.41	1.59	19.56
2010	金额	7472841.27	800479.70	731329.97	2695891.04	206010.38	3905937.86
	占比	47.26	5.06	4.63	17.05	1.30	24.70
2011	金额	10445194.84	1450601.65	844008.75	3719805.11	257599.20	5910723.55
	占比	46.16	6.41	3.73	16.44	1.14	26.12
2012	金额	12758605.89	2328950.51	771638.69	4990341.53	285891.52	6622003.60
	占比	45.96	8.39	2.78	17.98	1.03	23.86
2013	金额	15447912.25	2749294.93	1198290.91	5071574.81	313999.50	7100552.99
	占比	48.46	8.62	3.76	15.91	0.98	22.27
2014	金额	16821350.64	2476292.65	1149195.61	5724873.00	331847.79	9877346.14
	占比	46.23	6.81	3.16	15.74	0.91	27.15
2015	金额	21194164.08	3466511.53	1291295.53	7398450.14	362509.94	10694420.93
	占比	47.73	7.81	2.91	16.66	0.81	24.08

注：各项目均为年末。

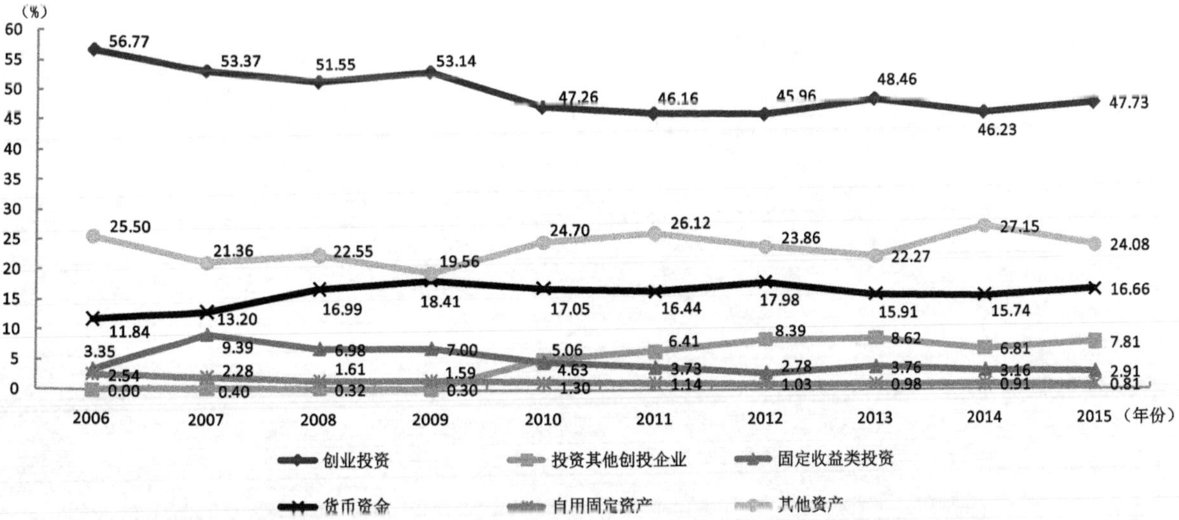

图 6-12 2006～2015 年度资金运用各项目在资产结构中占比关系比较

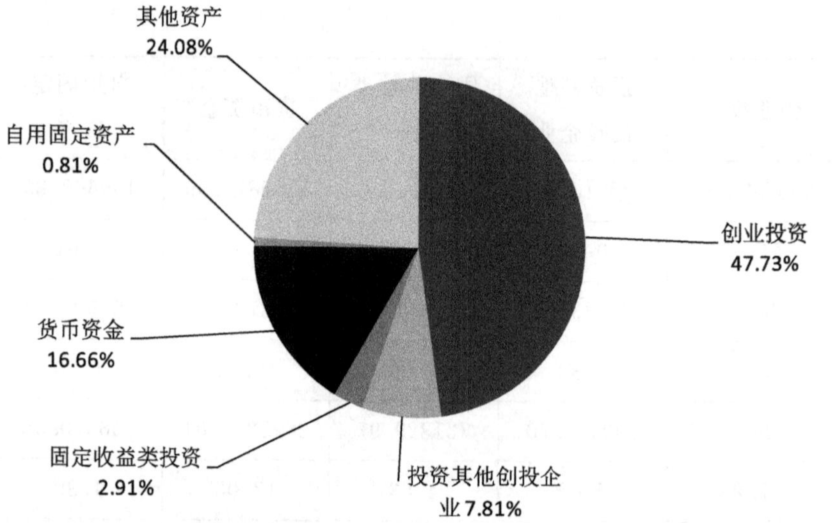

图 6-13　2015 年度资金运用各项目在资产结构中占比关系

第7章　创业投资企业投资行为分析

7.1　2006～2015年度投资案例和金额增长状况及单个创业投资企业、单个投资案例的投资强度

7.1.1　投资案例增长状况

2006～2015年度，创业投资企业投资案例数量总体保持增加态势。年度新增投资案例由2006年的465个增加到2015年的2168个；当年累计投资案例由2006年的2129个增加到2015年的13101个；历年累计投资案例由2006年的2508个增加到2015年的17996个（见表7-1和图7-1）。

表7-1　2006～2015年创业投资企业当年与累计投资案例数（个）

年度	上年末投资案例余额	当年新增投资案例	当年实现退出案例	当年投资案例余额	历年累计投资案例
2006	1768	465	104	2129	2508
2007	2129	738	179	2688	3246
2008	2688	939	225	3402	4185
2009	3402	1376	396	4382	5561
2010	4382	2106	453	6035	7667
2011	6035	2510	549	7996	10177
2012	7996	1976	564	9408	12153
2013	9408	1813	692	10529	13966
2014	10529	1862	674	11717	15828
2015	11717	2168	784	13101	17996

7.1.2　投资金额增长状况

与投资案例增长相类似，2006～2015年度，创业投资企业投资金额也总体保持增加态

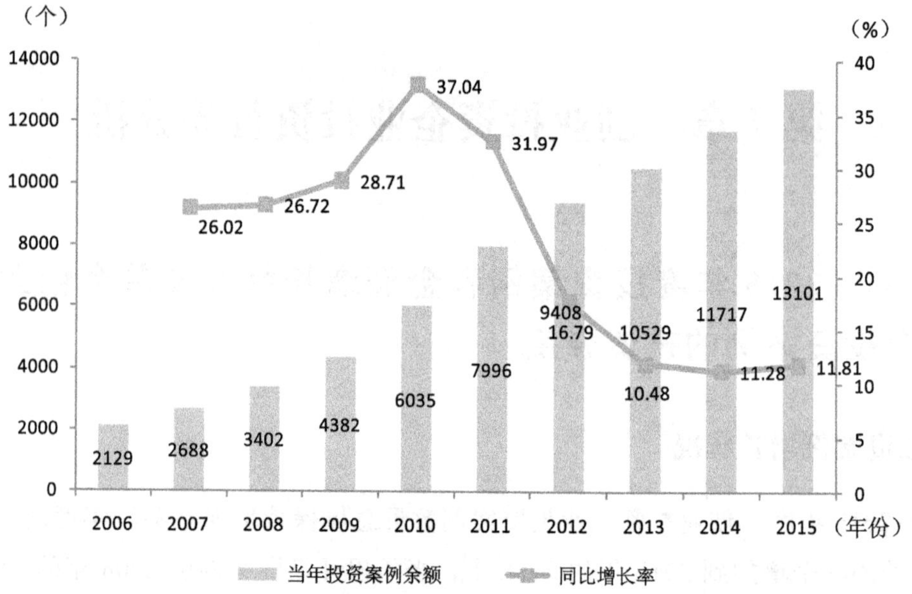

图 7-1　2006～2015 年创业投资企业当年投资案例余额及同比增长率

势。年度新增投资金额由 2006 年的 37.63 亿元增加到 2015 年的 331.77 亿元；年末投资余额由 2006 年的 203.67 亿元增加到 2015 年的 2049.41 亿元；历年累计投资金额由 2006 年的 229.73 亿元增加到 2015 年的 2602.85 亿元（见表 7-2 和图 7-2）。

表 7-2　2006～2015 年创业投资企业当年与累计投资金额（万元）

年度	上年投资余额	当年新增投资	当年实现退出	年末投资余额	历年累计投资
2006	1737235.17	376344.23	76893.05	2036686.35	2297320.02
2007	2036686.35	1001796.37	160024.82	2878457.90	3299116.39
2008	2878457.90	1130204.39	171000.73	3837661.56	4429320.78
2009	3837661.56	2189169.20	302188.67	5724642.09	6618489.98
2010	5724642.09	3482117.67	414350.56	8792409.20	10100607.65
2011	8792409.20	4486557.26	673725.55	12605240.91	14587164.91
2012	12605240.91	3077221.46	696960.97	14985501.40	17664386.37
2013	14985501.40	2566086.52	849066.07	16702521.85	20230472.89
2014	16702521.85	2480292.60	997527.44	18185287.01	22710765.49
2015	18185287.01	3317705.66	1008875.88	20494116.79	26028471.15

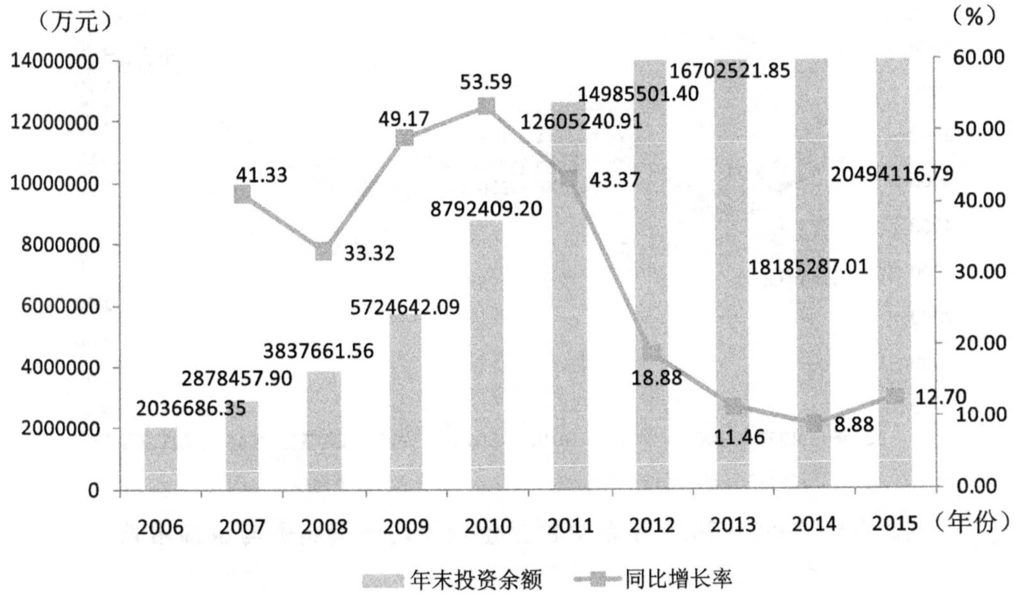

图 7-2　2006～2015 年创业投资企业年末投资余额与同比增长率

7.1.3　单个创业投资企业年度平均投资案例和金额

2006～2015 年，单个创业投资企业年度平均投资案例均保持在 3 个左右，仅在 2008 年和 2012 年出现回落，2013 年开始呈现逐年增长态势，尤其是 2015 年增加明显，平均投资案例达到 4.76 个，平均投资金额达到 7291.66 万元，说明 2015 年我国创业投资企业的投资行为再度活跃（见表 7-3 和图 7-3）。

表 7-3　2006～2015 年单个创投企业平均投资案例与金额（个，万元）

年度	单个创投平均投资案例数	单个创投平均投资金额
2006	3.47	2808.54
2007	3.04	4122.62
2008	2.97	3576.60
2009	3.42	5445.69
2010	3.55	5862.15
2011	3.33	5950.34
2012	2.90	4518.68
2013	3.16	4470.53
2014	3.64	4844.32
2015	4.76	7291.66

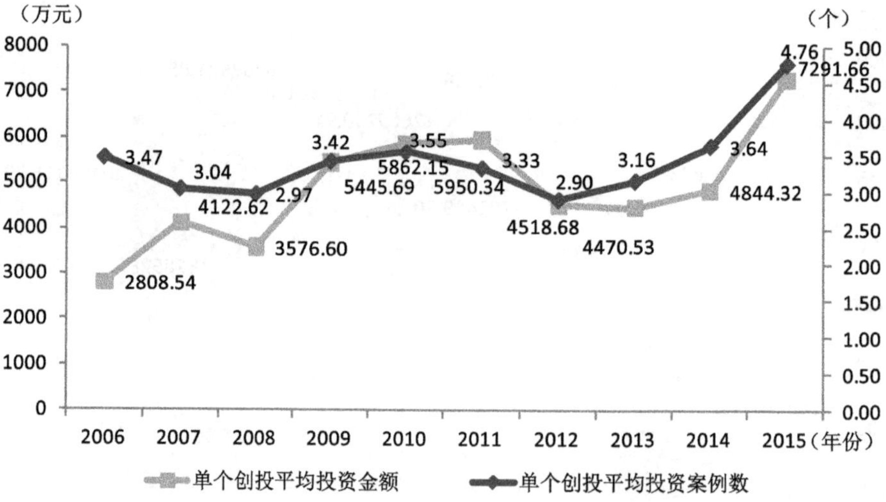

图 7-3　2006～2015 年单个创投企业平均投资案例与金额增长

7.1.4　单个投资案例的平均投资金额

从表 7-4 和图 7-4 可以看出，创业投资企业的单个投资案例的平均投资金额呈总体上升趋势，但 2011 年后数值略有下降。单个投资案例的平均投资金额从 2006 年的 809.34 万元增加到 2011 年的 1787.47 万元后，2012 年开始下降，2014 年下降到 1332.06 万元，2015 年再次回升到 1530.31 万元（见表 7-4）。

表 7-4　2006～2015 年度单个案例的平均投资金额（万元）

年度	2006	2007	2008	2009	2010	2011	2012	2013	2014	2015
单个案例平均投资金额	809.34	1357.45	1203.63	1590.97	1653.43	1787.47	1557.30	1415.38	1332.06	1530.31

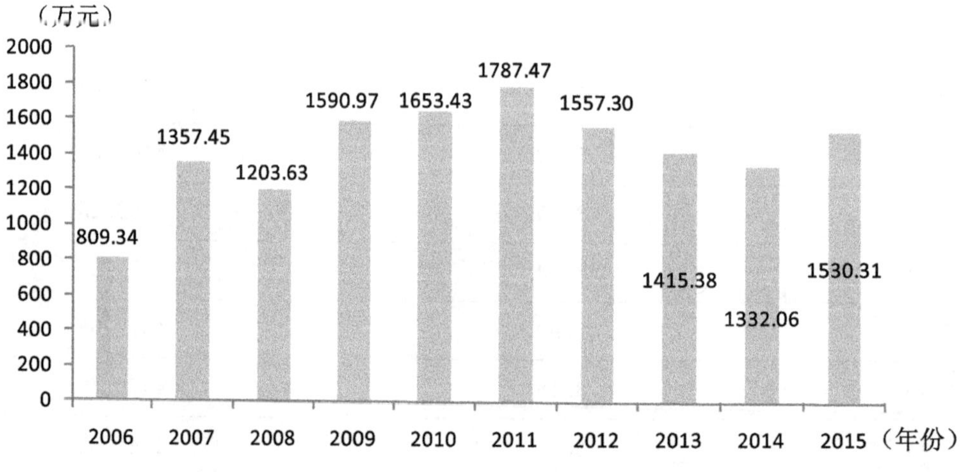

图 7-4　2006～2015 年度单个案例的平均投资金额

7.1.5 不同投资金额的案例分布

为避免个别大额投资项目对单个案例平均投资金额数据的扰动，按 100 万元以下、100～300万元、300～1000 万元、1000～3000 万元、3000～10000 万元、10000 万元以上等 6 个区段，对不同投资金额的投资案例分布进行了分析（见表 7-5 和图 7-5）。

从表 7-5 和图 7-5 可以看出，创业投资企业的投资案例主要分布在投资金额 300～1000 万元和 1000～3000 万元这两个区间，说明我国的创业投资企业单个案例的投资金额比较适中。特别是投资金额在 100 万元以下和 100～300 万元之间的投资案例也占有相当比例，而且近两年的占比提升较快，说明我国的创业投资企业越来越重视投资中小项目。与此同时，投资金额在 3000～10000 万元，甚至超过 10000 万元的案例，在各个年度也均占有一定比例，说明创业投资企业不排除投资于一些大型项目。正是对少量大型项目的投资，拉高了各年度单个案例的平均投资金额。

表 7-5 2006～2015 年度不同投资金额的投资案例分布（万元，%）

年度	指标	100 万元以下	100-300 万元	300-1000 万元	1000-3000 万元	3000-10000 万元	10000 万元以上
2006	案例数	117	90	133	98	26	1
	占比	25.16	19.35	28.60	21.08	5.59	0.22
2007	案例数	65	132	220	220	94	7
	占比	8.80	17.89	29.81	29.81	12.74	0.95
2008	案例数	120	196	263	283	62	15
	占比	12.78	20.87	28.01	30.14	6.60	1.60
2009	案例数	209	240	373	396	127	31
	占比	15.19	17.44	27.11	28.78	9.23	2.25
2010	案例数	236	255	575	737	254	49
	占比	11.21	12.11	27.30	34.99	12.06	2.33
2011	案例数	207	264	703	949	340	47
	占比	8.24	10.52	28.01	37.81	13.55	1.87
2012	案例数	172	259	523	734	266	22
	占比	8.70	13.11	26.47	37.15	13.46	1.11

续表

年度	指标	100 万元以下	100-300 万元	300-1000 万元	1000-3000 万元	3000-10000 万元	10000 万元以上
2013	案例数	227	302	527	540	188	29
	占比	12.52	16.66	29.07	29.78	10.37	1.60
2014	案例数	327	272	553	524	154	32
	占比	17.56	14.61	29.70	28.14	8.27	1.72
2015	案例数	376	351	646	561	194	40
	占比	17.34	16.19	29.80	25.87	8.95	1.85

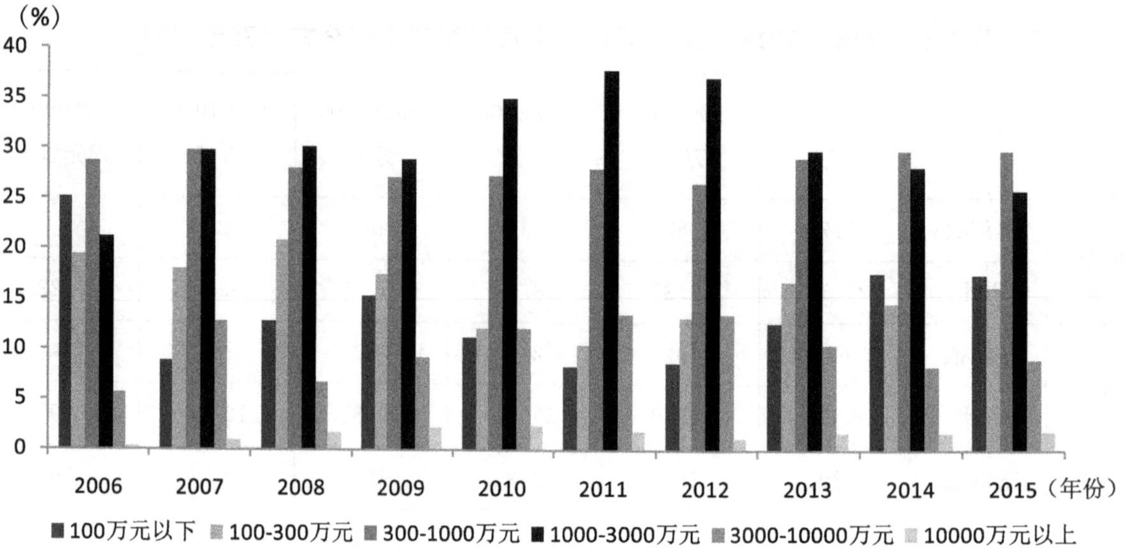

图 7-5　2006～2015 年度不同投资金额的投资案例占比分布

7.2　2006～2015 年度不同投资轮次的分布状况

7.2.1　不同投资轮次的案例分布

从不同投资轮次的案例分布看，2006～2015 年，从事第一轮投资的案例一直占投资案例总数的绝对比例，但占比逐年下降。2015 年，第一轮投资案例占 80.30%。第二轮、第三轮投资案例占比之和虽然呈增长趋势，但一直只占较小比例（见表 7-6 和图 7-6）。

表 7-6 2006～2015 年度不同投资轮次的案例分布（个，%）

年度	第一轮投资		第二轮投资		三轮以后投资	
	案例数	占比	案例数	占比	案例数	占比
2006	422	90.75	35	7.53	8	1.72
2007	668	90.52	55	7.45	15	2.03
2008	827	88.07	100	10.65	12	1.28
2009	1207	87.72	124	9.01	45	3.27
2010	1802	85.57	221	10.49	83	3.94
2011	2124	84.62	293	11.67	93	3.71
2012	1594	80.66	289	14.63	93	4.71
2013	1443	79.59	271	14.95	99	5.46
2014	1496	80.34	258	13.86	108	5.80
2015	1741	80.30	307	14.16	120	5.54

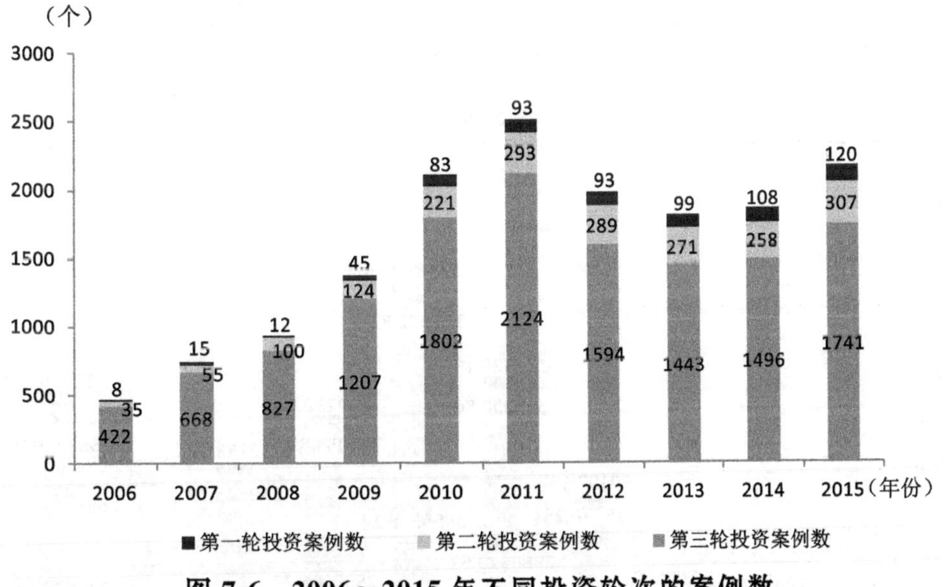

图 7-6 2006～2015 年不同投资轮次的案例数

7.2.2 不同投资轮次的金额分布

从不同投资轮次的金额分布看，2006～2015 年，从事第一轮投资的金额也一直占投资总金额的绝对比例，但占比总体逐年下降。2006～2015 年，第一轮投资的金额占比分别为 90.41%、89.92%、84.90%、86.03%、85.83%、86.60%、84.20%、79.66%、

80.64%、74.12%（见表 7-7 和图 7-7）。

从企业融资的实际来看，在企业发展的不同阶段融资需求是不同的，企业一般都需要经过多轮融资才能逐步发展成熟。分阶段融资对于企业和投资者而言，都是一种较好的选择。投资者通过多轮投资不仅可以有效避免资金的浪费，同时也有利于防范创业项目的道德风险。

表 7-7　2006～2015 年度不同投资轮次的金额分布（万元，%）

年度	第一轮投资		第二轮投资		三轮以后投资	
	金额	占比	金额	占比	金额	占比
2006	340236.19	90.41	33418.83	8.88	2689.21	0.71
2007	900793.14	89.92	80686.34	8.05	20316.89	2.03
2008	959518.90	84.90	150326.99	13.30	20358.50	1.80
2009	1883295.76	86.03	215676.25	9.85	90197.19	4.12
2010	2988529.62	85.83	367058.86	10.54	126529.19	3.63
2011	3885546.14	86.60	392801.83	8.76	208209.29	4.64
2012	2590925.72	84.20	347055.89	11.28	139239.85	4.52
2013	2044107.71	79.66	389645.79	15.18	132333.02	5.16
2014	2000124.63	80.64	324482.68	13.08	155685.29	6.28
2015	2459229.14	74.12	551310.07	16.62	307166.45	9.26

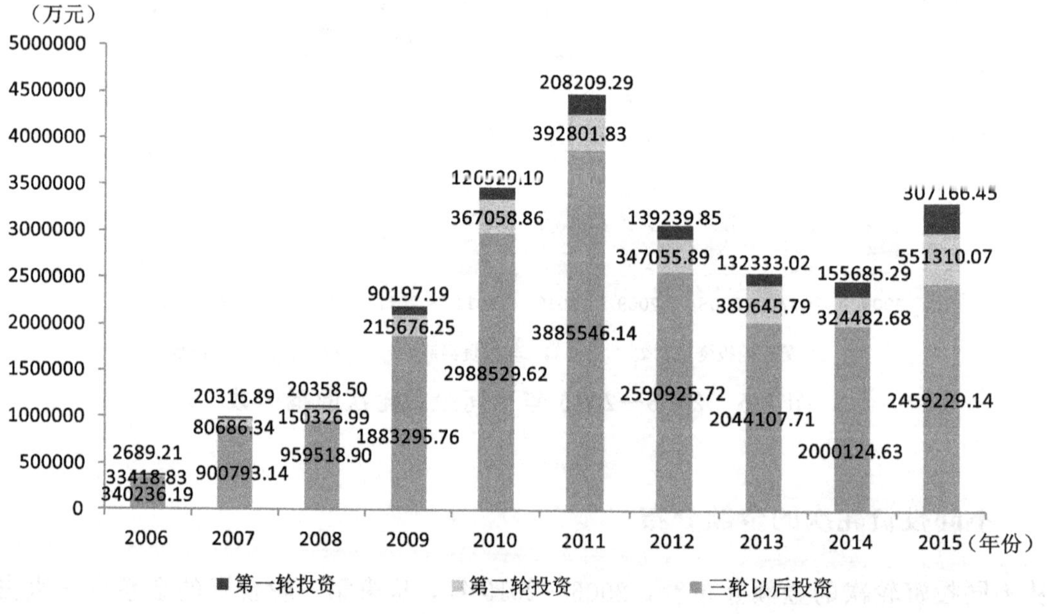

图 7-7　2006～2015 年度不同投资轮次的金额分布

7.3　2006～2015 年度不同投资方式的分布状况

7.3.1　不同投资方式的案例分布

从不同投资方式的案例分布看，2006～2015 年度，创业投资企业的投资方式以普通股占绝对多数。2006～2015 年度，普通股投资案例数量占比分别为 84.95%、87.53%、89.36%、89.32%、89.32%、90.00%、90.68%、89.02%、86.84%、89.35%（见表 7-8 和图 7-8）。

表 7-8　2006～2015 年度创业投资企业不同投资方式的案例分布（个，%）

年度	普通股		优先股		其他	
	案例数	占比	案例数	占比	案例数	占比
2006	395	84.95	54	11.61	16	3.44
2007	646	87.53	44	5.97	48	6.50
2008	839	89.36	50	5.32	50	5.32
2009	1229	89.32	46	3.34	101	7.34
2010	1881	89.32	95	4.51	130	6.17
2011	2259	90.00	53	2.11	198	7.89
2012	1792	90.68	43	2.18	141	7.14
2013	1614	89.02	38	2.10	161	8.88
2014	1617	86.84	88	4.73	157	8.43
2015	1937	89.35	28	1.29	203	9.36

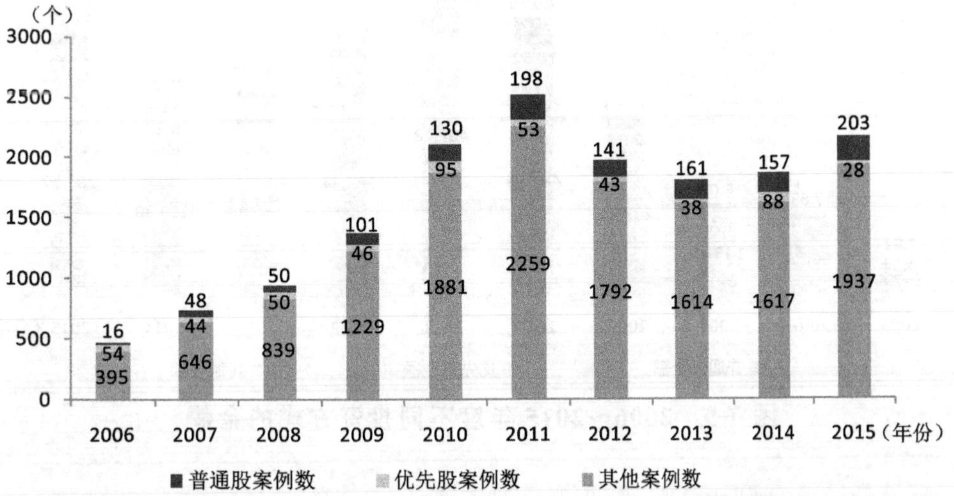

图 7-8　2006～2015 年创业投资企业不同投资方式的案例分布

7.3.2 不同投资方式的金额分布

从不同投资方式的金额分布看，2006～2015，创业投资企业的投资方式也以普通股投资的方式占据绝对数额，占比稳定在90%左右，但近两年有所下降（见表7-9和图7-9）。

表7-9 2006～2015年度不同投资方式的金额分布（万元，%）

年度	普通股		优先股		其他	
	金额	占比	金额	占比	金额	占比
2006	341777.64	90.81	16405.69	4.36	18160.90	4.83
2007	906312.31	90.47	19182.95	1.91	76301.11	7.62
2008	1054632.10	93.31	25094.71	2.22	50477.58	4.47
2009	2033442.23	92.89	29409.53	1.34	126317.44	5.77
2010	2969385.21	85.28	105234.25	3.02	407498.21	11.70
2011	4021794.76	89.64	72703.60	1.62	392058.90	8.74
2012	2833424.77	92.08	88675.72	2.88	155120.97	5.04
2013	2321256.29	90.46	31603.52	1.23	213226.71	8.31
2014	2133033.66	86.00	93686.40	3.78	253572.54	10.22
2015	2877730.62	86.74	28058.76	0.85	411916.28	12.41

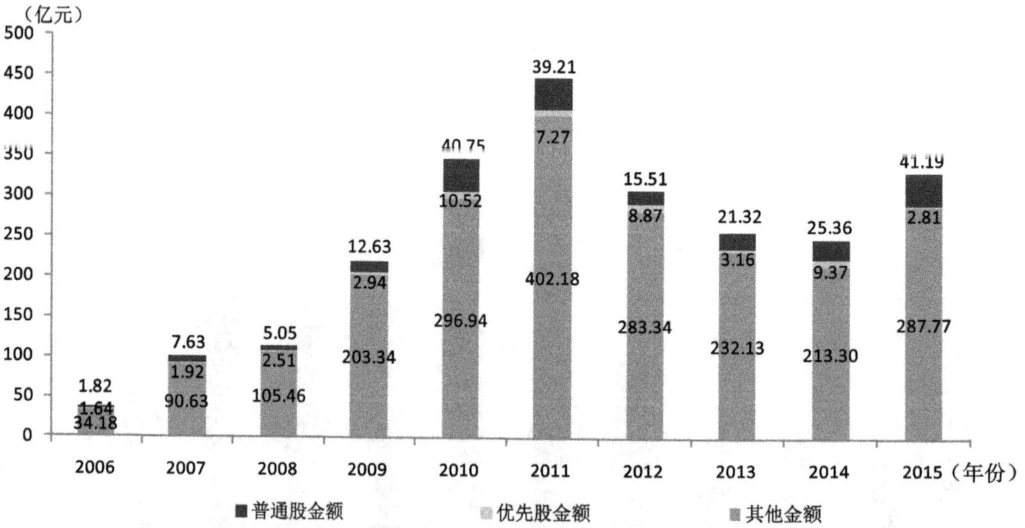

图7-9 2006～2015年度不同投资方式的金额

7.4 2006～2015 年度对被投资企业不同持股比例的分布结构

7.4.1 对被投企业不同持股比例的案例分布

从对被投资企业不同持股比例的案例分布看，2006～2015 年度，创业投资企业对被投资企业持股 10～30%的案例一直占居前列，与国际上成熟创业投资业的特点相类似。但与国外不同的是，我国创业投资企业小比例持股 5%以下和 50%以上绝对控股的案例占比并不少，尤其是持股 5%以下的案例占比 2011、2012 年跃居第一，2013 年以后略有下降（见表 7-10 和图 7-10）。

表 7-10 2006～2015 年度对被投企业不同持股比例的案例分布（个，%）

年度	5%以下		5%～10%		10%～30%		30%～50%		50%	
	案例数	占比	案例数	占比	案例数	占比	案例数	占比	案例数	占比
2006	62	13.33	63	13.55	193	41.51	91	19.57	56	12.04
2007	172	23.30	114	15.45	273	36.99	92	12.47	87	11.79
2008	251	26.72	144	15.34	295	31.42	154	16.40	95	10.12
2009	357	25.94	205	14.91	509	36.99	184	13.37	121	8.79
2010	655	31.11	394	18.71	690	32.76	202	9.59	165	7.83
2011	1002	39.92	436	17.37	702	27.97	204	8.13	166	6.61
2012	695	35.17	364	18.42	608	30.77	163	8.25	146	7.39
2013	544	30.01	321	17.71	605	33.37	184	10.14	159	8.77
2014	549	29.48	341	18.32	670	35.98	183	9.83	119	6.39
2015	653	30.12	436	20.11	689	31.78	256	11.81	134	6.18

注：持股区间值，均不含右边的端点值（下同）。

7.4.2 对被投企业不同持股比例的金额分布

从对被投资企业不同持股比例的金额分布看，2006～2015 年度，创业投资企业对被投资企业持股 10～30%的金额也总体上居前列，但持股持股 50%以上的金额占比增长迅速，2015 年达到 23.84%（见表 7-11 和图 7-11）。

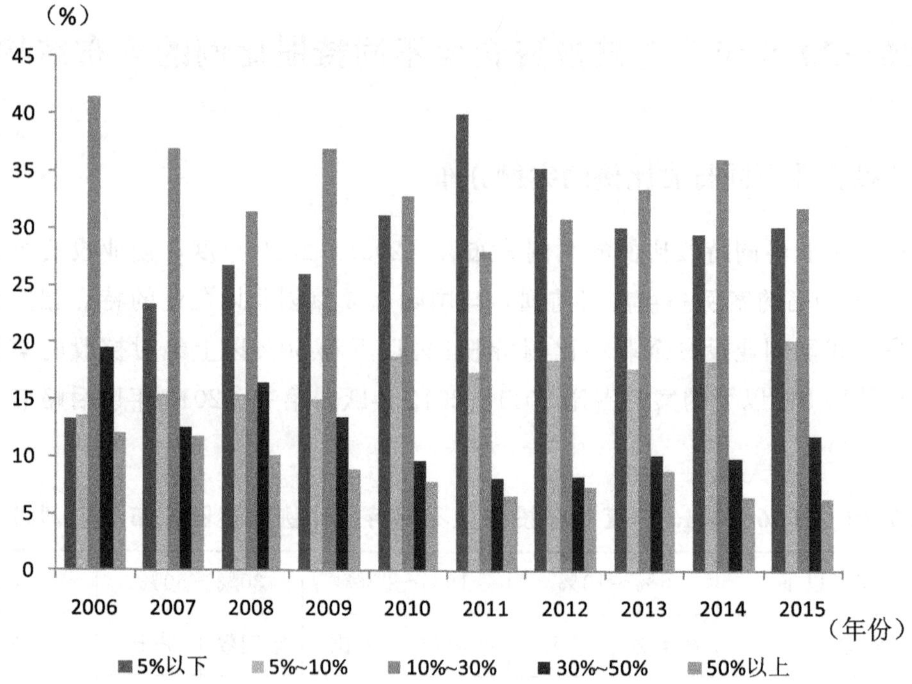

图 7-10　2006～2015 年度对被投企业不同持股比例的案例占比

表 7-11　2006～2015 年度对被投企业不同持股比例的金额分布（亿元，%）

年度	5%以下		5%～10%		10%～30%		30%～50%		50%以上	
	金额	占比	金额	占比	金额	占比	金额	占比	金额	占比
2006	6.75	17.94	5.15	13.67	15.04	39.97	4.47	11.89	6.22	16.53
2007	20.38	20.34	22.65	22.61	32.21	32.15	12.08	12.06	12.86	12.84
2008	28.75	25.44	23.95	21.19	26.46	23.41	14.53	12.85	19.34	17.11
2009	46.35	21.17	32.90	15.03	66.75	30.49	23.83	10.88	49.10	22.43
2010	99.88	28.68	71.69	20.59	113.81	32.69	29.88	8.58	32.96	9.46
2011	149.38	33.29	102.82	22.92	122.52	27.31	32.35	7.21	41.59	9.27
2012	96.30	31.30	59.49	19.33	100.62	32.70	20.54	6.67	30.77	10.00
2013	56.69	22.09	41.95	16.35	92.24	35.95	31.78	12.38	33.95	13.23
2014	64.18	25.87	36.07	14.54	83.89	33.83	20.16	8.13	43.74	17.63
2015	90.29	27.21	54.41	16.40	79.28	23.90	28.71	8.65	79.08	23.84

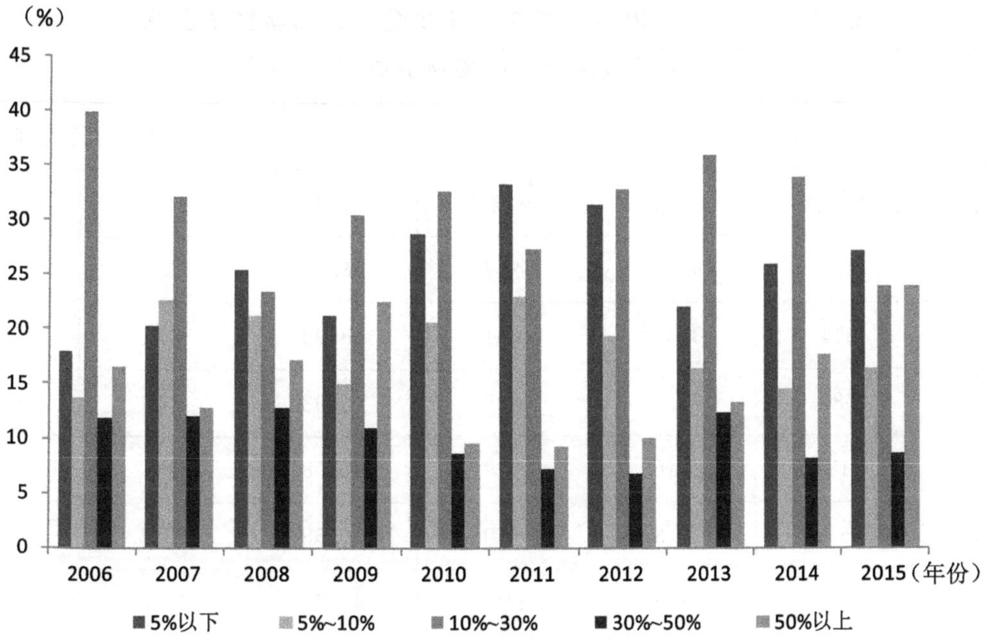

图 7-11 2006～2015 年度对被投企业不同持股比例的金额占比

7.5 2006～2015 年度投资中小企业、高新技术企业、中小高新技术企业占比

7.5.1 投资中小企业、高新技术企业、中小高新技术企业案例占比

从表 7-12 和图 7-12、图 7-13 可以看出，2006～2011 年度，创业投资企业投资于中小企业、高新技术企业、中小高新技术企业的案例数量，在总体上均呈现增加态势，2012～2013 年下降，2014～2015 两年缓慢回升。由于在 2008 年国家提高了“高新技术企业”的标准，因此，在 2009 年、2010 年、2011 年、2012 年、2013 年、2014 年、2015 年创业投资企业所投资的案例中，分别只有 42.08%、45.58%、47.57%、43.67%、39.00%、38.29%和 33.30%的比率符合“高新技术企业”标准，而且占比下降显著。

正是由于创业投资企业所投资案例中符合“高新技术企业”标准的占比较小，所以，既符合“中小企业”规模标准又符合“高新技术企业”技术含量标准的“中小高新技术企业”案例的占比自然是更小。到 2015 年，创业投资企业所投资案例中符合“中小高新技术企业”双重标准的案例仅占 28.64%。

表 7-12　2006～2015 年度投资中小企业、高新技术企业、中小高新技术企业的案例分布（个,%）

年度	中小企业		高新企业		中小高新企业	
	案例数	占比	案例数	占比	案例数	占比
2006	434	93.33	247	53.12	239	51.40
2007	614	83.20	361	48.92	316	42.82
2008	787	83.81	435	46.33	371	39.51
2009	1137	82.63	579	42.08	494	35.90
2010	1639	77.83	960	45.58	779	36.99
2011	1974	78.65	1194	47.57	1000	39.84
2012	1553	78.59	863	43.67	726	36.74
2013	1440	79.43	707	39.00	600	33.09
2014	1552	83.35	713	38.29	599	32.17
2015	1809	83.44	722	33.30	621	28.64

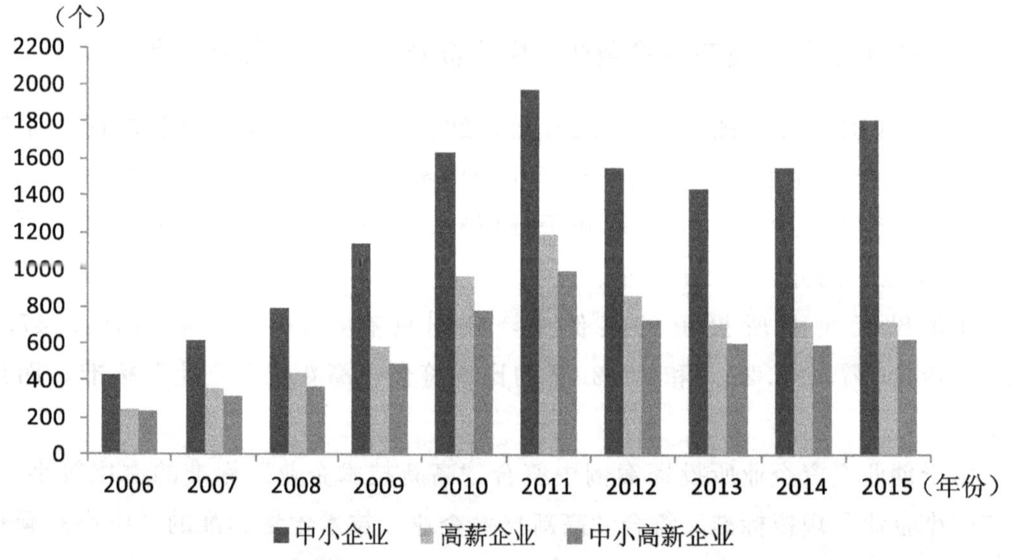

图 7-12　2006～2015 年度投资中小企业、高新技术企业、中小高新技术企业案例

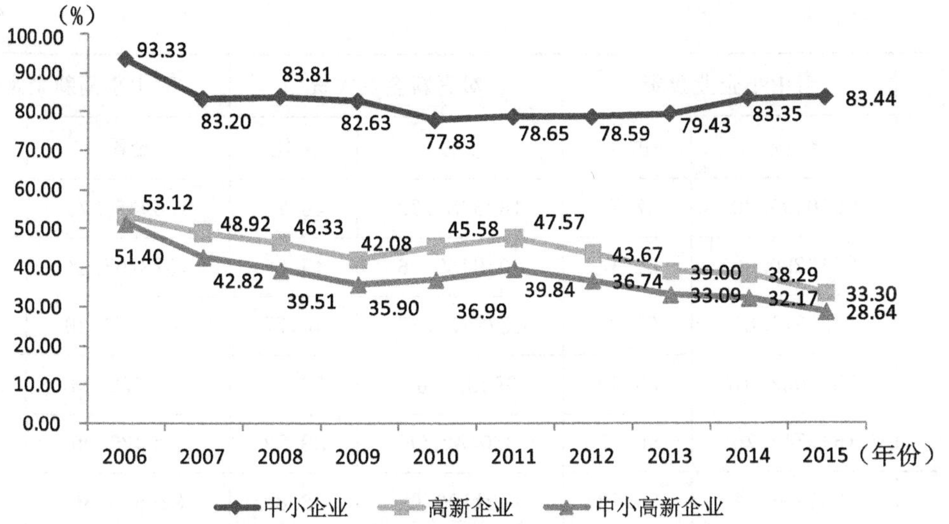

图 7-13　2006～2015 年度投资中小企业、高新技术企业、中小高新技术企业案例占比

7.5.2　投资中小企业、高新技术企业、中小高新技术企业金额占比

从表 7-13 和图 7-14、图 7-15 可以看出，2006～2015 年度，创业投资企业投资于中小企业、高新技术企业、中小高新技术企业的金额，均呈现持续增加态势。但是，由于投资于中小企业投资案例的投资金额较小，因此，创业投资企业投资于中小企业、中小高新技术企业的金额占比，比案例占比更低。到 2015 年，创业投资企业投资于中小企业的金额占比为 59.13%，投资于高新技术企业的金额占比仅为 32.89%，投资于中小高新技术企业的金额占比仅为 25.00%。

可见，尽管按照现行创业投资企业税收扶持政策，创业投资企业可以按其对中小高新技术企业的投资额 70%申报应纳税所得额抵扣，但由于“中小企业”标准，特别是“高新技术”标准过于苛刻，70%的抵扣政策效果实际上被大打折扣。

表 7-13　2006～2015 年度投资中小企业、高新技术企业、中小高新技术企业的金额分布（万元，%）

年度	对中小企业投资		对高新企业投资		对中小高新企业投资	
	金额	占比	金额	占比	金额	占比
2006	318800.53	84.71	203785.68	54.15	194607.31	51.71
2007	694450.98	69.32	513814.22	51.29	399472.69	39.88
2008	743979.47	65.83	603420.10	53.39	445691.71	39.43
2009	1121894.27	51.25	880724.07	40.23	591988.51	27.04

续表

年度	对中小企业投资		对高新企业投资		对中小高新企业投资	
	金额	占比	金额	占比	金额	占比
2010	2010495.20	57.74	1625981.73	46.70	1069351.71	30.71
2011	2743290.96	61.14	2048457.26	45.66	1528207.44	34.06
2012	1969971.87	64.02	1377760.67	44.77	1047586.30	34.04
2013	1525032.61	59.43	993895.62	38.73	740572.93	28.86
2014	1645742.76	66.35	960482.66	38.72	720420.99	29.05
2015	1961863.22	59.13	1091103.62	32.89	829536.36	25.00

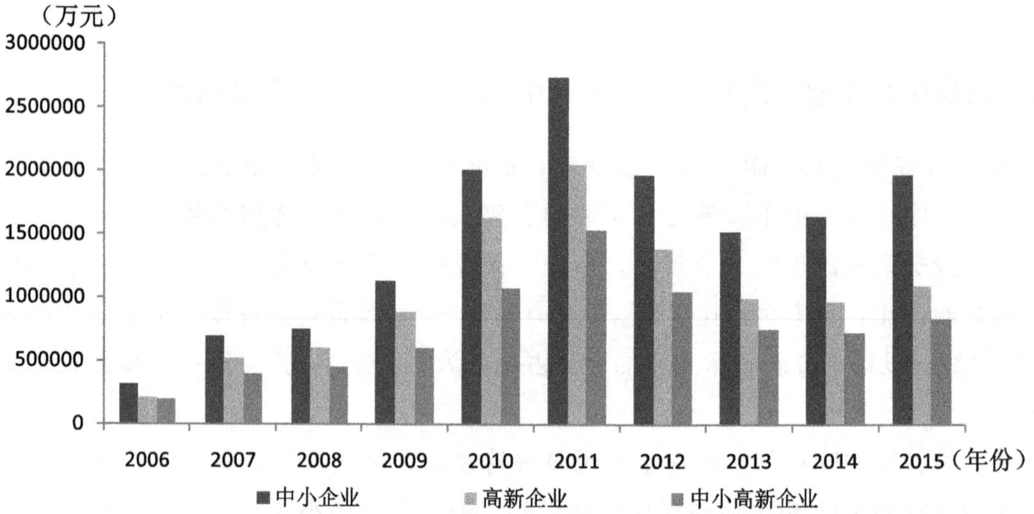

图 7-14　2006～2015 年度投资中小企业、高新技术企业、中小高新技术企业金额

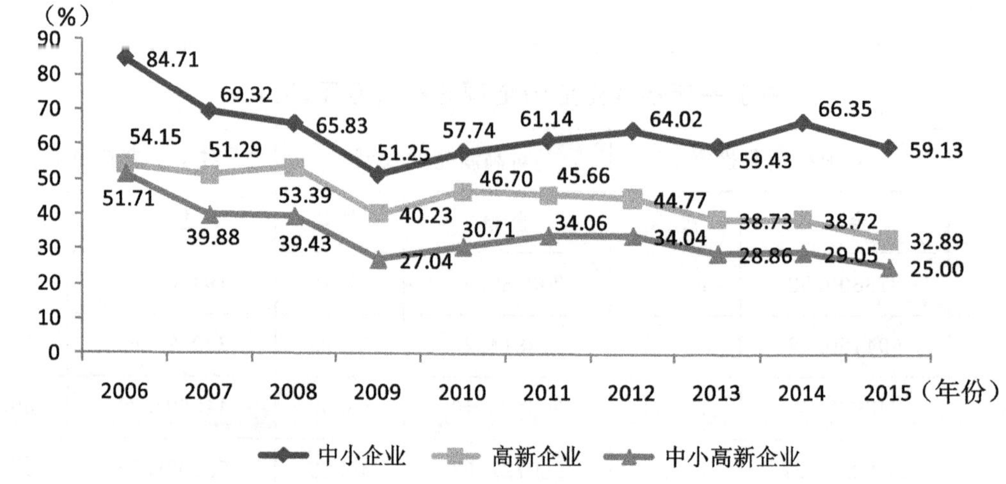

图 7-15　2006～2015 年度投资中小企业、高新技术企业、中小高新技术企业金额占比

7.6　2006～2015 年度对不同行业的投资分布状况

7.6.1　对不同行业的投资案例分布

从对不同行业的投资案例分布看，2006～2013 年，创业投资企业对金融服务产业、传统制造业产业和新材料工业产业等行业的投资案例数量较高，2014～2015 年，网络产业、软件产业的投资较多。其中，2006 年投资案例居前三位的行业分别是：软件产业、光电子与光机电一体化和生物科技；2007 年投资案例居前三位的行业分别是：新材料工业产业、传统制造业产业和软件产业；2008 年投资案例居前三位的行业分别是：新材料工业产业、传统制造业产业和软件产业；2009 年投资案例居前三位的行业分别是：金融服务产业、新材料工业产业和软件产业；2010 年投资案例居前三位的行业分别是：金融服务产业、新材料工业产业和传统制造业；2011 年投资案例居前三位的行业分别是：金融服务产业、新材料工业产业、传统制造业；2012 年投资案例居前三位的行业分别是：金融服务产业、新材料工业产业、传统制造业；2013 年投资案例居前三位的行业分别是：金融服务产业、新材料工业产业和新能源高效节能技术产业。2014 年投资案例居前三位的行业分别是：网络产业、金融服务产业和软件产业。2015 年投资案例居前三位的行业分别是：网络产业、金融服务产业和软件产业（见表 7-14 和图 7-16）。

7.6.2　对不同行业的投资金额分布

从对不同行业的投资金额看，2006～2013 年，创业投资企业对传统制造业产业、金融服务产业和新材料工业等行业的投资金额较多，2014～2015 年，对医药保健行业投资较多。其中，2006 年投资金额居前三位的行业分别是：科技服务业、新材料工业和生物技术；2007 年投资金额居前三位的行业分别是：新材料工业产业、传统制造业产业和金融服务产业，2008 年投资金额居前三位的行业分别是：传统制造业产业、金融服务产业和新能源高效节能技术产业；2009 年投资金额居前三位的行业分别是：金融服务产业、传统制造业产业和新能源、高效节能技术产业；2010 年投资金额居前三位的行业分别是：金融服务产业、新材料工业产业和传统制造业产业；2011 年投资金额居前三位的行业分别是：金融服务产业、传统制造业产业和新材料产业；2012 年投资金额居前三位的行业分别是：金融服务产业、传统制造业产业和新材料工业产业；2013 年投资金额居前三位的行业分别是：金融服务产业、医药保健产业和新材料工业产业；2014 年投资金额居前三位的行业分别是：金融服务产业、新能源、高效节能技术产业和医药保健产业；2015 年投资金额居前三位的行业分别是：金融服务产业、医药保健产业和网络产业（见表 7-15 和图 7-17）

表 7-14 2006～2015 年对不同行业的投资案例分布（个，%）

类别	2006 年		2007 年		2008 年		2009 年		2010 年		2011 年		2012 年		2013 年		2014 年		2015 年	
	案例数	占比	案例数	占比	案例数	占比	案例数	占比	案例数	占比	案例数	占比	案例数	占比	案例数	占比	案例数	占比	案例数	占比
合计	465	100	738	100	939	100	1376	100	2106	100	2510	100	1976	100	1813	100	1862	100	2168	100
软件产业	53	11.40	43	5.83	66	7.03	91	6.61	135	6.41	140	5.58	100	5.06	105	5.79	142	7.63	133	6.13
计算机硬件产业	13	2.80	16	2.17	7	0.75	26	1.89	15	0.71	20	0.80	15	0.76	20	1.10	21	1.13	33	1.52
网络产业	16	3.44	19	2.57	25	2.66	39	2.83	76	3.61	60	2.39	63	3.19	82	4.52	171	9.18	271	12.50
通讯	17	3.66	23	3.12	20	2.13	30	2.18	38	1.80	55	2.19	46	2.33	39	2.15	49	2.63	33	1.52
IT 服务业	20	4.30	18	2.44	26	2.77	33	2.40	63	2.99	82	3.27	62	3.14	50	2.76	92	4.94	132	6.09
半导体	15	3.23	25	3.39	21	2.24	30	2.18	28	1.33	51	2.03	36	1.82	35	1.93	31	1.66	28	1.29
其他 IT 行业	8	1.72	13	1.76	22	2.34	34	2.47	32	1.52	48	1.91	38	1.92	33	1.82	22	1.18	35	1.61
环保工程	9	1.94	24	3.25	34	3.62	53	3.85	55	2.61	101	4.02	74	3.74	76	4.19	65	3.49	74	3.41
生物科技	39	8.39	35	4.74	55	5.86	86	6.25	103	4.89	111	4.42	102	5.16	112	6.18	95	5.10	101	4.66
新材料工业	38	8.17	93	12.60	102	10.86	100	7.27	186	8.83	224	8.92	154	7.79	144	7.94	132	7.09	117	5.40
资源开发工业	6	1.29	26	3.52	24	2.56	17	1.24	40	1.90	19	0.76	25	1.27	23	1.27	11	0.59	7	0.32
光电子与光机电一体化	40	8.60	31	4.20	57	6.07	80	5.81	90	4.27	94	3.75	59	2.99	58	3.20	44	2.36	32	1.48

续表

类别	2006年		2007年		2008年		2009年		2010年		2011年		2012年		2013年		2014年		2015年	
	案例数	占比	案例数	占比	案例数	占比	案例数	占比	案例数	占比	案例数	占比	案例数	占比	案例数	占比	案例数	占比	案例数	占比
科技服务	24	5.16	25	3.39	28	2.98	36	2.62	40	1.90	49	1.95	49	2.48	87	4.80	68	3.65	87	4.01
新能源、高效节能技术	21	4.52	39	5.28	58	6.18	90	6.54	151	7.17	181	7.21	133	6.73	114	6.29	92	4.94	73	3.37
核应用技术	0	0	2	0.27	1	0.11	3	0.22	2	0.09	0	0	1	0.05	0	0	3	0.16	0	0
医药保健	31	6.67	28	3.79	25	2.66	58	4.22	93	4.42	82	3.27	99	5.01	87	4.80	113	6.07	128	5.90
消费产品和服务	12	2.58	25	3.39	27	2.88	45	3.27	75	3.56	100	3.98	74	3.74	55	3.03	51	2.74	94	4.34
媒体和娱乐业	4	0.86	6	0.81	18	1.92	23	1.67	33	1.59	42	1.67	54	2.73	43	2.37	55	2.95	53	2.44
传统制造业	31	6.67	71	9.62	97	10.32	88	6.40	171	8.12	210	8.37	146	7.39	80	4.42	84	4.51	78	3.61
农业	9	1.91	14	1.90	23	2.45	43	3.12	91	4.32	110	4.38	75	3.80	61	3.36	49	2.63	52	2.40
金融服务	13	2.80	39	5.28	65	6.92	117	8.50	203	9.64	252	10.04	195	9.87	168	9.27	159	8.56	242	11.16
零售和批发	0	0	1	0.15	5	0.53	7	0.51	18	0.85	17	0.68	11	0.56	11	0.61	9	0.48	9	0.42
其他	46	9.89	122	16.53	133	14.16	247	17.95	368	17.47	462	18.41	365	18.47	330	18.20	304	16.33	356	16.42

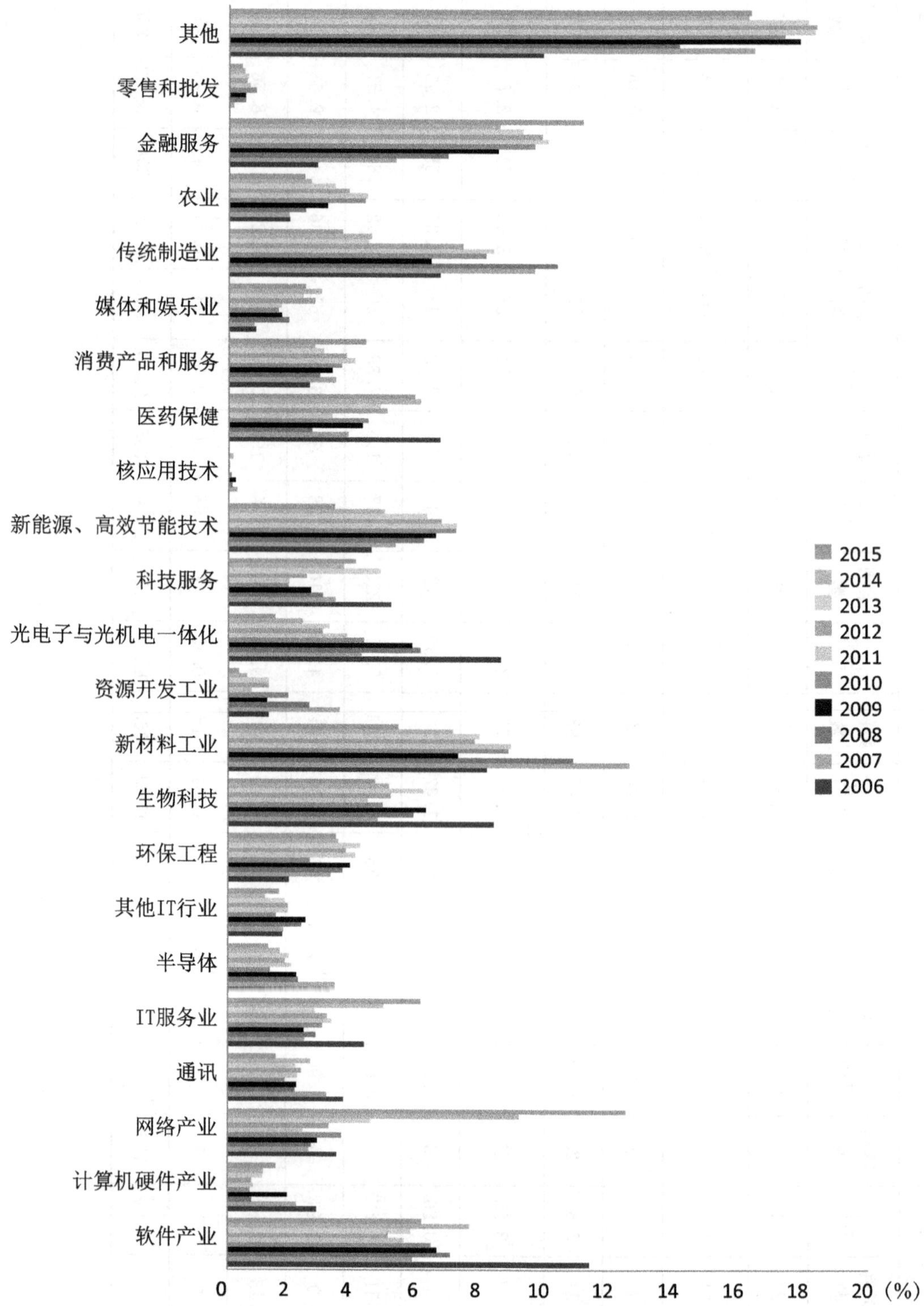

图 7-16　2006～2015 年对不同行业的投资案例占比

表 7-15　2006～2015 年对不同行业的投资金额分布（亿元，%）

类别	2006 年		2007 年		2008 年		2009 年		2010 年		2011 年		2012 年		2013 年		2014 年		2015 年	
	金额数	占比	金额数	占比	金额数	占比	金额数	占比	金额数	占比	金额数	占比	金额数	占比	金额数	占比	金额数	占比	金额数	占比
合计	37.63	100	100.18	100	113.02	100	218.92	100	348.21	100	448.66	100	307.72	100	256.61	100	248.03	100	331.77	100
软件产业	2.06	5.49	3.71	3.70	3.78	3.34	5.02	2.29	9.29	2.67	11.34	2.53	9.98	3.24	7.82	3.05	11.69	4.71	10.56	3.18
计算机硬件产业	1.37	3.64	1.04	1.04	1.34	1.18	1.55	0.71	1.54	0.44	2.26	0.50	2.56	0.83	1.83	0.71	2.19	0.88	2.46	0.74
网络产业	0.71	1.88	1.99	1.98	2.23	1.98	2.70	1.23	5.50	1.58	7.92	1.76	5.60	1.82	4.61	1.80	13.22	5.33	18.10	5.46
通讯	0.96	2.55	3.23	3.23	1.48	1.31	2.99	1.36	5.58	1.60	7.57	1.69	7.61	2.47	4.62	1.80	5.46	2.20	3.27	0.99
IT 服务业	0.90	2.39	1.60	1.60	3.24	2.87	8.63	3.94	6.07	1.74	7.77	1.73	6.04	1.96	5.09	1.98	6.32	2.55	10.10	3.04
半导体	0.86	2.28	1.31	1.31	4.29	3.79	4.23	1.93	3.80	1.09	7.83	1.75	4.00	1.30	4.57	1.78	3.60	1.45	2.44	0.74
其他 IT 行业	0.79	2.10	1.77	1.77	1.68	1.49	2.58	1.18	3.23	0.93	6.44	1.44	4.50	1.46	4.53	1.77	1.67	0.67	3.51	1.06
环保工程	0.38	1.01	3.37	3.36	4.65	4.12	6.00	2.74	8.98	2.58	16.26	3.62	10.67	3.47	6.90	2.69	7.51	3.03	9.18	2.77
生物科技	3.41	9.07	3.05	3.04	3.85	3.41	9.40	4.29	9.61	2.76	13.53	3.02	12.19	3.96	10.77	4.20	12.68	5.11	11.45	3.45
新材料工业	3.51	9.33	12.00	11.98	8.40	7.44	10.52	4.81	30.98	8.90	32.74	7.30	23.72	7.71	16.11	6.28	12.28	4.95	13.67	4.12
资源开发工业	0.68	1.81	5.19	5.13	4.34	3.84	6.89	3.15	6.76	1.94	23.20	5.17	9.56	3.11	3.41	1.33	8.76	3.53	2.16	0.65
光电子与光机电一体化	2.69	7.15	5.29	5.23	6.02	5.33	3.96	1.81	12.71	3.65	12.70	2.83	6.48	2.11	5.94	2.31	3.88	1.57	2.99	0.90

续表

类别	2006年		2007年		2008年		2009年		2010年		2011年		2012年		2013年		2014年		2015年	
	金额数	占比	金额数	占比	金额数	占比	金额数	占比	金额数	占比	金额数	占比	金额数	占比	金额数	占比	金额数	占比	金额数	占比
科技服务	3.59	9.54	3.79	3.78	1.84	1.63	2.50	1.14	2.53	0.73	4.09	0.91	7.88	2.56	6.21	2.42	5.15	2.08	7.16	2.16
新能源、高效节能技术	2.26	6.00	6.44	6.42	8.28	7.32	10.90	4.98	20.85	5.99	28.95	6.45	20.74	6.74	13.13	5.12	15.02	6.05	16.97	5.12
核应用技术	0.00	0	0.10	0.10	0.38	0.34	0.23	0.11	0.82	0.23	0.00	0	0.15	0.05	0.00	0	0.40	0.16	0.00	0
医药保健	1.41	3.75	2.25	2.25	2.00	1.77	5.64	2.58	12.19	3.50	12.38	2.76	14.26	4.63	16.97	6.61	14.26	5.75	18.54	5.59
消费产品和服务	1.11	2.95	4.70	4.69	3.28	2.90	8.43	3.85	20.27	5.82	22.66	5.05	20.21	6.57	9.74	3.79	8.34	3.36	13.14	3.96
媒体和娱乐业	0.42	1.12	0.39	0.39	3.97	3.51	4.30	1.96	6.70	1.93	8.53	1.90	10.16	3.30	11.08	4.32	8.31	3.35	8.24	2.48
传统制造业	2.43	6.42	10.16	10.14	14.78	13.08	14.36	6.56	31.30	8.99	49.26	10.98	28.20	9.16	13.63	5.31	10.77	4.34	11.01	3.32
农业	0.50	1.32	1.56	1.56	2.64	2.34	4.16	1.90	19.79	5.68	17.75	3.96	11.37	3.71	7.12	2.78	6.74	2.72	6.94	2.09
金融服务	1.98	5.25	7.30	7.28	9.33	8.24	50.24	22.95	41.97	12.05	67.97	15.14	32.44	10.54	36.37	14.17	33.55	13.53	82.41	24.83
零售和批发	0.00	0	0.20	0.21	0.37	0.33	1.09	0.50	2.43	0.70	2.72	0.61	1.95	0.64	1.50	0.59	0.55	0.24	2.58	0.78
其他	5.62	14.95	19.74	19.71	20.84	18.44	52.62	24.03	85.30	24.50	84.78	18.90	57.42	18.66	64.64	25.19	55.67	22.44	74.87	22.57

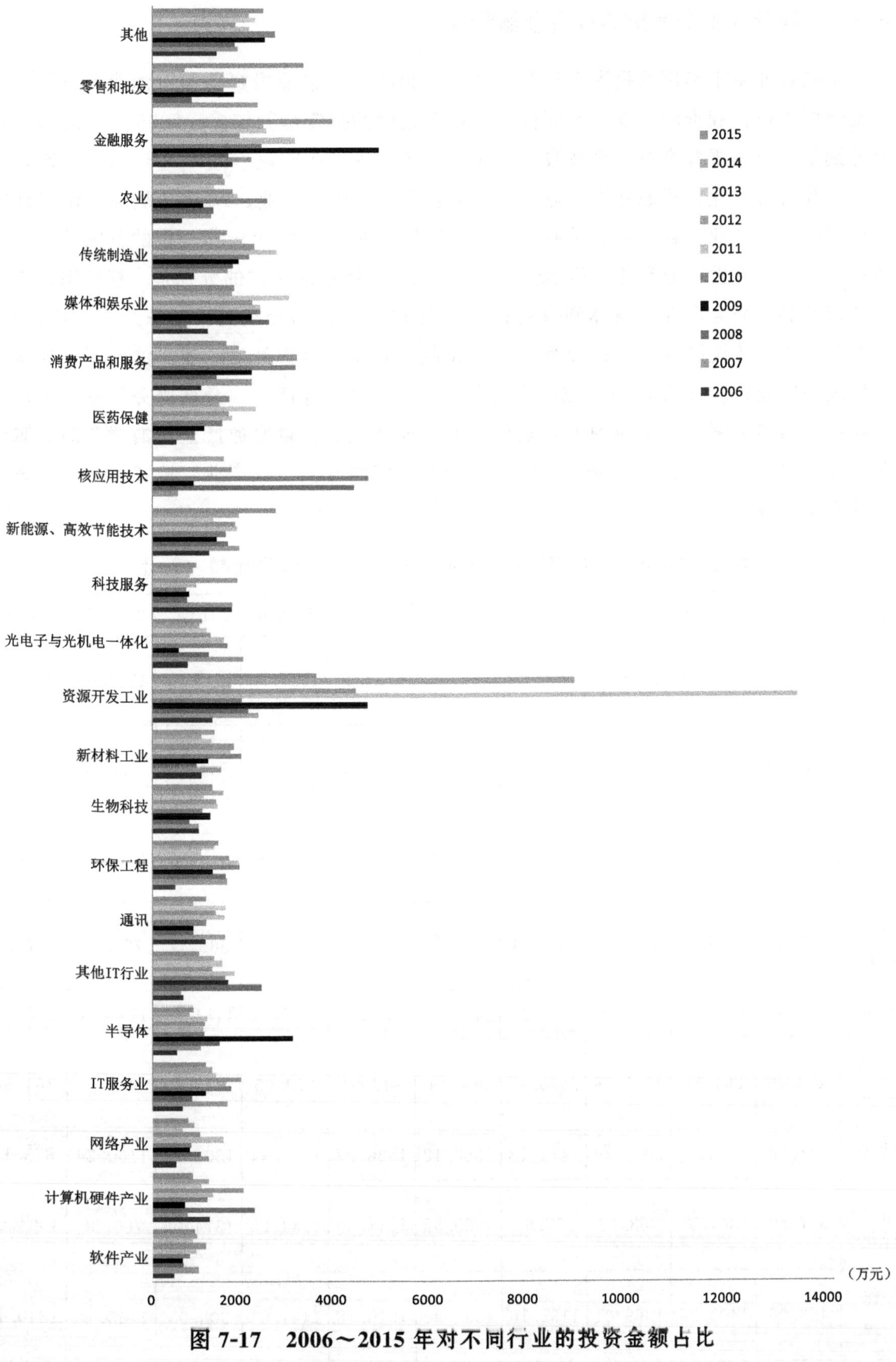

图 7-17　2006～2015 年对不同行业的投资金额占比

7.6.3 不同行业单个案例的投资金额状况

从不同行业单个案例的投资金额看，2006～2015 年，创业投资企业对消费产品和服务业、金融服务行业和资源开发工业等行业的单个案例的投资金额较多。2006 年居前三位的行业分别是：金融服务产业、科技服务产业、资源开发工业产业；2007 年居前三位的分别是：零售和批发产业、资源开发工业产业、消费产品和服务产业；2008 年居前三位的分别是：核应用技术产业、媒体和娱乐业产业、半导体产业；2009 年居前三位的分别是：金融服务产业、资源开发工业产业、IT 服务业产业；2010 年居前三位的分别是：核应用技术产业、消费产品和服务产业、媒体和农业；2011 年居前三位的分别是：资源开发工业产业、金融服务产业、传统制造业；2012 年居前三位的分别是：资源开发工业、消费产品和服务业、传统制造业；2013 年居前三位的分别是：媒体和娱乐业产业、金融服务产业、医药保健产业；2014 年居前三位的分别是：资源开发工业产业、金融服务产业、消费产品和服务产业；2015 年居前三位的分别是：金融服务产业、资源开发工业产业、消费产品和服务产业（见表 7-16 和图 7-18）。

表 7-16　2006～2015 不同行业单个案例的投资金额比较（万元）

行业	2006 年	2007 年	2008 年	2009 年	2010 年	2011 年	2012 年	2013 年	2014 年	2015 年
各行业平均	809.34	1357.45	1203.63	1590.97	1653.43	1787.47	1557.30	1415.38	1332.06	1530.31
软件产业	389.59	862.85	572.24	551.20	688.46	809.96	998.30	744.77	823.27	794.31
计算机硬件产业	1053.96	652.66	1907.20	597.26	1025.48	1127.75	1704.80	912.95	1042.89	744.87
网络产业	441.85	1046.17	893.83	692.40	723.35	1319.58	889.10	562.42	773.09	667.96
通讯	563.69	1405.05	740.51	995.24	1468.10	1375.67	1655.22	1184.36	1115.04	992.27
IT 服务业	450.46	891.17	1245.58	2615.45	964.14	947.84	973.95	1017.40	687.00	764.80
半导体	571.68	524.39	2041.39	1411.18	1356.12	1536.07	1112.41	1306.22	1160.24	873.14
其他 IT 行业	987.50	1361.50	763.42	757.65	1009.52	1341.69	1184.25	1374.06	760.38	1004.04
环保工程	423.06	1403.26	1369.01	1132.16	1632.99	1610.18	1441.67	908.03	1155.79	1240.18

续表

行业	2006年	2007年	2008年	2009年	2010年	2011年	2012年	2013年	2014年	2015年
生物科技	875.05	871.20	700.15	1092.60	932.77	1219.22	1195.33	961.84	1334.56	1133.85
新材料工业	923.85	1290.21	823.98	1052.28	1665.78	1461.44	1540.24	1118.79	930.45	1168.49
资源开发工业	1133.33	1996.65	1810.37	4051.89	1690.51	12210.74	3825.35	1482.50	7963.53	3085.43
光电子与光机电一体化	672.50	1707.54	1056.51	495.10	1412.44	1351.28	1099.06	1024.13	882.57	934.14
科技服务	1495.22	1514.29	657.43	693.46	633.45	834.91	1607.98	713.57	757.94	823.06
新能源、高效节能技术	1074.95	1650.03	1426.84	1210.83	1380.92	1599.25	1559.55	1151.96	1632.19	2324.79
核应用技术	0.00	476.45	3800.00	768.54	4080.00	0.00	1500.00	0.00	1341.98	0.00
医药保健	455.52	803.24	798.12	972.70	1311.28	1510.17	1440.54	1950.76	1261.95	1448.76
消费产品和服务	923.75	1880.86	1214.57	1873.87	2702.26	2266.18	2730.80	1770.52	1635.21	1397.48
媒体和娱乐业	1051.50	650.00	2204.96	1868.24	2031.31	2031.29	1882.36	2577.79	1510.68	1553.88
传统制造业	782.68	1431.33	1524.04	1631.42	1830.43	2345.54	1931.56	1704.37	1282.52	1411.88
农业	550.97	1114.71	1149.72	966.92	2174.50	1613.60	1516.34	1167.48	1375.87	1335.16
金融服务	1521.17	1871.19	1434.85	4293.89	2067.44	2697.33	1663.54	2164.77	2109.81	3405.38
零售和批发	0.00	2000.00	745.00	1555.61	1349.82	1601.45	1776.96	1365.08	608.61	2867.56
其他	1222.79	1618.15	1567.25	2130.17	2317.96	1835.08	1573.23	1958.91	1831.23	2103.19

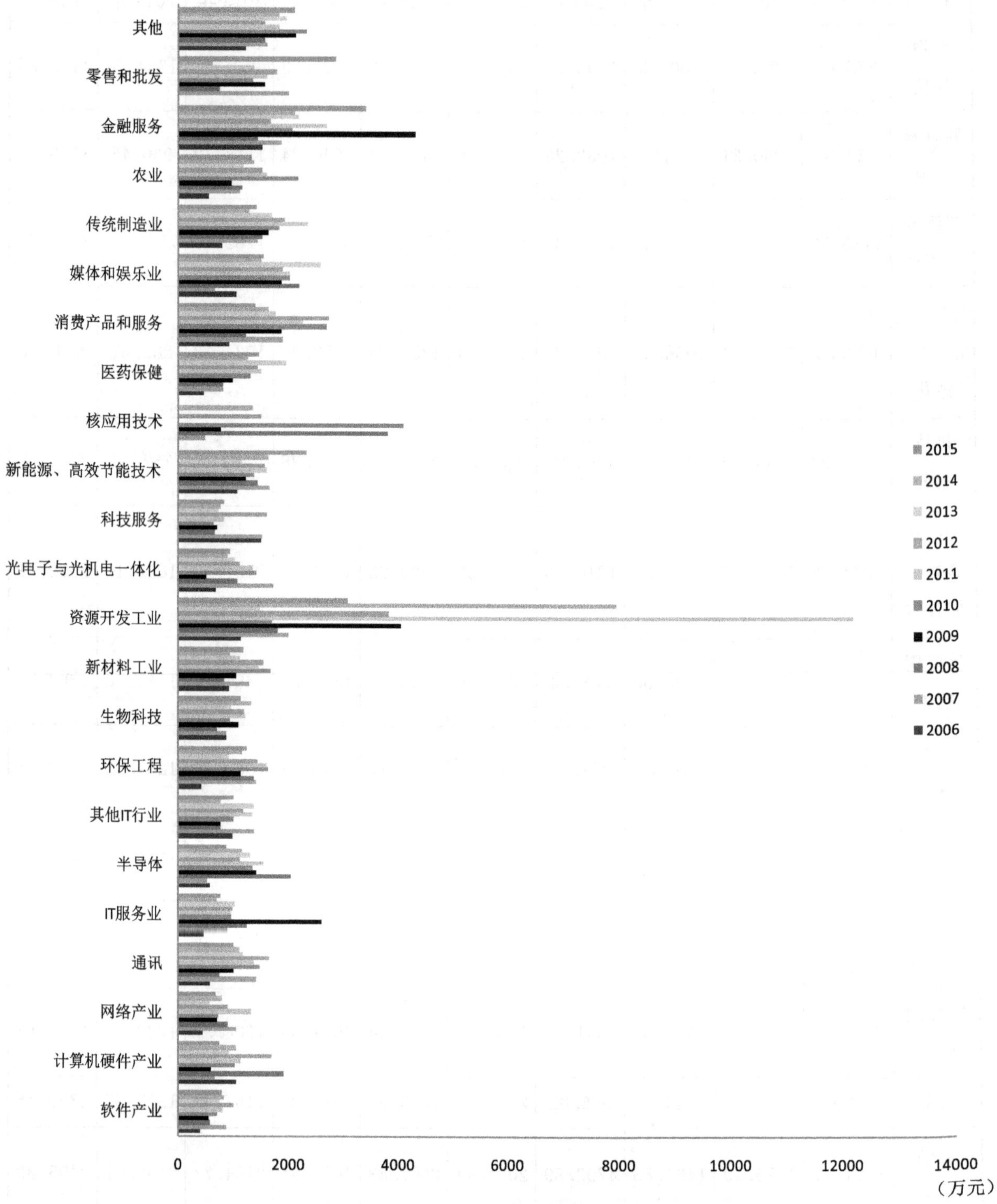

图 7-18　2006～2015 年不同行业单个案例的投资金额

7.7　2006～2015年度不同投资阶段的分布状况

7.7.1　不同投资阶段的案例分布

从不同投资阶段的案例分布看，2006～2015年度，在起步期和扩张期进行投资的案例占多数，在种子期和成熟期进行投资的案例都相对较少，体现出了与国际成熟创业投资业相同的特点。由于根据《创业投资企业管理暂行办法》，创业投资企业还可投资处于重建期的企业，因而在各个年度均有一定比例的重建期投资案例（见表7-17和图7-19）。

表7-17　2006～2015年度不同投资阶段的案例分布（个，%）

年度	种子期		起步期		扩张期		成熟前的过渡期		重建期	
	案例数	占比	案例数	占比	案例数	占比	案例数	占比	案例数	占比
2006	75	16.12	188	40.43	144	30.97	53	11.40	5	1.08
2007	85	11.52	237	32.11	319	43.22	94	12.74	3	0.41
2008	130	13.84	338	36.00	367	39.08	95	10.12	9	0.96
2009	203	14.75	506	36.77	540	39.25	120	8.72	7	0.51
2010	276	13.11	764	36.28	818	38.84	226	10.73	22	1.04
2011	306	12.19	788	31.39	1145	45.62	261	10.40	10	0.40
2012	265	13.41	713	36.08	830	42.00	152	7.69	16	0.82
2013	378	20.85	703	38.78	605	33.37	119	6.56	8	0.44
2014	421	22.61	762	40.92	583	31.31	88	4.73	8	0.43
2015	554	25.55	920	42.44	610	28.14	71	3.27	13	0.60

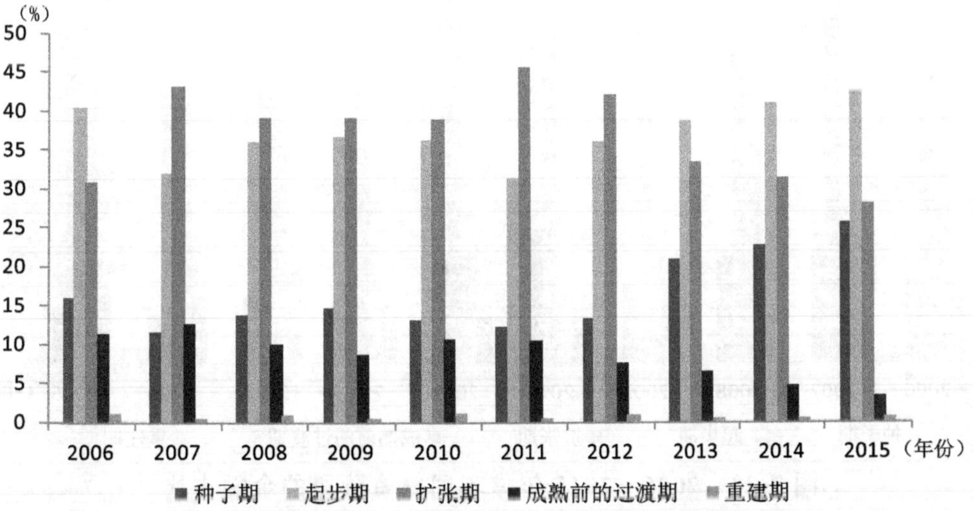

图7-19　2006～2015年度不同投资阶段的案例占比

7.7.2 不同投资阶段的金额分布

从不同投资阶段的金额分布看，2006～2015年度，虽然在起步期和扩张期进行投资的金额都较多，但与案例分布不同的是，在扩张期进行投资的金额一直约占居40%以上的绝对比例，而在起步期进行投资的金额低于在扩张期进行投资的金额，在种子期即进行投资的金额在2013年有较快增长，首次突破10%达到13.20%，重建期的投资一直较少（见表7-18和图7-20）。

表7-18 2006～2015年度不同投资阶段的金额分布（亿元,%）

年度	种子期		起步期		扩张期		成熟前的过渡期		重建期	
	金额数	占比	金额数	占比	金额数	占比	金额数	占比	金额数	占比
2006	3.68	9.78	11.96	31.78	16.57	44.02	4.90	13.02	0.53	1.40
2007	7.68	7.66	22.96	22.92	51.10	51.01	18.34	18.31	0.10	0.10
2008	7.56	6.70	36.54	32.33	50.67	44.83	16.92	14.97	1.33	1.17
2009	13.51	6.17	63.48	29.00	115.20	52.62	24.65	11.26	2.09	0.95
2010	27.17	7.80	87.50	25.13	162.05	46.54	66.11	18.99	5.37	1.54
2011	29.04	6.47	95.33	21.25	255.77	57.01	66.58	14.84	1.93	0.43
2012	25.94	8.43	83.89	27.27	157.41	51.15	35.77	11.62	4.71	1.53
2013	33.87	13.20	89.91	35.03	107.83	42.02	24.14	9.41	0.86	0.34
2014	24.45	9.86	110.65	44.61	94.97	38.29	16.62	6.70	1.34	0.54
2015	32.77	9.88	121.87	36.73	143.54	43.26	23.92	7.21	9.67	2.92

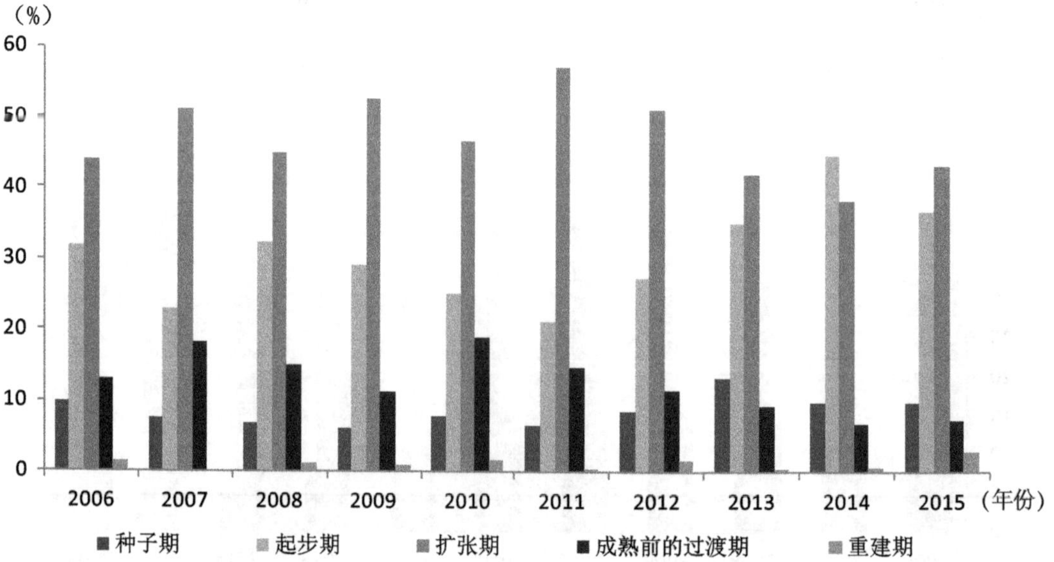

图7-20 2006～2015年度不同投资阶段的金额占比

第 8 章　创业投资企业股本退出分析

8.1　2006～2015 年度当年与累计实现股本退出案例与金额

8.1.1　当年与累计实现股本退出案例

2006～2015 年，创业投资企业实现资本退出案例总体呈增长态势，2014 年略有下降，2015 年实现资本退出案例 785 个，为历年实现资本退出案例最多的年份。截止 2015 年末，创业投资企业累计实现资本退出案例 4896 个（见表 8-1 和图 8-1）。表明我国创业投资企业正在步入收获期。

表 8-1　2006～2015 年度当年与累计实现资本退出案例（个）

年度	当年实现退出案例数	较上年增长	历年退出案例
2006	104	—	379
2007	179	72.12	558
2008	225	25.70	783
2009	396	76.00	1179
2010	453	14.39	1632
2011	549	21.19	2181
2012	564	2.73	2745
2013	692	22.70	3437
2014	674	-2.60	4111
2015	785	16.47	4896

注 1　同一家被投资企业分多次实现全部退出的，按 1 次计实现退出案例数；未完全退出前，按 0 次计实现退出案例数。考虑到被投资企业上市后，资产即具有流动性，故该投资企业的退出日期一律按公开上市之日计；

2　累计实现退出案例数＝当年实现退出案例数＋往年实现退出案例数。

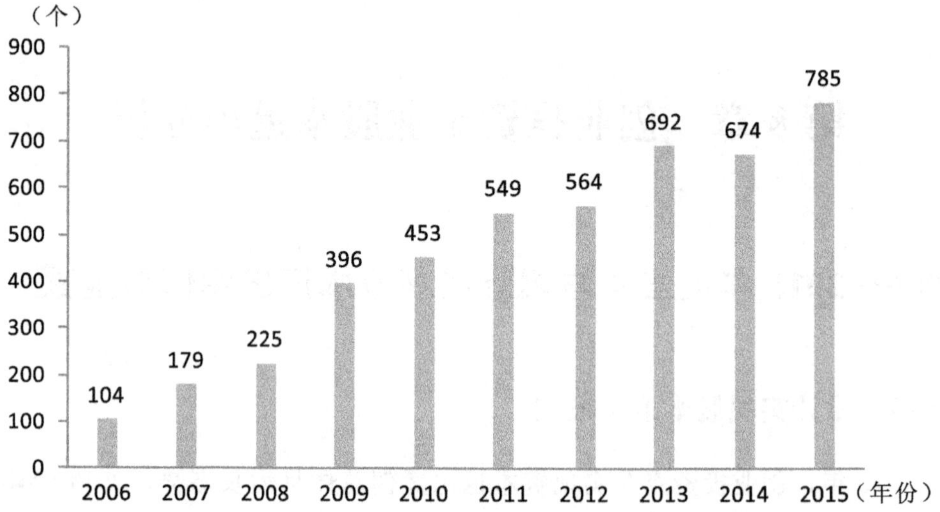

图 8-1　2006～2015 年创业投资企业当年实现资本退出案例数

8.1.2　当年与累计实现资本退出金额

2006～2015 年，与实现资本退出案例逐年增加相对应，创业投资企业实现资本退出的金额逐年增加。2015 年当年实现资本退出的金额高达 101.38 亿元，但增速下降。截止 2015 年末，创业投资企业累计实现资本退出的金额达 553.92 亿元（见表 8-2 和图 8-2）。

表 8-2　2006～2015 年度当年与累计实现资本退出金额（万元）

年度	当年退出金额	较上年增长	历年退出金额
2006	76893.05	—	260633.67
2007	160024.82	108.11	420658.49
2008	171000.73	6.86	591659.22
2009	302188.67	76.72	893847.89
2010	414350.56	37.12	1308198.45
2011	673725.55	62.60	1981924.00
2012	696960.97	3.45	2678884.97
2013	849066.07	21.82	3527951.04
2014	997527.44	17.49	4525478.48
2015	1013750.88	1.63	5539229.36

注1　资本退出金额按投资当年的资本金额计，而非按退出后实现的收入金额计；

2　累计实现退出金额＝当年实现退出金额＋往年实现退出金额。

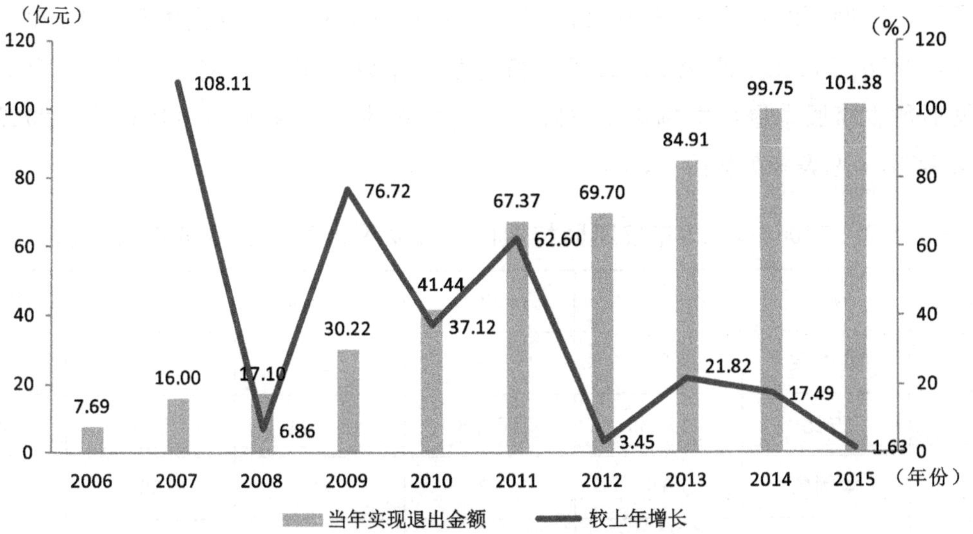

图 8-2　2006～2015 年度股本退出金额

总体来看，2006～2015 年，我国创业投资企业股本退出呈现出案例数量和金额“双增”的良好局面。一方面得益于我国鼓励创业投资企业发展的政策环境日益改善，相继出台了《创业投资企业管理暂行办法》《关于促进创业投资企业发展有关税收政策通知》《关于实施创业投资企业所得税优惠问题的通知》等相关优惠政策，特别是在我国快速发展的政府创业投资引导基金的引导带动下，创业投资企业得到持续健康发展，创投企业的数量持续增长，培育了不少优质企业，获得了良好的投资效益；另一方面得益于我国多层次资本市场建设的推进，特别是中小企业板、创业板的推出以及全国中小企业股份转让系统建设的有序推进，各类退出方式的完善为创业投资企业实现股本退出创造了多元化的通道。

8.2　2006～2015 年度不同持股时间股本退出结构分布

8.2.1　不同持股时间股本退出案例结构分布

按持股不足 1 年、持股 1～2 年、持股 2～4 年、持股 4～7 年、持股 7 年以上共五个类别，对各个年度实现股本退出案例分布进行分析，我们发现：2006 年度股本退出案例分布呈现“前高后低”的特点，即持股不足 1 年的股本退出案例占比较高，而持股 7 年以上的股本退出案例占比较低。其主要原因是，在创业板推出前，我国创业投资机构往往选择短平快项目进行投资。随着中小企业板、创业板和全国中小企业股份转让系统等多层次资本市场的推出和发展，股本退出案例在时间上的分布逐渐演变为“中间大两头小”的格局。其中，持股 7 年以上股本退出案例占比在 2007 和 2008 两年跃升到当年的第二位，经过 2010 年的短暂回升之后，近年呈现下降趋势；持股 4～7 年股本退出案例占比最近几年维持在 20%以上，2015 年持续回升，占比 35.79%，居第一位；持股 2～4 年股本退出案例逐渐占据了最大比例，2015 年占比为 32.36%；持股 1～2 年股本退出案例占比 2011 年以来下降明显，2015 年占比下降至 11.21%，和持股 7 年以上退出案例占比相当；2012～2015 年，持股不足 1 年股本退出案例逐年下降，在各类股本退出案例中占比最小，2015 年占比下降至 9.94%（见表 8-3 和图 8-3）。

表 8-3　2006～2015 年度不同持股时间股本退出案例结构分布（个，%）

年度	项目	不足 1 年	1～2 年	2～4 年	4～7 年	7 年及以上
2006	案例数	29	16	25	27	7
	占比	27.89	15.38	24.04	25.96	6.73
2007	案例数	16	23	40	60	40
	占比	8.94	12.84	22.35	33.52	22.35
2008	案例数	25	29	51	69	51
	占比	11.11	12.88	22.67	30.67	22.67
2009	案例数	50	127	88	61	70
	占比	12.63	32.07	22.22	15.40	17.68
2010	案例数	61	69	106	114	103
	占比	13.46	15.23	23.40	25.17	22.74
2011	案例数	61	111	169	118	90
	占比	11.11	20.22	30.79	21.49	16.39
2012	案例数	69	90	164	161	80
	占比	12.23	15.96	29.08	28.55	14.18
2013	案例数	74	98	293	152	75
	占比	10.69	14.16	42.34	21.97	10.84
2014	案例数	69	79	268	167	91
	占比	10.24	11.72	39.76	24.78	13.50
2015	案例数	78	88	254	281	84
	占比	9.94	11.21	32.36	35.79	10.70

注：区间值，均不含右边的端点值。

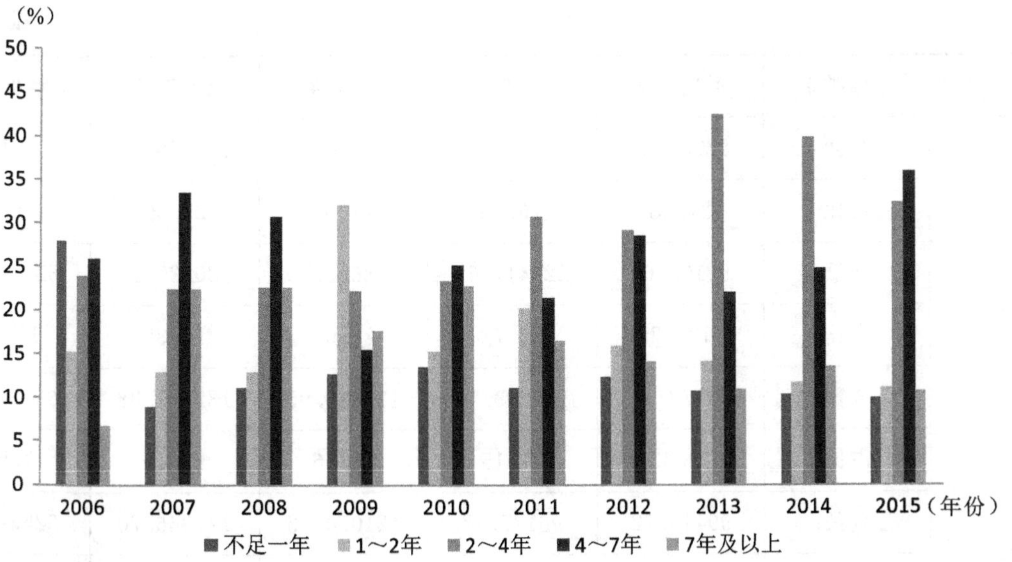

图 8-3　2006～2015 年度不同持股时间资本退出案例占比结构分布

8.2.2　不同持股时间股本退出金额结构分布

按五种不同持股类别，各个年度实现股本退出金额分布与股本退出案例分布比较相似，不同持股时间股本退出金额的结构分布也愈发体现出“中间大两头小”的分布特点。从退出金额来看，近两年持股 1～2 年、2～4 年和 4～7 年的股本退出成为主流，2015 年持股 2～4 年、4～7 年后退出的金额占比分别达到了 38.26%、38.34%，远超其他持股时间资本退出金额的占比（见表 8-4 和图 8-4）。

表 8-4　2006～2015 年度不同持股时间股本退出金额结构分布（万元，%）

年度	指标类别	不足 1 年	1～2 年	2～4 年	4～7 年	7 年及以上
2006	金额	22820.60	10959.20	14595.79	26469.39	2048.07
	占比	29.69	14.25	18.98	34.42	2.66
2007	金额	10790.23	8258.62	40753.50	67660.33	32562.14
	占比	6.74	5.16	25.47	42.28	20.35
2008	金额	23012.20	30937.52	28305.73	52447.75	36297.53
	占比	13.46	18.09	16.55	30.67	21.23
2009	金额	39983.67	38623.36	109728.91	76496.07	37356.66
	占比	13.23	12.78	36.32	25.31	12.36

续表

年度	指标类别	不足1年	1～2年	2～4年	4～7年	7年及以上
2010	金额	87754.55	70297.06	70679.08	105228.07	80391.80
	占比	21.18	16.96	17.06	25.40	19.40
2011	金额	92105.68	220411.60	148659.76	130337.28	82211.23
	占比	13.67	32.72	22.07	19.35	12.19
2012	金额	92872.39	189259.16	177436.05	182281.38	55111.99
	占比	13.33	27.15	25.46	26.15	7.91
2013	金额	99416.72	96177.48	421070.23	179866.70	52534.94
	占比	11.71	11.33	49.59	21.18	6.19
2014	金额	58450.00	94485.83	522144.50	199144.79	123302.32
	占比	5.86	9.47	52.34	19.97	12.36
2015	金额	84724.09	51807.88	387859.63	388716.95	100642.33
	占比	8.36	5.11	38.26	38.34	9.93

注：区间值，均不含右边的端点值。

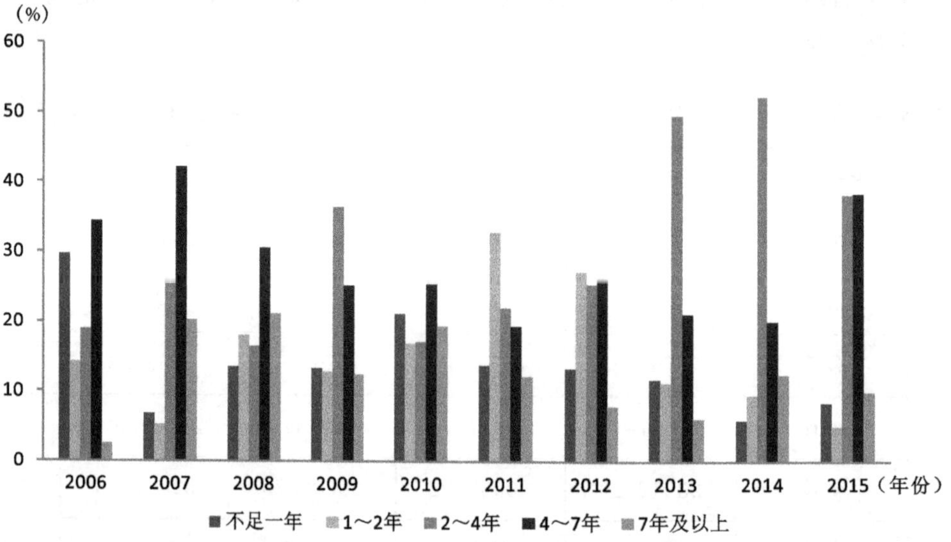

图 8-4 2006～2015 年度不同持股时间股本退出金额占比结构分布

2007～2015 年度，无论是从股本退出案例分布还是从股本退出金额分布看，持股不足1年的占比均较低。这与 2007 年颁布实施的创业投资税收优惠政策鼓励创业投资企业对所投资项目进行不短于 2 年的中长期投资有一定关系。按照 2007 年 2 月财政部和国家税务总局联合发布的《关于实施创业投资企业所得税优惠问题的通知》，创业投资企业采取股权投资方式投资于未上市的中小高新技术企业2年以上的，方可享受应纳税所得抵扣。说明体现鲜明政策导向的创业投资企业税收优惠政策，对于引导创业投资企业进行中长期投资，产生了积极作用。但2010年该类占比和持股7年以上的股本退出金额占比增幅较大，可能与国内IPO企业估值高企有关，创业投资企业热衷于投资即将上市的企业，而且以往的长期投资也希望获得二级市场高额溢价回报。

8.3　2006～2015年度不同退出方式股本退出结构分布

8.3.1　不同退出方式股本退出案例结构分布

从退出方式看，采取上市转让方式实现股本退出的案例占比，2010年以来稳定在20%以上，较2010年之前有较大幅度增长，但2015年占比下降至14.39%，居第三位。2015年，采用协议转让方式实现股本退出的案例占比下滑到44.33%，居第一位。被企业回购方式居第二位（见表8-5和图8-5）。

采取所投资企业被整体收购方式实现股本退出的案例在2014年以前占比一直不到3%，特别是2009～2012下降到1%以下，其直接原因是，在我国当前商业文化氛围中，创业者仍然比较关心自己对企业的控制权，除非迫不得已，一般不会接受自己创办的企业被整体收购。此外，与成熟市场相比，虽然2015年并购退出数量迅速增加，但国内创投市场的“并购退出”仍然处于发展的初级阶段，而且政策上对上市公司通过再融资进行并购重组仍然存在诸多限制，未来应着力发展。

采用清算方式实现股本退出的案例占比一直低于国外，呈下降趋势，2015年度仅占5.10%。其主要原因有：（1）我国创业投资的成功率比较高；（2）随着近年来多层次资本市场体系建设的推进，创业投资企业的资本退出通道已经多元化（见表8-5和图8-5）。

表8-5　2006～2015年度不同退出方式资本退出案例结构分布（个，%）

年度	指标类别	上市转让	协议转让	被整体收购	回购	清算
2006	案例数	8	53	3	31	9
	占比	7.70	50.96	2.88	29.81	8.65
2007	案例数	20	75	5	59	20
	占比	11.17	41.90	2.79	32.97	11.17
2008	案例数	27	104	3	66	25
	占比	12.01	46.22	1.33	29.33	11.11

续表

年度	指标类别	上市转让	协议转让	被整体收购	回购	清算
2009	案例数	52	231	3	87	23
	占比	13.13	58.33	0.76	21.97	5.81
2010	案例数	102	233	3	80	35
	占比	22.52	51.43	0.66	17.66	7.73
2011	案例数	114	287	5	105	38
	占比	20.76	52.28	0.91	19.13	6.92
2012	案例数	143	243	5	137	36
	占比	25.35	43.09	0.89	24.29	6.38
2013	案例数	149	234	11	255	43
	占比	21.53	33.82	1.59	36.85	6.21
2014	案例数	106	281	24	212	51
	占比	15.73	41.69	3.56	31.45	7.57
2015	案例数	113	348	63	221	40
	占比	14.39	44.33	8.03	28.15	5.10

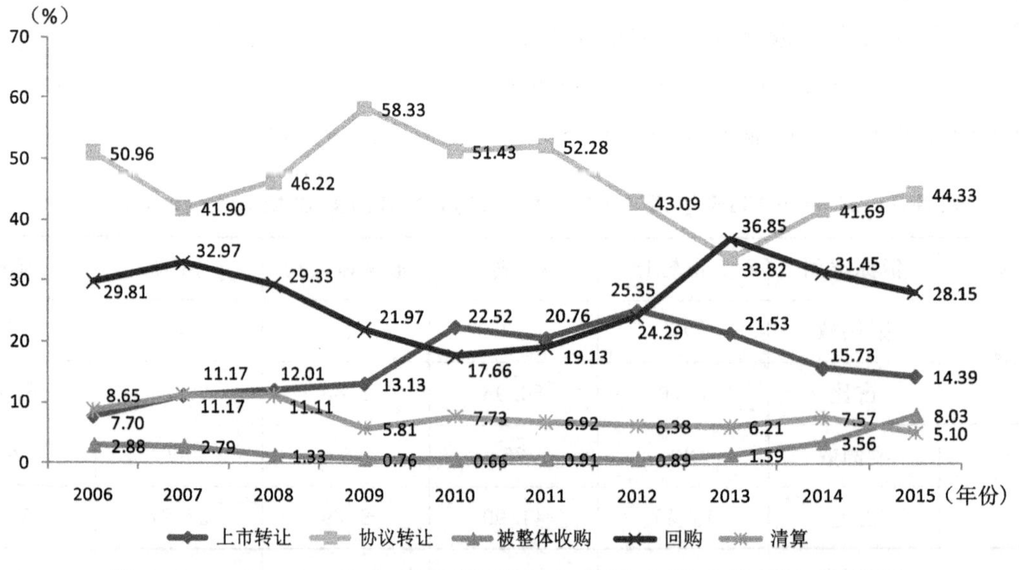

图 8-5　2006～2015 年度不同退出方式股本退出案例占比趋势

8.3.2 不同退出方式股本退出金额结构分布

按五种不同退出方式，各个年度实现股本退出金额分布特点与资本退出案例分布基本相似（见表8-6和图8-6），协议转让方式占比为43.58%，仍处于第一位，上市转让方式股本退出金额占比近2015年回升至22.98%。企业回购退出方式占比在2012年超过上市转让退出方式占比，主要是因为：（1）市场形势发生了变化，2012年沪深市场股权融资总额下降明显，前11个月上证指数累计下跌9.97%；（2）创投企业在投资时一般会与企业签订回购协议，规定当企业发生IPO被否等情况时，创投企业可以按照约定价格将所持股份向企业出售。2015年，企业回购方式股本退出金额占比较2014年显著下降，居第三位。

表8-6 2006～2015年度不同退出方式股本退出金额结构分布（万元,%）

年度	指标类别	上市转让	协议转让	被整体收购	回购	清算
2006	金额	4762.52	60009.99	1838	9107.95	1174.59
	占比	6.20	78.04	2.39	11.84	1.53
2007	金额	35261.73	93824.52	3768.6	20398.07	6771.9
	占比	22.04	58.63	2.36	12.74	4.23
2008	金额	35759.04	84324.8	1820	35193.44	13903.45
	占比	20.92	49.31	1.06	20.58	8.13
2009	金额	48284.57	186005.86	3806	60162.17	3930.07
	占比	15.98	61.55	1.26	19.91	1.30
2010	金额	106340.41	221820.69	7712	58384.86	20092.6
	占比	25.66	53.54	1.86	14.09	4.85
2011	金额	181890.03	357266.81	5120	74951.78	54496.93
	占比	27.00	53.03	0.76	11.12	8.09
2012	金额	169574.04	255246.6	10769	210909.14	50462.19
	占比	24.33	36.62	1.55	30.26	7.24
2013	金额	182041.22	339169.88	18646.2	283861.71	25347.06
	占比	21.43	39.95	2.20	33.43	2.99

续表

年度	指标类别	上市转让	协议转让	被整体收购	回购	清算
2014	金额	145369.42	400895.74	31831.64	389068.35	30362.29
	占比	14.57	40.19	3.19	39.01	3.04
2015	金额	232947.31	441771.57	92282.23	218646.52	28103.25
	占比	22.98	43.58	9.10	21.57	2.77

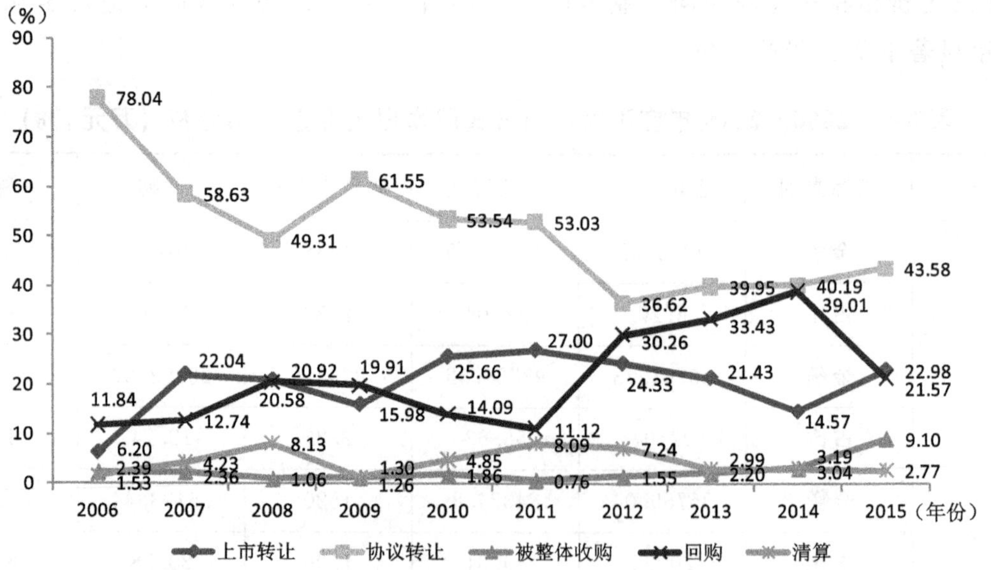

图 8-6　2006～2015 年度不同退出方式股本退出金额占比趋势

第三篇　备案创业投资企业收益、税收优惠与经济社会贡献

第9章 创业投资企业收益与税收优惠政策实施状况

9.1 2006～2015年度创业投资企业收入来源结构

根据《创业投资企业管理暂行办法》第十二条规定，创业投资企业如果实行自我管理，除了以自有资产进行创业投资活动外，还可从事代理其他创业投资企业等机构或个人的创业投资业务、创业投资咨询业务、为创业企业提供创业管理服务业务等。因此，创业投资企业除可获得从事创业投资活动带来的股权转让收入、股息红利收入外，还可能获得包括管理咨询费在内的其他收入。但鉴于管理咨询费等收入属于非主营收入，本报告主要对创业投资企业以自有资产从事创业投资所得收入进行了结构分析。

9.1.1 公司型创业投资企业收入来源结构

分析表9-1中的数据可知，自2006年《创业投资企业管理暂行办法》发布以来，我国公司型创业投资企业在各个年度均实现了投资运营收入，而且所实现收入总体呈上升趋势，其中2012年和2014年略有下降。此外从图9-1可见，股权转让收入是公司型创业投资企业的主要收入来源，且股权转让收入同股息红利收入的比例持续处于3∶1的平稳状态。

按照我国税法，公司型创业投资企业从事创业投资所得的股息红利收入属于“税后收入”，故这部分收入对于降低公司型创业投资企业的综合税率具有一定影响。以2015年为例，如公司型创业投资企业仅从事创业投资业务，则其综合所得税税率实际为：25％×（1－32.09％）＝16.98％。

表9-1 公司型创业投资企业税前收益来源结构（万元，％）

年度	实现收入合计	以自有资产从事创业投资所得收入				管理咨询费等其他收入
		股权转让收入		股息红利收入		
		金额	占比	金额	占比	
2006	139965.67	71242.43	66.56	35790.47	33.44	32932.77
2007	562964.70	261884.07	80.72	62539.67	19.28	238540.96
2008	593713.83	316323.82	70.27	133852.30	29.73	143537.71
2009	717165.85	372393.42	67.06	182929.15	32.94	161843.28

续表

年度	实现收入合计	以自有资产从事创业投资所得收入				管理咨询费等其他收入
		股权转让收入		股息红利收入		
		金额	占比	金额	占比	
2010	1155764.55	575892.71	72.47	218790.02	27.53	361081.82
2011	1742067.11	958975.36	76.42	295918.72	23.58	487173.03
2012	1585500.00	855190.67	76.31	265471.05	23.69	464838.28
2013	1928679.43	1121193.28	78.49	307183.72	21.51	500302.43
2014	1842839.08	1031523.46	75.31	338168.07	24.69	473147.55
2015	3359569.45	1887589.09	67.91	891934.46	32.09	580045.90

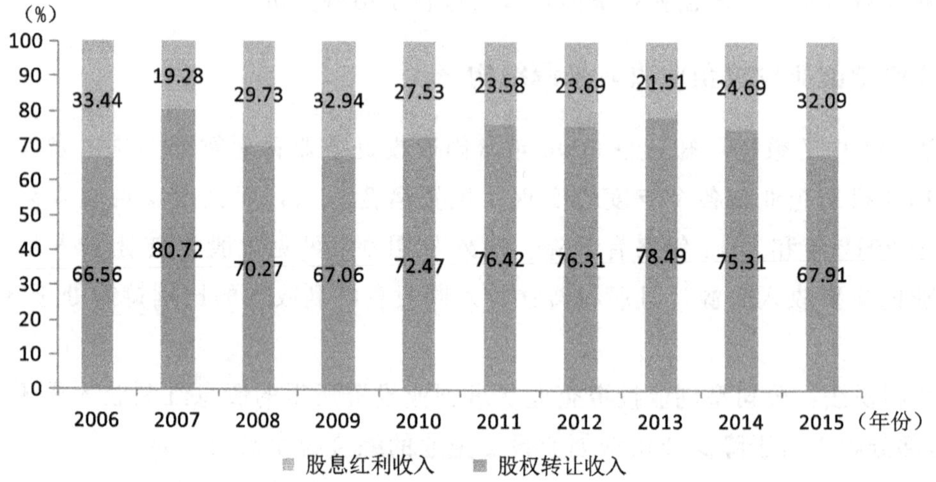

图 9-1　公司型创业投资企业以自有资产从事创业投资所得收入来源结构

9.1.2　有限合伙型创业投资企业收入来源结构

由于新修订《中国人民共和国合伙企业法》于 2007 年 6 月 1 日才开始施行，同年 6 月 28 日国内第一家有限合伙型创业投资企业才开始运作，所以，在备案管理信息中，从 2008 年开始，才填录了有限合伙型创业投资企业数据。从表 9-2 和图 9-2 可见，有限合伙型创业投资企业从 2009 年开始实现从事创业投资业务所得的收入。从其收入来源结构看，2015 年股权转让收入占比为 62.10%，股息红利收入占比 37.90%，股权转让收入以 24 个百分点的优势高于股息红利收入；此外，从图 9-1 和图 9-2 可见，自 2010 年开始，有限合伙型创业投资企业的股息红利收入占比持续高于公司型创业投资企业的相关占比。

表 9-2　有限合伙型创业投资企业税前收益来源结构（万元,%）

年度	实现收入合计	以自有资产从事创业投资所得收入				管理咨询费等其他收入
		股权转让收入		股息红利收入		
		金额	占比	金额	占比	
2006	——	——	——	——	——	——
2007	——	——	——	——	——	——
2008	10	——	——	——	——	10
2009	3892.10	3705.00	96.26	144.10	3.74	43.00
2010	4818.08	750.00	16.80	3713.60	83.20	354.48
2011	87407.03	37045.26	61.17	23518.59	38.83	26843.18
2012	106956.63	53939.18	54.48	45074.15	45.52	7943.30
2013	234122.46	149429.60	69.28	66259.44	30.72	18433.42
2014	96932.19	58844.76	67.50	28335.47	32.50	9751.96
2015	363342.40	200485.08	62.10	122372.81	37.90	40484.51

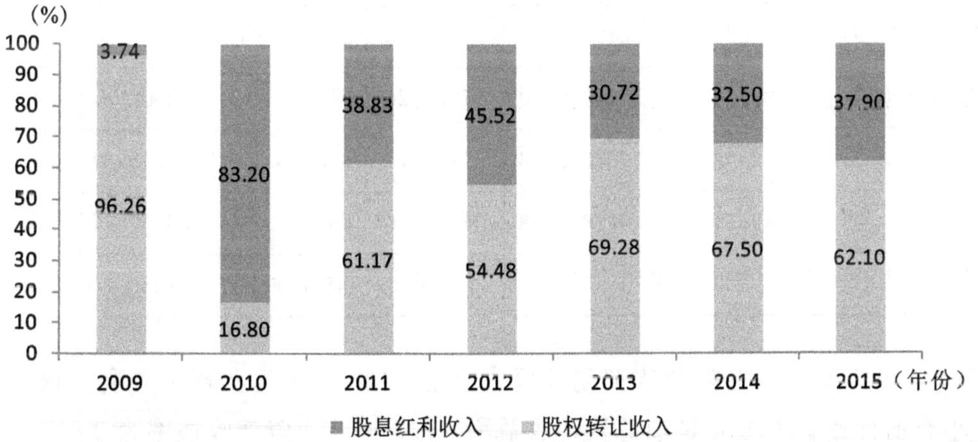

图 9-2　有限合伙型创业投资企业以自有资产从事创业投资所得收入来源结构

9.2　2006～2015 年度创业投资企业收入税前收益率状况

按照我国现行税法，公司型创业投资企业在企业环节缴税，但实业企业等各类商业性投资者从创业投资企业所获得的收益被作为“税后收益”无需再缴税；有限合伙型创业投资企业无需在企业环节缴税，但收益分配到投资者时，需由投资者缴纳相关税收。为使这两类创业投资企业的收益状况具有可比性，本节从税前收益率角度，对创业投资企业的收益状况进行比较。

9.2.1 创业投资企业税前收益状况

考虑到按照我国税法，创业投资企业的投资亏损和运营成本可以在税前扣除，因此，创业投资企业的税前净收益等于税前收入减去投资亏损和运营成本。从表9-3可以看出，公司型创业投资企业在2006～2015年的各个年度均实现了盈利，平均税前总资产收益率为6.20%，平均税前净资产收益率为7.50%。

表9-3 2006～2015年度公司型创业投资企业税前收益状况（万元，%）

年度	总资产	净资产	毛收入	投资损失	费用	税前收益	税前总资产收益率	税前净资产收益率
2006	2972202.85	1779894.32	139965.67	1049.29	42250.27	79990.88	3	4
2007	5062451.80	3451613.42	562964.70	2923.23	73701.00	318764.28	6	9
2008	6807798.08	5365229.40	593713.83	10899.30	116024.52	387846.48	6	7
2009	9568399.61	8714300.47	717165.85	10611.00	184021.25	1505235.22	16	17
2010	14906160.68	13269810.31	1155764.55	25804.27	208228.94	750224.93	5	6
2011	20805466.94	16124634.65	1742067.11	50708.45	533466.44	1157892.21	6	7
2012	24202320.18	18827788.29	1585500.00	57269.26	542686.17	985544.58	4	5
2013	25509993.31	22342342.44	1928679.43	89758.74	525875.19	1313045.51	5	6
2014	27996841.03	22343654.54	1842839.08	84402.16	451744.15	1306692.77	5	6
2015	31070132.84	22789803.07	3359569.45	107827.18	1458856.68	1792885.60	6	8

从表9-4可以看出，有限合伙型创业投资企业从2011年起实现了盈利，仅在2012年和2014年有所回落，2015年税前总资产收益率9%、税前净资产收益率为9%。

表9-4 2006～2015年度有限合伙型创业投资企业税前收益状况（万元，%）

年度	总资产	净资产	毛收入	投资损失	费用	税前收益	税前总资产收益率	税前净资产收益率
2006	0	0	0	0	0	0	——	——
2007	0	0	0	0	0	0	——	——

续表

年度	总资产	净资产	毛收入	投资损失	费用	税前收益	税前总资产收益率	税前净资产收益率
2008	35875.03	47822.92	10.00	0.00	1850.33	14.67	——	——
2009	90505.90	106981.79	3892.10	150.00	2630.74	－2055.53	－2	－2
2010	379766.69	446417.42	4818.08	540.08	14536.07	－6344.40	－2	－1
2011	1177245.88	1177078.91	87407.03	2.68	26562.79	60841.54	5	5
2012	2383357.85	2313716.72	106956.63	1847.34	53797.59	51311.72	2	2
2013	3005689.03	2876819.80	234122.46	4398.14	72420.09	157304.23	5	5
2014	2951306.43	2828748.98	96932.19	－19277.57	49859.24	66350.52	2	2
2015	3326780.54	3176891.97	363342.40	9300.70	63921.84	290119.87	9	9

9.2.2 公司型和有限合伙型创业投资企业税前资产收益率比较

从表 9-3、表 9-4 可以看出，2015 年公司型创业投资企业的资产收益情况较上年有所增加；公司型创业投资企业税前净资产收益以及合伙型创业投资企业税前总资产收益率和税前净资产收益率较 2014 年出现大幅上升趋势。

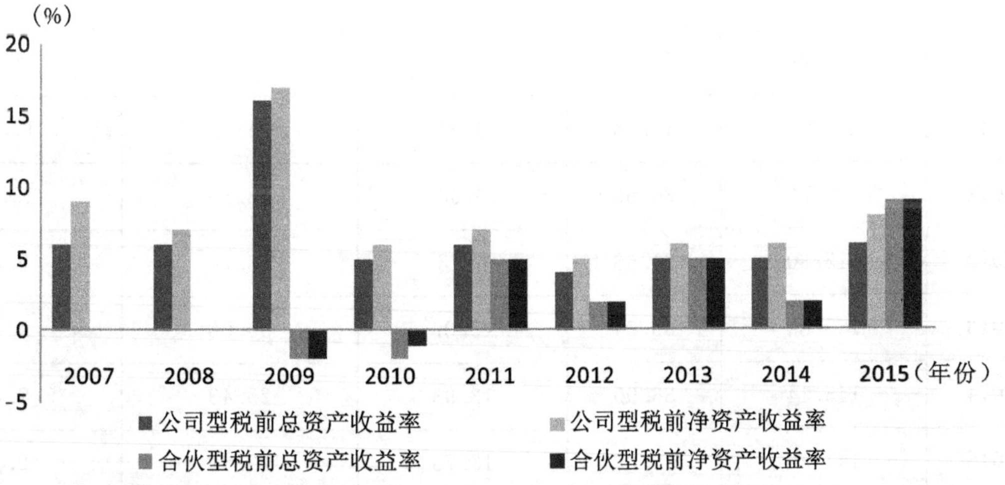

图 9-3 公司型税前总资产收益率、净资产收益率和有限合伙型相关指标比较

但是，值得补充的是，从图 9-3 可以看出，在合伙型创业投资企业创立之初，即 2009 年至 2014 年，公司型创业投资企业与合伙型创业投资企业相比其收益一直相对较高，其中2013年度公司型创业投资企业随环境变化与合伙型创业投资企业的收益大致相当。2015年合伙型创业投资企业收益增速略高于公司型创业投资企业收益。

9.3 公司型创业投资企业税收优惠政策实施状况

按照2007年2月财政部和国家税务总局联合发布的《关于促进创业投资企业发展有关税收政策通知》，以及2009年4月国家税务总局发布的《关于实施创业投资企业所得税优惠问题的通知》，符合相关条件的创业投资企业投资未上市中小高新技术企业满2年以上，可以按其对中小高新技术企业投资额的70%，在股权持有满2年的当年抵扣该创业投资企业的应纳税所得额；当年不足抵扣的，可以在以后纳税年度结转抵扣。

从表9-5、图9-4、图9-5可以看出，随着促进创业投资企业发展税收扶持政策的逐步实施，2007～2015年度，公司型创业投资企业可享用的应纳税所得抵扣额逐年提高，特别是2013年达到最高峰56.04亿元。2015年可享用抵扣额占应纳税所得额比例和实际享用抵扣额占应纳税所得额比例分别为23.62%和9.76%。

表9-5 2007～2015年度公司型创业投资企业应纳税所得抵扣状况（亿元，%）

年度	应纳税所得额	可享用抵扣额	当年实际享用抵扣额	可享用抵扣额占应纳税所得额比例	实际享用抵扣额占应纳税所得额比例
2007	15.23	2.63	2.10	17.27	13.76
2008	21.71	7.40	4.74	34.07	21.81
2009	28.89	10.50	5.33	36.35	18.46
2010	33.71	15.48	5.95	45.92	17.67
2011	71.59	20.62	9.68	28.80	13.52
2012	115.30	21.66	6.18	18.78	5.36
2013	159.82	56.04	15.09	35.06	9.44
2014	145.14	36.90	13.93	25.43	9.60
2015	161.26	38.09	15.73	23.62	9.76

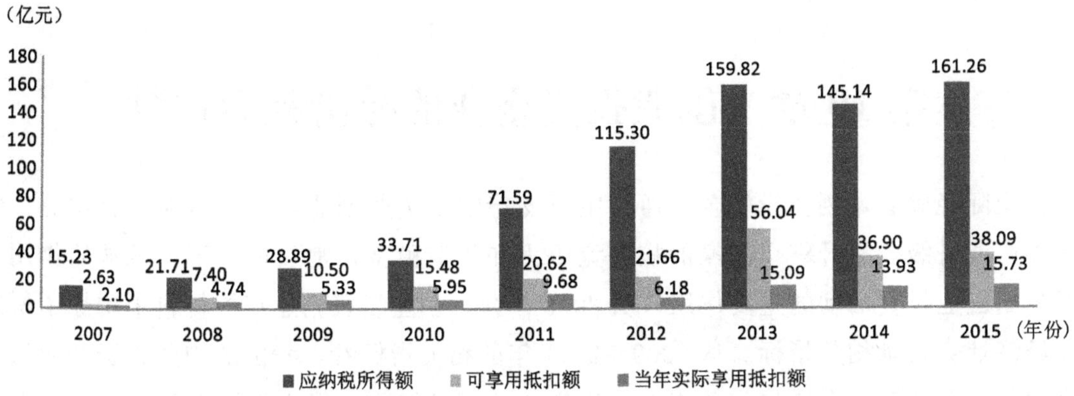

图 9-4 应纳税所得额、可享用抵扣额、当年实际享用抵扣金额

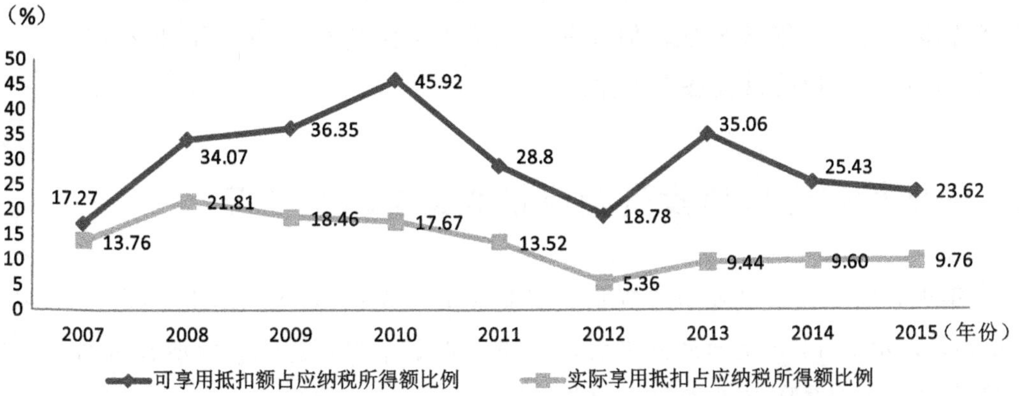

图 9-5 可享用抵扣、实际享用抵扣占应纳税所得额比例

第10章　创业投资企业的经济社会贡献

从国际经验看，创业投资企业通过主要支持中小企业创业，对于增加社会就业、促进创新和产业升级、提升整个国家的核心竞争力和创造税基，都发挥了不可或缺的作用。为验证我国创业投资活动的重要作用，从2009年起，创业投资企业年检材料中增加了所投资企业经济社会贡献相关指标。从2009～2011年的相关指标看，我国的创业投资企业通过支持企业的创业活动，在增加就业岗位、提高企业研发能力、促进创新产品产业化、促进税收增长和经济持续健康发展等多方面，均做出了显著贡献；2012年，创业投资企业的经济社会贡献总体来看仍在继续显现，但某些指标呈现下降趋势。2013年和2015年，各项指标均出现了负增长，值得社会各界关注。

10.1　创业投资企业所投资企业就业岗位增长情况

2015年末，创业投资企业所投资企业就业人员198.67万人，比上年减少47.45万人，降低19.38%。继2014年增速回升之后，2015年明显下滑，进入了负增长区间，与全国就业人口增长的趋势相背离（见表10-1和图10-1）。

表10-1　创业投资企业所投资企业就业岗位情况（万人，%）

年度	就业岗位数	创投所投企业增长幅度	全国城镇平均增长幅度
2009	76.10	54.92	3.79
2010	135.22	77.68	4.09
2011	212.30	57.05	3.53
2012	236.80	11.51	3.31
2013	236.18	－0.26	3.43
2014	246.42	4.34	2.80
2015	198.67	－19.38	3.34

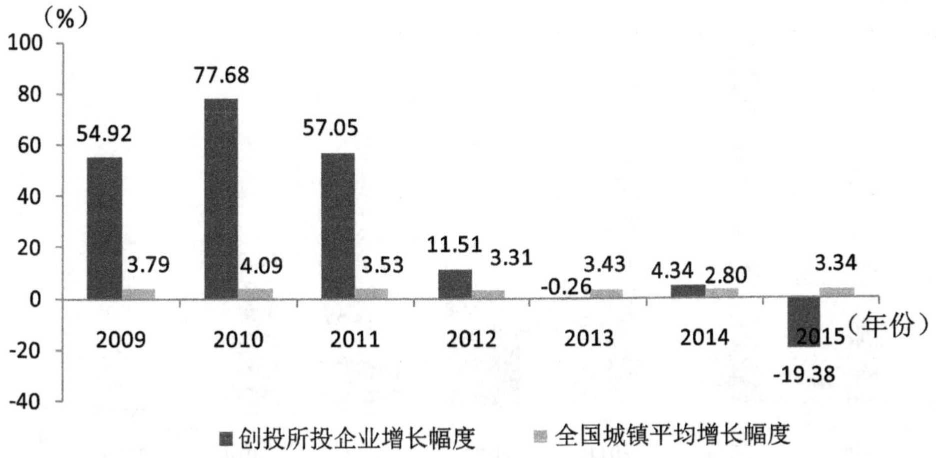

图 10-1 创投企业所投资企业就业岗位增长速度与城镇平均水平比较

与全国城镇就业总量比较，创业投资企业当年所投资企业就业人员占城镇就业总量40410万人的0.49%。由于创业投资企业主要投资高科技创新创业企业，该领域就业人员数量的下降，不利于社会劳动力向更具有发展潜力的优势行业和企业转移，不利于经济结构的调整和升级，应该引起相关部门的重视。

10.2 创业投资企业所投资企业研发投入增长情况

2015年，创业投资企业所投资企业的研发投入合计为758.72亿元，比上年减少56.21亿元，降低6.90%（见表10-2和图10-2）。研发投入的下降幅度并不大，远远低于其他指标的平均水平，说明创投企业尽管面临多方面的困难，但对创新和研发还是非常重视的。

表 10-2 创业投资企业所投资企业研发投入情况（亿元，%）

年度	当年研发投入	创投所投企业增长幅度	全社会平均增长幅度
2009	184.59	54.59	25.69
2010	336.17	82.12	21.72
2011	524.42	56.00	22.99
2012	602.79	14.94	17.88
2013	626.38	3.91	16.27
2014	814.93	30.10	9.87
2015	758.72	−6.90	9.25

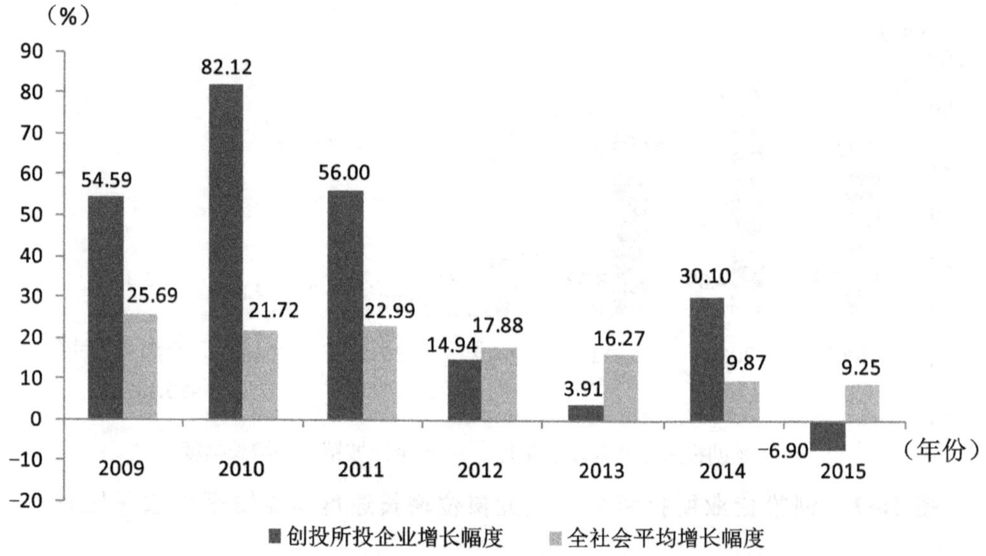

图 10-2　创投企业所投资企业研发投入增长速度与全社会平均水平比较

10.3　创业投资企业所投资企业销售额增长情况

2015 年，创业投资企业所投资企业销售额合计为 19157.35 亿元，比上年减少 1016.34 亿元，降低 5.04%，与当年全社会国内生产总值增长速度 6.9% 的趋势形成反差（见表 10-3 和图 10-3）。这表明，创业投资在促进各类创新产品产业化方面的成效可能发生了改变。

表 10-3　创业投资企业所投资企业销售额情况（亿元，%）

年度	销售额	创投所投企业增长幅度	全社会 GDP 增长幅度
2009	4339.16	30.11	9.20
2010	9855.85	127.14	10.40
2011	16551.61	67.94	9.20
2012	18375.55	11.02	7.80
2013	18677.14	1.64	7.70
2014	20173.69	8.01	7.40
2015	19157.35	−5.04	6.90

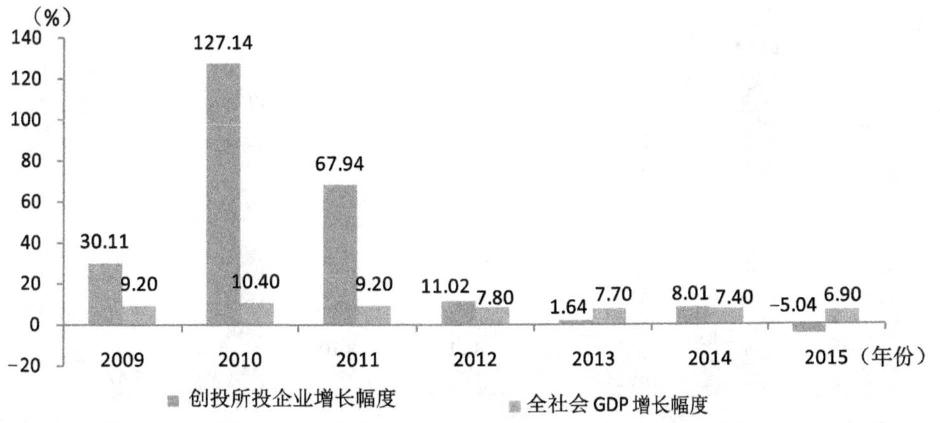

图 10-3 创业投资企业所投资企业销售额增长与全社会 GDP 增长速度比较

10.4 创业投资企业所投资企业的工业与服务业增加值增长情况

鉴于全社会 GDP 中工业与服务业增加值是主要的构成部分，为考察创业投资对于支撑国民经济持续快速增长的作用，本报告对创业投资企业所投资企业的工业与服务业增加值增长情况进行了分析。2015 年，创业投资企业所投资企业工业与服务业增加值为 7520.75 亿元，比上年增加 181.39 亿元，增长幅度为 2.47%（见表 10-4 和图 10-4）。

表 10-4 创投企业所投资企业工业与服务业增加值情况（亿元，%）

年度	增加值	创投所投企业增长幅度	全社会平均增长幅度
2009	1280.51	71.90	8.29
2010	2491.06	94.54	10.85
2011	4177.85	67.71	9.75
2012	4322.74	3.47	8.11
2013	4070.78	−5.83	8.10
2014	7339.36	80.29	8.46
2015	7520.75	2.47	5.49

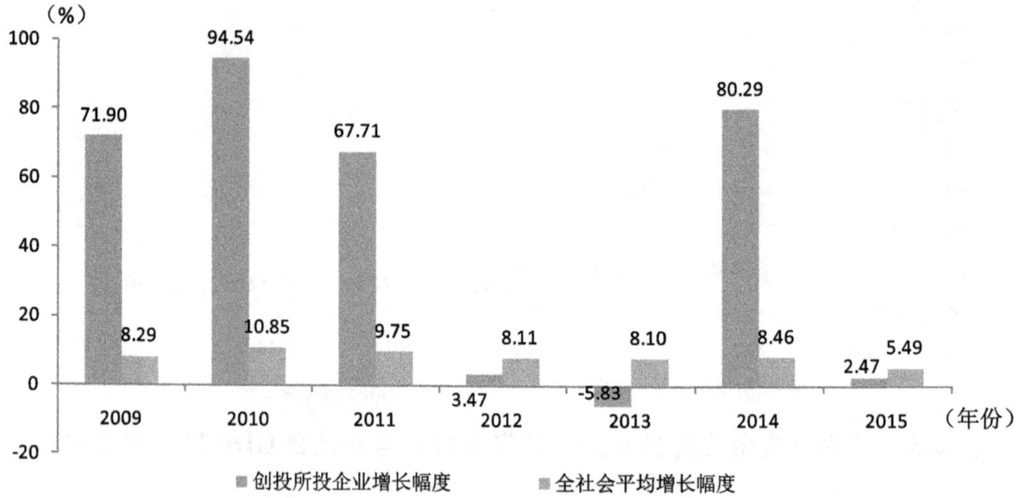

图 10-4 创投企业所投企业工业与服务业增加值增长与全社会平均水平比较

10.5 创业投资企业所投资企业缴纳税金增长情况

2015年，创业投资企业所投资企业缴纳税金841.63亿元，比上年减少104.60亿元，降低11.05%，与全社会税收增长的局面形成明显差别（见表10-5和图10-5）。

表 10-5 创业投资企业所投资企业缴纳税金情况（亿元，%）

年度	缴纳税金	创投所投企业增长幅度	全社会平均增长幅度
2009	243.14	35.60	9.77
2010	543.22	123.42	23.00
2011	849.20	56.33	22.55
2012	985.85	16.09	12.10
2013	953.36	−3.30	10.10
2014	946.23	−0.75	9.88
2015	841.63	−11.05	10.08

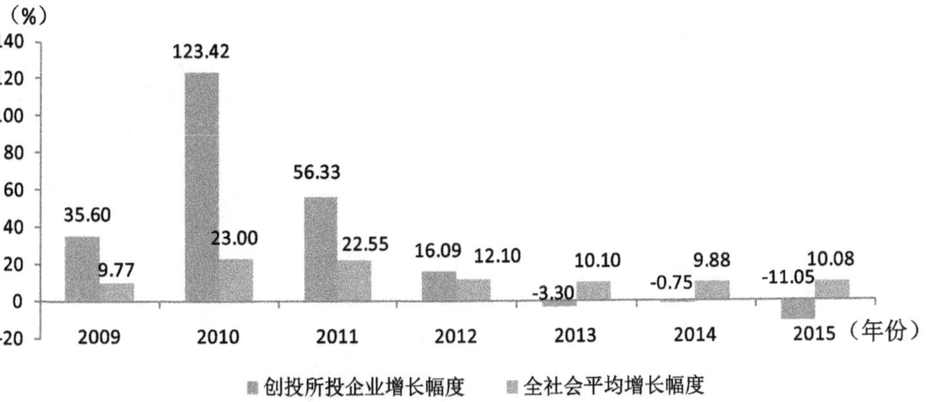

图 10-5　创投企业所投资企业缴纳税金增长速度与全社会平均水平比较

总的来看，创业投资企业对经济社会发展的贡献是明显的，前几年也呈现出了比较快的增长势头，但是 2012 年出现了比较明显的增速降低的趋势，甚至出现负增长，说明创业投资企业所投资的中小创新创业企业经营困难，增长速度明显放慢，甚至到了生存危机的关头，改善中小企业生存环境成为当前头等大事。

第四篇　各省区市创业投资发展

第11章 省域创业投资企业发展排名

11.1 2015年末备案创业投资企业数量省域分布

排名	省区市名称	备案创业投资企业数量（家）
1	江苏省	327
2	浙江省	213
3	广东省	112
4	山东省	106
5	北京市	86
6	上海市	71
7	福建省	58
8	四川省	42
9	天津市	29
	湖南省	29
11	内蒙古自治区	27
12	陕西省	26
13	湖北省	25
14	安徽省	23
	河南省	23
16	河北省	22
17	山西省	19
	新疆维吾尔自治区	19
19	贵州省	18
20	西藏自治区	17
21	辽宁省	14

续表

排名	省区市名称	备案创业投资企业数量（家）
22	重庆市	13
23	吉林省	11
24	江西省	10
25	黑龙江省	8
26	甘肃省	6
27	云南省	5
28	广西壮族自治区	3
29	宁夏回族自治区	2
	海南省	2
31	新疆生产建设兵团	1
	青海省	1

注：排名中如遇到两个以上排名相同的，按行政区划排列；下一名次相应跳过再接排，如天津市和湖南省同为9名，天津市排前，湖南省排后，并顺延两个名次，内蒙古自治区从第11名接排。以下章节类似排名均按此规则。

11.2 2015年度新增备案创业投资企业数量省域分布

排名	省区市名称	新增备案创业投资企业数量（家）
1	浙江省	19
2	江苏省	15
3	广东省	10
4	新疆维吾尔自治区	9
5	贵州省	5
	山东省	5
7	四川省	4
8	北京市	3

续表

排名	省区市名称	新增备案创业投资企业数量（家）
9	西藏自治区	2
	陕西省	2
	福建省	2
12	江西省	1
	天津市	1
	湖北省	1
	山西省	1
	上海市	1
	甘肃省	1
18	重庆市	0
	河北省	0
	河南省	0
	辽宁省	0
	吉林省	0
	黑龙江省	0
	安徽省	0
	湖南省	0
	云南省	0
	海南省	0
	青海省	0
	内蒙古自治区	0
	广西壮族自治区	0
	宁夏回族自治区	0
	新疆生产建设兵团	0

11.3 2015年末备案创业投资企业资产规模省域分布

排名	省区市名称	资产规模（万元）
1	广东省	10366120.11
2	江苏省	9351231.91
3	北京市	3766118.43
4	上海市	3549409.67
5	浙江省	3098873.45
6	山东省	1901117.37
7	新疆维吾尔自治区	1640612.83
8	四川省	1146740.68
9	湖南省	1076904.86
10	天津市	923467.27
11	福建省	814693.91
12	湖北省	796065.15
13	安徽省	702944.27
14	河北省	636694.45
15	云南省	619144.66
16	河南省	546296.68
17	重庆市	502053.26
18	黑龙江省	474203.30
19	江西省	469657.07
20	山西省	406336.26
21	陕西省	402981.48
22	辽宁省	387983.50
23	贵州省	229642.83
24	吉林省	190504.07

续表

25	西藏自治区	190118.93
26	内蒙古自治区	187137.90
27	甘肃省	116881.57
28	海南省	34367.88
29	新疆生产建设兵团	12942.44
30	青海省	11355.62
31	广西壮族自治区	10040.41
32	宁夏回族自治区	9685.86

11.4 2015年度新增备案创业投资企业资产规模省域分布

排名	省区市名称	新增备案创业投资企业资产规模（万元）
1	新疆维吾尔自治区	480882.13
2	广东省	272526.47
3	江西省	258047.11
4	江苏省	164007.65
5	浙江省	119473.31
6	北京市	73922.75
7	山东省	65007.35
8	四川省	41090.71
9	福建省	28391.63
10	贵州省	27714.31
11	西藏自治区	16000.00
12	湖北省	12497.11
13	甘肃省	12260.86
14	上海市	11319.55

续表

排名	省区市名称	新增备案创业投资企业资产规模（万元）
15	山西省	4618.00
16	陕西省	3986.78
17	天津市	437.21
18	重庆市	0
	河北省	0
	河南省	0
	辽宁省	0
	吉林省	0
	黑龙江省	0
	安徽省	0
	湖南省	0
	云南省	0
	海南省	0
	青海省	0
	内蒙古自治区	0
	广西壮族自治区	0
	宁夏回族自治区	0
	新疆生产建设兵团	0

11.5 2015年度备案创业投资企业投资案例数量省域分布

排名	省区市名称	投资案例数量（个）
1	江苏省	578
2	广东省	440
3	浙江省	239

续表

排名	省区市名称	投资案例数量（个）
4	北京市	214
5	新疆维吾尔自治区	109
6	上海市	106
7	山东省	96
8	湖北省	63
9	天津市	54
10	黑龙江省	50
11	四川省	46
12	贵州省	25
13	河北省	20
14	湖南省	18
15	河南省	17
16	陕西省	15
17	山西省	14
18	吉林省	13
19	辽宁省	11
20	江西省	10
	云南省	10
22	甘肃省	9
23	福建省	7
	西藏自治区	7
25	重庆市	3
	内蒙古自治区	3

续表

排名	省区市名称	投资案例数量（个）
27	安徽省	0
	海南省	0
	青海省	0
	广西壮族自治区	0
	宁夏回族自治区	0
	新疆生产建设兵团	0

11.6　2015年度备案创业投资企业投资金额省域分布

排名	省区市名称	年度投资金额（万元）
1	广东省	1175447.10
2	江苏省	609948.73
3	北京市	484883.78
4	浙江省	208034.57
5	山东省	165116.22
6	上海市	124491.68
7	新疆维吾尔自治区	110582.03
8	云南省	54223.75
9	湖北省	52003.66
10	黑龙江省	48449.55
11	四川省	45727.07
12	江西省	41669.87
13	贵州省	29390.00
14	湖南省	26537.71
15	辽宁省	26473.69

续表

排名	省区市名称	年度投资金额（万元）
16	河北省	20695.84
17	甘肃省	20570.00
18	河南省	16991.56
19	陕西省	14840.00
20	吉林省	10788.13
21	福建省	9640.37
22	天津市	9256.00
23	西藏自治区	7270.00
24	山西省	7226.00
25	内蒙古自治区	7000.00
26	重庆市	503.38
27	安徽省	0
	海南省	0
	青海省	0
	广西壮族自治区	0
	宁夏回族自治区	0
	新疆生产建设兵团	0

11.7 2015年度吸引创业投资金额省域分布

排名	省区市名称	投资金额（万元）
1	广东省	652716.60
2	江苏省	553720.05
3	北京市	507701.54
4	上海市	383861.85

续表

排名	省区市名称	投资金额（万元）
5	山东省	229918.28
6	浙江省	194186.46
7	湖北省	98724.28
8	江西省	89829.77
9	辽宁省	53713.75
10	陕西省	50640.17
11	河北省	47772.20
12	四川省	47087.99
13	黑龙江省	36899.55
14	云南省	36638.75
15	河南省	35524.95
16	新疆维吾尔自治区	32736.50
17	湖南省	31996.57
18	甘肃省	25970.00
19	贵州省	25380.00
20	福建省	25311.44
21	安徽省	25071.10
22	海南省	23930.00
23	内蒙古自治区	12475.00
24	天津市	11990.00
25	吉林省	11460.13
26	山西省	8617.00
27	西藏自治区	7950.00
28	重庆市	6544.39
29	青海省	6000.00

续表

排名	省区市名称	投资金额（万元）
30	广西壮族自治区	0
	宁夏回族自治区	0
	新疆生产建设兵团	0

11.8　2015 年度吸引创业投资金额与当年 GDP 之比省域分布

排名	省区市名称	吸引创业投资金额与当年 GDP 之比（%）
1	北京市	0.00221
2	上海市	0.00154
3	广东省	0.00090
4	江苏省	0.00079
5	西藏自治区	0.00077
6	海南省	0.00065
7	江西省	0.00054
8	浙江省	0.00045
9	甘肃省	0.00038
10	山东省	0.00036
11	新疆维吾尔自治区	0.00035
12	湖北省	0.00033
13	陕西省	0.00028
14	云南省	0.00027
15	青海省	0.00025
16	黑龙江省	0.00024
	贵州省	0.00024
18	辽宁省	0.00019

续表

排名	省区市名称	吸引创业投资金额与当年GDP之比（%）
19	河北省	0.00016
	四川省	0.00016
21	湖南省	0.00011
	安徽省	0.00011
23	河南省	0.00010
	福建省	0.00010
25	吉林省	0.00008
26	内蒙古自治区	0.00007
	天津市	0.00007
	山西省	0.00007
29	重庆市	0.00004
30	广西壮族自治区	0
	宁夏回族自治区	0
	新疆生产建设兵团	0

第12章　副省级城市创业投资企业发展排名

12.1　2015年末备案创业投资企业数量副省级城市分布

排名	城市名称	备案创业投资企业数量（家）
1	宁波市	83
2	深圳市	68
3	南京市	45
4	杭州市	36
5	成都市	34
6	厦门市	31
7	广州市	22
8	青岛市	16
	西安市	16
10	武汉市	15
11	济南市	10
12	大连市	6
13	沈阳市	4
14	哈尔滨市	3
	长春市	3

12.2　2015年度新增备案创业投资企业数量副省级城市分布

排名	城市名称	新增备案创业投资企业数量（家）
1	宁波市	14
2	广州市	5

续表

排名	城市名称	新增备案创业投资企业数量（家）
3	成都市	4
4	杭州市	3
	深圳市	3
6	南京市	2
7	武汉市	1
	济南市	1
	青岛市	1
	西安市	1
11	哈尔滨市	0
	长春市	0
	沈阳市	0
	大连市	0
	厦门市	0

12.3　2015年末备案创业投资企业资产规模副省级城市分布

排名	城市名称	资产规模（万元）
1	深圳市	6632583.50
2	广州市	1244525.18
3	成都市	916370.48
4	南京市	858559.06
5	宁波市	752404.56
6	杭州市	667819.50
7	武汉市	425409.34
8	厦门市	408175.01

续表

排名	城市名称	资产规模（万元）
9	西安市	314602.81
10	青岛市	295279.64
11	哈尔滨市	240285.00
12	大连市	225867.40
13	济南市	130217.22
14	沈阳市	81443.10
15	长春市	66430.28

12.4　2015年度新增备案创业投资企业资产规模副省级城市分布

排名	城市名称	资产规模（万元）
1	深圳市	209173.44
2	宁波市	99324.27
3	广州市	55647.03
4	成都市	41090.71
5	杭州市	13713.98
6	武汉市	12497.11
7	济南市	9894.97
8	南京市	4682.05
9	西安市	986.78
10	青岛市	474.17
11	哈尔滨市	0
	长春市	0
	沈阳市	0
	大连市	0
	厦门市	0

12.5 2015年度备案创业投资企业投资案例数量副省级城市分布

排名	城市名称	年度投资案例数量（个）
1	深圳市	306
2	南京市	263
3	广州市	96
4	杭州市	74
5	宁波市	65
6	哈尔滨市	38
7	成都市	35
8	武汉市	31
9	济南市	26
10	青岛市	20
11	西安市	12
12	长春市	7
13	沈阳市	6
14	大连市	5
15	厦门市	0

12.6 2015年度备案创业投资企业投资金额副省级城市分布

排名	城市名称	年度投资金额（万元）
1	深圳市	951955.70
2	广州市	177401.43
3	南京市	104200.13
4	宁波市	73057.56

续表

排名	城市名称	年度投资金额（万元）
5	成都市	43835.87
6	杭州市	41182.77
7	哈尔滨市	38523.55
8	武汉市	27918.22
9	大连市	20432.19
10	青岛市	18432.44
11	济南市	16159.37
12	西安市	14740.00
13	沈阳市	6041.50
14	长春市	3500.00
15	厦门市	0

12.7　2015年度吸引创业投资金额副省级城市分布

排名	城市名称	年度投资金额（万元）
1	深圳市	345226.38
2	广州市	177398.94
3	南京市	138218.02
4	杭州市	114769.12
5	武汉市	70815.50
6	宁波市	45324.02
7	成都市	39775.06
8	青岛市	35613.88
9	哈尔滨市	28124.55
10	西安市	24507.17

续表

排名	城市名称	年度投资金额（万元）
11	沈阳市	24472.32
12	济南市	22300.72
13	大连市	15000.00
14	厦门市	5218.00
15	长春市	2000.00

12.8 2015 年度吸引创业投资金额与当年 GDP 之比副省级城市分布

排名	城市名称	吸引创业投资金额与当年 GDP 之比（%）
1	南京市	0.00142
2	杭州市	0.00114
3	广州市	0.00098
4	武汉市	0.00065
5	宁波市	0.00057
6	哈尔滨市	0.00049
7	西安市	0.00042
8	青岛市	0.00038
9	成都市	0.00037
	济南市	0.00037
11	沈阳市	0.00034
12	深圳市	0.00029
13	大连市	0.00019
14	厦门市	0.00015
15	长春市	0.00004

第五篇　中国备案创业投资企业 50 强

第13章　中国备案创业投资企业50强各分项排名

13.1　截至2015年末所管理资产规模前50名备案创业投资机构[①]

排名	创业投资企业名称	管理资产规模（万元）
1	深圳市创新投资集团有限公司	1805995.22
2	广东省粤科金融集团有限公司	1510371.88
3	中科招商投资管理集团股份有限公司	1456741.00
4	江苏高科技投资集团有限公司	1256241.63
5	中新苏州工业园区创业投资有限公司	821159.00
6	上海创业投资有限公司	684337.59
7	国投高科技投资有限公司	528701.34
8	红塔创新投资股份有限公司	520061.05
9	上海科技创业投资有限公司	488968.00
10	盈富泰克创业投资有限公司	483630.57
11	苏州创业投资集团有限公司	467789.00
12	苏州国发创业投资控股有限公司	418460.17
13	上海张江科技创业投资有限公司	383687.35
14	天津泰达科技投资股份有限公司	366454.00
15	广州科技金融创新投资控股有限公司	352612.00
16	新疆昌源水务集团有限公司	347425.02
17	北京信中利投资有限公司	345482.62
18	高新投资发展有限公司	331240.00
19	山东省高新技术创业投资有限公司	324725.71

① 创业投资机构含创业投资企业和创业投资管理企业，下同。

续表

排名	创业投资企业名称	管理资产规模（万元）
20	河北融投创业投资有限公司	323894.26
21	东方邦信创业投资有限公司	318240.19
22	力合科创集团有限公司	306346.79
23	河北信息产业投资集团有限公司	296757.19
24	国信弘盛创业投资有限公司	296232.00
25	湖北省高新技术产业投资有限公司	272731.00
26	广东省科技风险投资有限公司	264089.58
27	华章天地传媒投资控股集团有限公司	258047.11
28	新疆维吾尔自治区国有资产投资经营有限责任公司	257761.00
29	河南平能创业投资股份有限公司	257663.42
30	霍尔果斯市微创之星创业投资有限公司	240646.91
31	深圳市中科招商创业投资有限公司	238129.00
32	湖南高新创业投资集团有限公司	235239.76
33	上海张江浩成创业投资有限公司	233631.40
34	重庆高新创业投资有限公司	220893.58
35	新疆新业盛融创业投资有限责任公司	220703.93
36	江苏省高科技产业投资股份有限公司	212310.30
37	哈尔滨创业投资集团有限公司	212095.00
38	苏州高新创业投资集团有限公司	208501.74
39	深圳市达晨创丰股权投资企业（有限合伙）	204059.76
40	新疆国际实业股份有限公司	202194.00
41	湖南文化旅游投资基金企业（有限合伙）	195105.59
42	中国-比利时直接股权投资基金	192705.00
43	北京中关村创业投资发展有限公司	179633.25
44	湖南湘投高科技创业投资有限公司	175957.37
45	无锡创业投资集团有限公司	175144.49

续表

排名	创业投资企业名称	管理资产规模（万元）
46	深圳市创新资本投资有限公司	174281.69
47	杭州市高科技投资有限公司	172343.00
48	深圳市中小企业信用担保中心有限公司	170311.00
49	广东省科技创业投资有限公司	168999.70
50	广东中科白云创业投资有限公司	167354.49

13.2 2015年度投资案例数量前50名备案创业投资企业

排名	创业投资企业名称	投资案例数量
1	南京紫金科技创业投资有限公司	164
2	北京信中利投资有限公司	81
3	深圳市创新投资集团有限公司	78
4	深圳市达晨创丰股权投资企业（有限合伙）	56
5	天津科创天使投资有限公司	47
6	喀什星河互联创业投资有限公司	46
7	盈富泰克创业投资有限公司	40
8	广州市达安基因科技有限公司	35
9	霍尔果斯苍穹之下创业投资有限公司	34
10	广州科技金融创新投资控股有限公司	30
11	湖北省高新技术产业投资有限公司	28
12	中科招商投资管理集团股份有限公司	21
13	深圳市高新投创业投资有限公司	20
14	南通中欧创业投资中心（有限合伙）	18
	苏州高新创业投资集团有限公司	18
	上海张江火炬创业投资有限公司	18

续表

排名	创业投资企业名称	投资案例数量
17	张家港市金茂创业投资有限公司	16
18	上海力合清源创业投资合伙企业（有限合伙）	15
	哈尔滨越榕阳光创业投资企业	15
	青岛厚土创业投资有限公司	15
	杭州立元创业投资股份有限公司	15
22	深圳市深港产学研创业投资有限公司	14
	深圳市创东方投资有限公司	14
24	广州司浦林信息产业创业投资企业	13
25	无锡源渡一期创业投资合伙企业（有限合伙）	12
	无锡创业投资集团有限公司	12
	济南华科创业投资合伙企业（有限合伙）	12
28	杭州浩联创业投资有限公司	11
	南京江宁科技创业投资集团有限公司	11
	浙江浙华投资有限公司	11
31	武汉华工创业投资有限责任公司	10
	上海张江科技创业投资有限公司	10
	中国-比利时直接股权投资基金	10
34	山东红桥创业投资有限公司	9
	北京国泰嘉泽创业投资中心（有限合伙）	9
	嘉兴华睿布谷鸟创业投资合伙企业（有限合伙）	9
	宁波海邦人才创业投资合伙企业（有限合伙）	9
	南京金茂中医药产业创业投资合伙企业（有限合伙）	9
	北京航天科工军民融合科技成果转化创业投资基金（有限合伙）	9
	常州高新投创业投资有限公司	9
	东方邦信创业投资有限公司	9
	南京凯元成长创业投资合伙企业（有限合伙）	9
	宁波科发海鼎创业投资合伙企业（有限合伙）	9

续表

排名	创业投资企业名称	投资案例数量
44	山东科创投资有限公司	8
	东吴创业投资有限公司	8
	成都银科创业投资有限公司	8
	浙江华睿蓝石创业投资有限公司	8
	北京同渡信成创业投资合伙企业（有限合伙）	8
	成都盈创兴科创业投资合伙企业（有限合伙）	8
	贵阳市星火现代服务业创业投资有限公司	8
	常州高新创业投资有限公司	8
	北京鼎兴创业投资有限公司	8
	上海物联网创业投资基金合伙企业（有限合伙）	8
	广东红土创业投资有限公司	8
	浙江如山新兴创业投资有限公司	8
	昆山红土高新创业投资有限公司	8
	北京基石创业投资基金	8
	江苏新材料产业创业投资企业（有限合伙）	8
	北京中关村创业投资发展有限公司	8

13.3　2015年度投资规模前50名备案创业投资企业

排名	创业投资企业名称	年度投资规模（万元）
1	中科招商投资管理集团股份有限公司	334998.31
2	深圳市创新投资集团有限公司	177711.28
3	北京信中利投资有限公司	158591.44
4	广州科技金融创新投资控股有限公司	148790.16
5	深圳市达晨创丰股权投资企业（有限合伙）	140623.69

续表

排名	创业投资企业名称	年度投资规模（万元）
6	盈富泰克创业投资有限公司	94250.00
7	山东嘉华盛裕创业投资股份有限公司	81000.00
8	东方邦信创业投资有限公司	68830.00
9	苏州金晟硕德创业投资中心（有限合伙）	60650.00
10	国投高科技投资有限公司	56782.00
11	苏州高新创业投资集团有限公司	52175.01
12	无锡创业投资集团有限公司	50700.96
13	深圳市卓越创业投资有限责任公司	50131.00
14	江苏广电创业投资有限公司	44906.61
15	赣州虔盛创业投资中心（有限合伙）	37586.41
16	中国-比利时直接股权投资基金	33051.03
17	霍尔果斯苍穹之下创业投资有限公司	30178.92
18	深圳市天图创业投资有限公司	30150.00
19	北京中关村国盛创业投资中心（有限合伙）	29867.00
20	昆明创业投资有限责任公司	29598.75
21	深圳市高新投创业投资有限公司	25443.70
22	红塔创新投资股份有限公司	24525.00
23	鲁证创业投资有限公司	24450.00
24	湖北省高新技术产业投资有限公司	21130.36
25	江苏省高科技产业投资股份有限公司	19600.00
26	新疆国际实业股份有限公司	19173.88
27	诸暨华睿嘉银创业投资合伙企业（有限合伙）	18774.00
28	上海张江浩成创业投资有限公司	18628.55
29	联合创业集团有限公司	18347.62
30	成都银科创业投资有限公司	18023.00
31	新疆昌源水务集团有限公司	17884.93

续表

排名	创业投资企业名称	年度投资规模（万元）
32	东方星空创业投资有限公司	17232.45
33	霍尔果斯市微创之星创业投资有限公司	17070.00
34	深圳市中金石创业投资有限公司	16430.00
35	哈尔滨创业投资集团有限公司	16322.75
36	南京紫金科技创业投资有限公司	16088.17
37	上海张江科技创业投资有限公司	16014.96
38	北京航天科工军民融合科技成果转化创业投资基金（有限合伙）	15987.00
39	高新投资发展有限公司	15425.00
40	上海诚毅新能源创业投资有限公司	15351.30
41	北京鼎兴创业投资有限公司	15029.00
42	南京金茂中医药产业创业投资合伙企业（有限合伙）	14182.09
43	江苏新材料产业创业投资企业（有限合伙）	14020.00
44	河北科技投资集团有限公司	13358.84
45	北京服务新首钢股权创业投资企业	13201.00
46	广东红土创业投资有限公司	13100.00
47	西安高新技术产业风险投资有限责任公司	12990.00
48	苏州新麟二期创业投资企业（有限合伙）	12814.29
49	常州高新创业投资有限公司	12002.95
50	航天高新（苏州）创业投资有限公司	11500.00

13.4　2015年度投资中小企业案例数量前50名备案创业投资企业

排名	创业投资企业名称	案例数量
1	南京紫金科技创业投资有限公司	164
2	深圳市创新投资集团有限公司	78

续表

排名	创业投资企业名称	案例数量
3	北京信中利投资有限公司	57
4	深圳市达晨创丰股权投资企业（有限合伙）	49
5	天津科创天使投资有限公司	47
6	喀什星河互联创业投资有限公司	46
7	广州市达安基因科技有限公司	35
8	霍尔果斯苍穹之下创业投资有限公司	34
9	广州科技金融创新投资控股有限公司	30
10	湖北省高新技术产业投资有限公司	28
11	深圳市高新投创业投资有限公司	19
12	南通中欧创业投资中心（有限合伙）	18
	苏州高新创业投资集团有限公司	18
	上海张江火炬创业投资有限公司	18
15	张家港市金茂创业投资有限公司	16
16	上海力合清源创业投资合伙企业（有限合伙）	15
	青岛厚土创业投资有限公司	15
	哈尔滨越榕阳光创业投资企业	15
19	深圳市深港产学研创业投资有限公司	13
20	无锡源渡一期创业投资合伙企业（有限合伙）	12
	广州司浦林信息产业创业投资企业	12
22	杭州浩联创业投资有限公司	11
	浙江浙华投资有限公司	11
	济南华科创业投资合伙企业（有限合伙）	11
25	中科招商投资管理集团股份有限公司	10
	深圳市创东方投资有限公司	10
	南京江宁科技创业投资集团有限公司	10
	上海张江科技创业投资有限公司	10

续表

排名	创业投资企业名称	案例数量
29	山东红桥创业投资有限公司	9
	嘉兴华睿布谷鸟创业投资合伙企业（有限合伙）	9
	宁波科发海鼎创业投资合伙企业（有限合伙）	9
	北京航天科工军民融合科技成果转化创业投资基金（有限合伙）	9
	南京凯元成长创业投资合伙企业（有限合伙）	9
	南京金茂中医药产业创业投资合伙企业（有限合伙）	9
	北京国泰嘉泽创业投资中心（有限合伙）	9
	中国-比利时直接股权投资基金	9
	武汉华工创业投资有限责任公司	9
38	北京中关村创业投资发展有限公司	8
	北京基石创业投资基金	8
	成都盈创兴科创业投资合伙企业（有限合伙）	8
	贵阳市星火现代服务业创业投资有限公司	8
	北京同渡信成创业投资合伙企业（有限合伙）	8
	昆山红十高新创业投资有限公司	8
	浙江如山新兴创业投资有限公司	8
	江苏新材料产业创业投资企业（有限合伙）	8
46	上海诚毅新能源创业投资有限公司	7
	深圳市天图创业投资有限公司	7
	杭州科发创业投资合伙企业（有限合伙）	7
	武汉智慧城市创业投资基金合伙企业（有限合伙）	7
	哈尔滨华滨光辉创业投资企业（有限合伙）	7
	浙江如山高新创业投资有限公司	7
	深圳市汇博成长创业投资有限公司	7
	浙江大学科技创业投资有限公司	7
	上海物联网创业投资基金合伙企业（有限合伙）	7
	浙江华睿蓝石创业投资有限公司	7
	东方邦信创业投资有限公司	7

13.5 2015年度投资中小企业金额前50名备案创业投资企业

排名	创业投资企业名称	投资中小企业金额（万元）
1	深圳市创新投资集团有限公司	177711.28
2	广州科技金融创新投资控股有限公司	148790.16
3	深圳市达晨创丰股权投资企业（有限合伙）	118833.69
4	北京信中利投资有限公司	104400.37
5	苏州高新创业投资集团有限公司	52175.01
6	东方邦信创业投资有限公司	51580.00
7	中科招商投资管理集团股份有限公司	38033.54
8	霍尔果斯苍穹之下创业投资有限公司	30178.92
9	深圳市天图创业投资有限公司	30150.00
10	昆明创业投资有限责任公司	29598.75
11	中国-比利时直接股权投资基金	28051.03
12	红塔创新投资股份有限公司	24525.00
13	湖北省高新技术产业投资有限公司	21130.36
14	新疆国际实业股份有限公司	19173.88
15	新疆昌源水务集团有限公司	17884.93
16	霍尔果斯市微创之星创业投资有限公司	17070.00
17	哈尔滨创业投资集团有限公司	16322.75
18	南京紫金科技创业投资有限公司	16088.17
19	上海张江科技创业投资有限公司	16014.96
20	北京航天科工军民融合科技成果转化创业投资基金（有限合伙）	15987.00
21	上海诚毅新能源创业投资有限公司	15351.30
22	南京金茂中医药产业创业投资合伙企业（有限合伙）	14182.09
23	江苏新材料产业创业投资企业（有限合伙）	14020.00

续表

排名	创业投资企业名称	投资中小企业金额（万元）
24	河北科技投资集团有限公司	13358.84
25	北京服务新首钢股权创业投资企业	13201.00
26	西安高新技术产业风险投资有限责任公司	12990.00
27	广东省科技创业投资有限公司	11300.00
28	泰州中国医药城融健达创业投资有限公司	11000.00
29	喀什星河互联创业投资有限公司	10898.33
30	宁波科发海鼎创业投资合伙企业（有限合伙）	10835.46
31	山东红桥创业投资有限公司	10807.00
32	北京基石创业投资基金	10565.00
33	北京鼎兴创业投资有限公司	10500.00
34	成都光控世纪医疗健康创业投资有限公司	10394.00
35	国投高科技投资有限公司	10370.00
36	鲁证创业投资有限公司	9900.00
37	江苏三房巷创业投资有限公司	9726.20
38	哈尔滨越榕阳光创业投资企业	9492.00
39	力合科创集团有限公司	9416.00
40	张家港市金茂创业投资有限公司	8935.00
41	广州司浦林信息产业创业投资企业	8906.82
42	上海物联网创业投资基金合伙企业（有限合伙）	8862.50
43	上海张江火炬创业投资有限公司	8800.00
44	上海力合清源创业投资合伙企业（有限合伙）	8789.60
45	深圳市深港产学研创业投资有限公司	8677.69
46	北京中关村创业投资发展有限公司	8355.81
47	国科瑞祺物联网创业投资有限公司	8231.90
48	上海贝琛网森创业投资合伙企业（有限合伙）	8000.00
49	甘肃生物医药产业创业投资基金有限公司	7640.00
50	湖南湘投高科技创业投资有限公司	7520.00

13.6 2015年度所投资企业就业岗位增长数量前50名备案创业投资企业

排名	创业投资企业名称	所投资企业就业岗位年度增加数（个）
1	苏州钟鼎创业投资中心（有限合伙）	6915
2	太仓高新创业投资有限公司	6810
3	深圳市达晨创丰股权投资企业（有限合伙）	4945
4	江苏省高科技产业投资股份有限公司	4569
5	同利创业投资有限公司	3809
6	霍尔果斯苍穹之下创业投资有限公司	3487
7	苏州凯风万盛创业投资合伙企业（有限合伙）	3435
8	深圳市创新投资集团有限公司	3206
9	山西省科技基金发展总公司	2306
10	红塔创新投资股份有限公司	2249
11	内蒙古金桥创业投资基金管理中心（有限合伙）	2200
12	辽宁联盟中资创业投资企业（有限合伙）	2176
13	深圳市大雄风创业投资有限公司	1837
14	国科瑞祺物联网创业投资有限公司	1570
15	苏州华创赢达创业投资基金企业（有限合伙）	1527
16	浙江浙大大晶创业投资有限公司	1520
17	广东中大一号投资有限合伙企业（有限合伙）	1515
18	广东中科白云创业投资有限公司	1447
19	常州高新投创业投资有限公司	1402
20	江苏高鼎科技创业投资有限公司	1359
21	霍尔果斯凯风进取创业投资有限公司	1340
22	常州红土创新创业投资有限公司	1278

续表

排名	创业投资企业名称	所投资企业就业岗位年度增加数（个）
23	宁波海达蓝源创业投资有限公司	1251
24	广东省科技创业投资有限公司	1219
25	盈富泰克创业投资有限公司	1171
26	北京中技富坤创业投资中心（有限合伙）	1146
27	苏州君实协立创业投资有限公司	1127
28	镇江君鼎协立创业投资有限公司	1110
29	南通高胜成长创业投资有限公司	1105
30	黑龙江省科力高科技产业投资有限公司	1034
31	上海艾云慧信创业投资有限公司	1031
32	北京中海创业投资有限公司	1028
33	无锡源渡一期创业投资合伙企业（有限合伙）	986
34	宁波东方智创投资有限公司	982
35	常州龙城英才创业投资有限公司	956
36	广东省科技风险投资有限公司	951
37	苏州坤融创业投资有限公司	926
38	山东红土创业投资有限公司	893
39	中国-比利时直接股权投资基金	889
40	东方星空创业投资有限公司	887
41	广州科技金融创新投资控股有限公司	879
42	成都光控世纪医疗健康创业投资有限公司	818
43	江苏兴科创业投资有限公司	816
44	无锡国联创投基金企业（有限合伙）	790
45	北京中关村瞪羚创业投资中心（有限合伙）	782
46	上海寅福创业投资有限公司	770
47	常州信辉创业投资有限公司	763

续表

排名	创业投资企业名称	所投资企业就业岗位年度增加数（个）
48	扬州经信新兴产业创业投资中心（有限合伙）	754
49	广州科技创业投资有限公司	722
50	安阳惠通高创新材料创业投资合伙企业（有限合伙）	719

13.7 2015 年度所投资企业研发投入增长金额前 50 名备案创业投资企业

排名	创业投资企业名称	所投资企业研发投入年度增长金额（万元）
1	红塔创新投资股份有限公司	60826.32
2	深圳市创新投资集团有限公司	41999.55
3	江苏广电创业投资有限公司	39218.80
4	深圳市达晨创丰股权投资企业（有限合伙）	24618.62
5	苏州融联创业投资企业（有限合伙）	22269.79
6	上海张江科技创业投资有限公司	18345.15
7	山东红土创业投资有限公司	17754.00
8	苏州坤融创业投资有限公司	12994.02
9	中国-比利时直接股权投资基金	11804.25
10	鲁证创业投资有限公司	11190.04
11	宁波海达蓝源创业投资有限公司	10391.88
12	无锡国联创投基金企业（有限合伙）	10328.48
13	深圳市创新资本投资有限公司	10320.00
14	珠海清华科技园创业投资有限公司	9360.00
15	深圳国成世纪创业投资有限公司	8182.60
16	常州高新投创业投资有限公司	8100.12

续表

排名	创业投资企业名称	所投资企业研发投入年度增长金额（万元）
17	天津天富创业投资有限公司	8007.00
18	国科瑞祺物联网创业投资有限公司	7526.00
19	同利创业投资有限公司	7484.60
20	盈富泰克创业投资有限公司	7287.53
21	南京中兴合盈创业投资基金（有限合伙）	7067.87
22	江苏高鼎科技创业投资有限公司	7005.00
23	成都晟唐银科创业投资企业（有限合伙）	6957.00
24	南京晨光高科创业投资有限公司	6870.00
25	北京基石创业投资基金	6777.76
26	广东中大一号投资有限合伙企业（有限合伙）	6457.17
27	北京中关村创业投资发展有限公司	6450.48
28	北京中关村瞪羚创业投资中心（有限合伙）	6335.00
29	高投名力成长创业投资有限公司	6106.18
30	上海瑞经达创业投资有限公司	5774.47
31	浙江浙大大晶创业投资有限公司	5617.54
32	江苏高科技投资集团有限公司	5537.66
33	南京金茂中医药产业创业投资合伙企业（有限合伙）	5477.84
34	东方星空创业投资有限公司	5469.91
35	上海力合清源创业投资合伙企业（有限合伙）	5316.06
36	太仓高新创业投资有限公司	5280.00
37	光大金控（天津）创业投资有限公司	5272.47
38	佛山南海区东方高新创业投资合伙企业（有限合伙）	4955.08
39	无锡滨湖科技创业投资有限责任公司	4909.55
40	上海艾云慧信创业投资有限公司	4890.80
41	江苏高投宁泰创业投资合伙企业（有限合伙）	4761.00

续表

排名	创业投资企业名称	所投资企业研发投入年度增长金额（万元）
42	浙江如山高新创业投资有限公司	4705.00
43	上海张江浩成创业投资有限公司	4607.00
44	国投高科技投资有限公司	4593.47
45	苏州达泰创业投资中心（有限合伙）	4562.27
46	无锡瑞明博创业投资有限公司	4438.43
47	南京宁昇创业投资有限公司	4314.50
48	北京中海创业投资有限公司	4154.68
49	启迪中海创业投资有限公司	4132.55
50	中国风险投资有限公司	4088.22

13.8 2015 年度所投资企业销售额增长金额前 50 名备案创业投资企业

排名	创业投资企业名称	所投资企业销售额年度增加金额（万元）
1	北京高新技术创业投资有限公司	1973839.69
2	江苏兴科创业投资有限公司	1510958.00
3	江苏省高科技产业投资股份有限公司	848483.83
4	鲁证创业投资有限公司	823888.64
5	扬州英飞尼迪创业投资中心（有限合伙）	807603.50
6	深圳市创新投资集团有限公司	744311.67
7	北京银汉创业投资有限公司	655671.68
8	深圳市达晨创丰股权投资企业（有限合伙）	646344.65
9	同利创业投资有限公司	580054.12
10	成都晟唐银科创业投资企业（有限合伙）	568358.00

续表

排名	创业投资企业名称	所投资企业销售额年度增加金额（万元）
11	苏州凯风万盛创业投资合伙企业（有限合伙）	519585.54
12	诸暨华睿嘉银创业投资合伙企业（有限合伙）	518696.09
13	上海徐汇科技创业投资有限公司	471549.76
14	霍尔果斯凯风进取创业投资有限公司	465083.00
15	浙江红石创业投资有限公司	391761.96
16	广东南方星辰创业投资有限公司	269041.93
17	南京高达梧桐创业投资基金（有限合伙）	247139.85
18	深圳市创新资本投资有限公司	246730.00
19	中国-比利时直接股权投资基金	204775.13
20	广东中科白云创业投资有限公司	187600.68
21	广州科技金融创新投资控股有限公司	185722.69
22	国投高科技投资有限公司	181733.10
23	无锡国联创投基金企业（有限合伙）	174235.48
24	河南平能创业投资股份有限公司	173376.46
25	南通红土创新资本创业投资有限公司	171908.65
26	广东粤财创业投资有限公司	164560.25
27	无锡红土创业投资有限公司	154347.19
28	南京红土创业投资有限公司	151200.00
29	中国风险投资有限公司	149923.18
30	苏州坤融创业投资有限公司	143558.19
31	苏州钟鼎创业投资中心（有限合伙）	139952.00
32	苏州银基创业投资有限公司	139624.78
33	广东红土创业投资有限公司	138266.00
34	红塔创新投资股份有限公司	138135.47
35	宁波海达蓝源创业投资有限公司	132784.69

续表

排名	创业投资企业名称	所投资企业销售额年度增加金额（万元）
36	成都德同银科锦程创业投资合伙企业（有限合伙）	128618.30
37	高新投资发展有限公司	124118.13
38	苏州德晟亨风创业投资合伙企业（有限合伙）	124073.61
39	常州高新投创业投资有限公司	120452.32
40	北京基石创业投资基金	116897.45
41	成都德同银科创业投资合伙企业（有限合伙）	113323.00
42	北京中技富坤创业投资中心（有限合伙）	106556.02
43	软库博辰创业投资企业	105432.15
44	河北科技投资集团有限公司	103966.06
45	扬州海圣创业投资中心（有限合伙）	103943.00
46	苏州工业园区辰融创业投资有限公司	97545.24
47	天津海泰滨海创业投资有限公司	96199.00
48	北京中关村国盛创业投资中心（有限合伙）	95983.52
49	南京晨光高科创业投资有限公司	92824.80
50	广东省科技风险投资有限公司	92293.54

13.9 2015年度所投资企业工业或服务业增加值增长金额前50名备案创业投资企业

排名	创业投资企业名称	所投资企业工业或服务业年度增加值增长金额（万元）
1	深圳市创新投资集团有限公司	3102875.00
2	上海徐汇科技创业投资有限公司	1621429.76
3	深圳市创新资本投资有限公司	978629.00

续表

排名	创业投资企业名称	所投资企业工业或服务业年度增加值增长金额（万元）
4	红塔创新投资股份有限公司	958895.75
5	北京银汉创业投资有限公司	862583.93
6	苏州钟鼎创业投资中心（有限合伙）	634726.00
7	广东南方星辰创业投资有限公司	547474.60
8	国投高科技投资有限公司	544107.97
9	山东红土创业投资有限公司	414944.00
10	广州科技金融创新投资控股有限公司	412164.52
11	河北科技投资集团有限公司	402294.12
12	常州金陵华软创业投资合伙企业（有限合伙）	381534.76
13	东方邦信创业投资有限公司	370214.27
14	成都晟唐银科创业投资企业（有限合伙）	355774.00
15	江阴周庄中科双盈二期创业投资有限公司	347192.00
16	上海张江浩成创业投资有限公司	342506.81
17	高新投资发展有限公司	335893.13
18	中国-比利时直接股权投资基金	321236.11
19	鲁证创业投资有限公司	317336.22
20	山东省高新技术创业投资有限公司	308459.92
21	杭州如山创业投资有限公司	304709.00
22	江苏省高科技产业投资股份有限公司	295950.12
23	盐城市中科盐发创业投资企业（有限合伙）	289815.00
24	新疆维吾尔自治区国有资产投资经营有限责任公司	285117.00
25	镇江中科金山创业投资企业（有限合伙）	271214.00
26	东方星空创业投资有限公司	268987.45
27	宁波金仑股权投资合伙企业（有限合伙）	262747.00
28	宁波金润股权投资合伙企业（有限合伙）	262045.00

续表

排名	创业投资企业名称	所投资企业工业或服务业年度增加值增长金额（万元）
29	无锡国联创投基金企业（有限合伙）	248972.00
30	山东德泰创业投资有限公司	248345.95
31	常熟中科东南创业投资有限公司	224116.18
32	上海正赛联创业投资有限公司	217690.61
33	广东省科技风险投资有限公司	203967.57
34	山西省科技基金发展总公司	202169.00
35	中新苏州工业园区创业投资有限公司	199524.00
36	上海张江科技创业投资有限公司	192937.08
37	上海科技创业投资股份有限公司	192354.00
38	高投名力成长创业投资有限公司	184029.90
39	重庆软银创业投资中心（有限合伙）	183589.14
40	广东中科白云创业投资有限公司	183388.65
41	广东粤财创业投资有限公司	170045.32
42	深圳市达晨创丰股权投资企业（有限合伙）	167223.80
43	开信创业投资有限公司	166588.75
44	苏州工业园区国创创业投资有限公司	154254.68
45	南京市高新技术风险投资股份有限公司	146796.04
46	光大创业投资江阴有限公司	146268.31
47	江苏高投中小企业创业投资有限公司	145775.57
48	苏州工业园区辰融创业投资有限公司	145077.08
49	苏州达泰创业投资中心（有限合伙）	137420.77
50	重庆富坤创业投资中心（有限合伙）	133232.00

13.10　2015年度所投资企业缴纳税金增长金额前50名备案创业投资企业

排名	创业投资企业名称	所投资企业纳税年度增长额（万元）
1	诸暨华睿嘉银创业投资合伙企业（有限合伙）	81263.18
2	广东南方星辰创业投资有限公司	74921.50
3	软库博辰创业投资企业	74299.16
4	上海徐汇科技创业投资有限公司	52355.17
5	深圳市创新投资集团有限公司	39815.98
6	无锡国联创投基金企业（有限合伙）	31815.73
7	河北科技投资集团有限公司	31247.96
8	高投名力成长创业投资有限公司	28437.10
9	江苏省高科技产业投资股份有限公司	22519.61
10	国投高科技投资有限公司	18050.24
11	高新投资发展有限公司	18023.39
12	深圳市达晨创丰股权投资企业（有限合伙）	14759.30
13	鲁证创业投资有限公司	13238.23
14	重庆软银创业投资中心（有限合伙）	13180.03
15	同利创业投资有限公司	12879.00
16	上海张江科技创业投资有限公司	11804.00
17	中国-比利时直接股权投资基金	10976.30
18	成都晟唐银科创业投资企业（有限合伙）	10363.97
19	深圳市龙岗创新投资有限公司	10233.00
20	无锡力合创业投资有限公司	10187.13
21	上海张江浩成创业投资有限公司	9909.87
22	广东红土创业投资有限公司	9809.00
23	浙江银泰睿祺创业投资有限公司	9697.00

续表

排名	创业投资企业名称	所投资企业业纳税年度增长额（万元）
24	苏州坤融创业投资有限公司	7902.55
25	苏州工业园区辰融创业投资有限公司	7710.43
26	北京银汉创业投资有限公司	7335.34
27	光大创业投资江阴有限公司	7095.94
28	北京中关村瞪羚创业投资中心（有限合伙）	7046.00
29	东方邦信创业投资有限公司	6987.04
30	广州科技金融创新投资控股有限公司	6937.59
31	苏州羲融创业投资有限公司	6731.64
32	浙江红石创业投资有限公司	6700.00
33	深圳市同威创业投资有限公司	6471.31
34	上海科技创业投资股份有限公司	6432.11
35	北京中海创业投资有限公司	6254.20
36	新疆昌源水务集团有限公司	6151.08
37	深圳市大雄风创业投资有限公司	6073.59
38	苏州钟鼎创业投资中心（有限合伙）	5906.00
39	常州高新投创业投资有限公司	5779.37
40	常州武进红土创业投资有限公司	5566.46
41	深圳市创新资本投资有限公司	5458.00
42	深圳市高新投创业投资有限公司	5445.00
43	光大国联创业投资有限公司	5357.24
44	北京中关村创业投资发展有限公司	5325.03
45	三泽创业投资管理有限公司	5295.00
46	昆山红土高新创业投资有限公司	5242.00
47	盈富泰克创业投资有限公司	5190.14
48	江苏高鼎科技创业投资有限公司	5021.00
49	南京市高新技术风险投资股份有限公司	4756.55
50	深圳市深港产学研创业投资有限公司	4679.32

第六篇　政策汇编

第14章 最新创业投资政策汇编与解读

14.1 最新创业投资政策

关于取消豁免国有创业投资机构和国有创业投资引导基金国有股转持义务审批事项后有关管理工作的通知

财资［2015］39号

国务院有关部委，有关直属机构，各省、自治区、直辖市、计划单列市财政厅（局）、国资委（局），中国证券登记结算有限责任公司，有关国有创业投资机构、国有创业投资引导基金：

为提高国有资本从事创业投资的积极性，鼓励和引导国有创业投资机构（以下简称创投机构）和国有创业投资引导基金（以下简称引导基金）加大对中早期项目的投资，符合条件的创业机构和引导基金经审核批准后，可豁免国有股转持义务。根据《国务院关于取消和调整一批行政审批项目等事项的决定》（国发〔2015〕11号）要求，对豁免创投机构和引导基金国有股转持义务事项不再进行审批。为加强后续监管，确保该政策顺利实施，并避免对国有股转持政策造成不利影响，现就有关事项通知如下：

一、资质条件

（一）豁免国有股转持义务的创投机构资质要求

1、经营范围符合《创业投资企业管理暂行办法》（发展改革委等1O部门令第39号，以下简称39号令）或《私募投资基金监督管理暂行办法》（证监会令第105号，以下简称105号令）规定，且工商登记名称中注有“创业投资”字样。在2005年11月15日前完成工商登记的，可保留原有工商登记名称，但经营范围须符合39号令或105号令规定。

2、遵照39号令规定条件和程序完成备案，且最近一年必须通过备案管理部门年度检查（申请豁免转持义务当年新备案的创投机构除外），投资运作符合39号令有关规定；或者遵照105号令规定条件和程序完成备案，且通过中国证券投资基金业协会有关资格审查，投资运作符合105号令有关规定。

（二）豁免国有股转持义务的引导基金应当按照《关于创业投资引导基金规范设立与运作的指导意见》（国办发〔2008〕116号）规定，规范设立并运作。

（三）本通知所称未上市中小企业应当同时符合下列条件：

1、经企业所在地县级以上劳动和社会保障部门或社会保险基金管理单位核定，职工人数不超过500人；

2、根据会计师事务所审计的年度合并会计报表，年销售（营业总收入）不超过2亿元，资产总额不超过2亿元。

（四）创投机构或引导基金投资于未上市中小企业，其投资时点以创投机构或引导基金投资后，被投资企业取得工商行政管理部门核发的法人营业执照或工商核准变更登记通知书的日期为准。同一创投机构或引导基金对未上市中小企业进行多轮投资的，第一次投资为初始投资，其后续投资均按初始投资的时点进行确认。被投资企业规模按照创投机构或引导基金初始投资时点之上一年度末的相关指标进行认定。

二、办理程序

（一）创投机构或引导基金在被投资企业股东大会审议通过首次公开发行股票并上市议案后，根据本通知资质条件要求，自行确定是否符合豁免国有股转持义务条件。

（二）自行确定符合豁免国有股转持义务条件的创投机构或引导基金，应登录中国投资协会股权和创业投资专业委员会官网（www.vcpe.org.cn）或中国证券投资基金业协会官网（www.amac.org.cn）"信息公示"栏目，下载并如实填报《豁免国有创业投资机构或国有创业投资引导基金国有股转持义务有关信息公示表》（以下简称《信息公示表》，见附件1）。

创投机构或引导基金应将填写完成的《信息公示表》连同创投机构营业执照、备案管理部门同意创投机构备案文件及近一年年检结果的通知或中国证券投资基金业协会出具的资格审查无异议函、创投机构或引导基金初始投资时点之上一年度末被投资企业职工人数证明、省级以上国有资产管理部门出具的被投资企业国有股权管理批复文件等资料的扫描件，一并及时在中国投资协会股权和创业投资专业委员会官网或中国证券投资基金业协会官网"信息公示"栏目向社会进行公示，公示期不少于20个工作日，接受社会监督。

中国投资协会股权和创业投资专业委员会联系电话：010-63909874，传真：010-63907882；中国证券投资基金业协会联系电话：010-66578200，传真：010-66578256。

（三）在中国投资协会股权和创业投资专业委员会官网或中国证券投资基金业协会官网公示的同时，创投机构或引导基金应同时登录财政部官网（www.mof.gov.cn）"资产管理司"频道"国有资本管理"专题栏目，下载《豁免国有创业投资机构或国有创业投资引导基金国有股转持义务公示情况表》（以下简称《公示情况表》，见附件2），填写完成后发送至财政部资产管理司"czbzcgls@126.com"邮箱，并可致电（010-68552423）核实查收情况。

（四）公示期间社会公众如有异议，可实名向财政部资产管理司反映（电话：010-68552423，传真：010-68552424）。财政部将及时通知该创投机构或引导基金，同时组织国资委、证监会和社保基金会等部门开展核查工作。经核查确认符合豁免国有股转持义务条件的，财政部将在《公示情况表》"公示结果"栏标注"公示有异议，经核查符合条件"字样；经核查确认不符合豁免国有股转持义务条件的，将标注"公示有异议，经核查不符合条件"字样。

公示期满社会公众无异议的，财政部将在《公示情况表》"公示结果"栏标注"公示无异议”字样。

（五）财政部在公示期满或核查确认后，将在财政部官网“资产管理司”频道“国有资本管理”专题栏目中公布公示结果。创投机构或引导基金应及时登录相关网页查看公示结果，并可下载打印标注“公示无异议”或“公示有异议，经核查符合条件”字样的页面，作为被投资企业向证券监管部门提交公开发行并上市申请的附件。证券监管部门可登录财政部官网“资产管理司”频道“国有资本管理”专题栏目查询创投机构或引导基金豁免国有股转持义务公示结果的真实性。

三、国有股回拨

2014年12月3日至本通知下发日，创投机构或引导基金已按《境内证券市场转持部分国有股充实全国社会保障基金实施办法》（财企〔2009〕94号）实施国有股转持，经财政部会同社保基金会审核符合豁免转持政策的，实行回拨处理。回拨的国有股权包括：（1）由该创投机构或引导基金转持至社保基金会的国有股；（2）社保基金会持股期内因上市公司利润分配或资本公积转增等原因，由该部分国有股派生的相关权益，包括送股、转增股本及现金分红等。

创投机构、引导基金或其国有出资人已按财企〔2009〕94号文件规定以现金替代方式履行国有股转持义务，经财政部会同社保基金会审核符合豁免转持政策的，实行回拨处理。回拨资金额按照创投机构、引导基金或其国有出资人缴入中央金库的资金额确定。

创投机构和引导基金应于2015年9月30日前向财政部提出回拨申请，逾期将不予受理。

四、监督管理

（一）对“公示无异议”的创投机构和引导基金，财政部将组织有关单位开展定期和不定期抽查。

（二）财政部建立“黑名单”制度，将经核查或抽查发现不符合国有股转持义务豁免条件，且存在弄虚作假、虚假公示等恶意行为的创投机构和引导基金，列入“黑名单”，定期予以公告，并及时提交创投机构监管部门依照相关规定处理。

五、本通知自发布之日起执行。《财政部关于豁免国有创业投资机构和国有创业投资引导基金国有股转持义务有关问题的通知》（财企〔2010〕278号）和《财政部关于豁免国有创业投资机构和国有创业投资引导基金国有股转持义务有关审核问题的通知》（财企〔2011〕14号）同时废止。

附件1：豁免国有创业投资机构或国有创业投资引导基金国有股转持义务有关信息公示表

附件2：豁免国有创业投资机构或国有创业投资引导基金国有股转持义务公示情况表

财政部

2015年8月11日

附件 1　豁免国有创业投资机构或国有创业投资引导基金国有股转持义务有关信息公示表

<table>
<tr><td colspan="4">国有创业投资机构或国有创业投资引导基金基本情况</td></tr>
<tr><td>单位名称</td><td>成立年月</td><td>注册资本或募资规模（万元）</td><td>国有股持股比例（%）</td></tr>
<tr><td></td><td></td><td></td><td></td></tr>
<tr><td colspan="4">国有创业投资机构或国有创业投资引导基金资质情况</td></tr>
<tr><td>创业投资机构备案管理部门名称</td><td>同意创业投资机构备案的文件名称、文号及出具时间</td><td colspan="2">近一年度通过备案部门年检或本次通过中国证券投资基金业协会资格审查的文件名称、文号及出具时间</td></tr>
<tr><td></td><td></td><td colspan="2"></td></tr>
<tr><td colspan="4">所投资未上市中小企业有关情况</td></tr>
<tr><td>单位名称</td><td>完成股份制改造时间</td><td>股东大会通过股票发行议案时间</td><td>拟首次公开发行股数（万股）</td></tr>
<tr><td></td><td></td><td></td><td></td></tr>
<tr><td colspan="4">国有创业投资机构或国有创业投资引导基金对未上市中小企业的投资情况</td></tr>
<tr><td>初始投资并完成工商变更年月</td><td>初始投资额（万元）及持股比例（%）</td><td colspan="2">累计投资额（万元）及持股比例（%）</td></tr>
<tr><td></td><td></td><td colspan="2"></td></tr>
<tr><td>初始投资上一年度末职工人数（人）</td><td>初始投资上一年度末营业总收入（万元）</td><td colspan="2">初始投资上一年度末资产总额（万元）</td></tr>
<tr><td></td><td></td><td colspan="2"></td></tr>
<tr><td>国有资产管理部门出具的企业国有股权管理批复文件名称、文号及时间</td><td>国有股东名称</td><td>持股数（万股）</td><td>持股比例（%）</td></tr>
<tr><td rowspan="3"></td><td>1、</td><td></td><td></td></tr>
<tr><td>2、</td><td></td><td></td></tr>
<tr><td>……</td><td></td><td></td></tr>
<tr><td colspan="2">国有创业投资机构或国有创业投资引导基金拟豁免国有股转持股数</td><td colspan="2">万股</td></tr>
<tr><td>需注明的其他信息</td><td colspan="3"></td></tr>
</table>

注：1、“资质情况”依据《创业投资企业管理暂行办法》（发展改革委等 10 部门令第 39 号）或《私募投资基金监督管理暂行办法》（证监会令第 105 号）规定备案，且工商登记名称中注有“创业投资”字样。在 2005 年 11 月 15 日完成工商登记的，可保留原有工商登记名称。经营范围须符合 39 号令或 105 号令规定。

2、“初始投资上一年度末职工人数”以被投资企业所在地县级以上劳动和社会保障部门或社会保险基金管理单位出具的创投机构初始投资时点之上一年度末被投资企业核定职工人数为准。

3、“营业总收入”、“资产总额”依据会计师事务所出具的创投机构初始投资时点之上一年度末被投资企业年度审计报告填列。

4、“国有股东名称”应依据省级以上国有资产管理部门出具的被投资企业国有股权管理批复文件逐一填列。

5、国有创业投资机构或国有创业投资引导基金对填报信息的真实性、合法性、有效性和完整性负责。

6、社会公众对上述公示信息有异议，可在公示期（20个工作日内）直接向财政部资产管理司反映。联系电话：010-68552423。

附件2 豁免国有创业投资机构或国有创业投资引导基金国有股转持义务公示情况表

国有创业投资机构和国有创业投资引导基金名称	
联系人	
联系电话（办公电话及手机）	
被投资未上市中小企业名称	
拟发行股份数量（万股）	
拟豁免国有股转持数量（万股）	
公示时间	
公示结果	

注：“公示结果”栏由财政部资产管理司填列。

财政部关于印发《政府投资基金暂行管理办法》的通知

财预〔2015〕210 号

党中央有关部门，国务院各部委、各直属机构，各省（自治区、直辖市、计划单列市）财政厅（局、委）：

为了进一步提高财政资金使用效益，发挥好财政资金的杠杆作用，规范政府投资基金的设立、运作和风险控制、预算管理等工作，促进政府投资基金持续健康运行，根据预算法、合同法、公司法、合伙企业法等相关法律法规，我们制定了《政府投资基金暂行管理办法》，现印发给你们，请遵照执行。

附件：政府投资基金暂行管理办法

财政部

2015 年 11 月 12 日

附件：

政府投资基金暂行管理办法

第一章　总　则

第一条　为了进一步提高财政资金使用效益，发挥好财政资金的杠杆作用，规范政府投资基金管理，促进政府投资基金持续健康运行，根据预算法、合同法、公司法、合伙企业法等相关法律法规，制定本办法。

第二条　本办法所称政府投资基金，是指由各级政府通过预算安排，以单独出资或与社会资本共同出资设立，采用股权投资等市场化方式，引导社会各类资本投资经济社会发展的重点领域和薄弱环节，支持相关产业和领域发展的资金。

第三条　本办法所称政府出资，是指财政部门通过一般公共预算、政府性基金预算、国有资本经营预算等安排的资金。

第四条　财政部门根据本级政府授权或合同章程规定代行政府出资人职责。

第二章　政府投资基金的设立

第五条　政府出资设立投资基金，应当由财政部门或财政部门会同有关行业主管部门报本级政府批准。

第六条　各级财政部门应当控制政府投资基金的设立数量，不得在同一行业或领域重复设立基金。

第七条　各级财政部门一般应在以下领域设立投资基金：

（一）支持创新创业。为了加快有利于创新发展的市场环境，增加创业投资资本的供给，鼓励创业投资企业投资处于种子期、起步期等创业早期的企业。

（二）支持中小企业发展。为了体现国家宏观政策、产业政策和区域发展规划意图，扶持中型、小型、微型企业发展，改善企业服务环境和融资环境，激发企业创业创新活力，增强经济持续发展内生动力。

（三）支持产业转型升级和发展。为了落实国家产业政策，扶持重大关键技术产业化，引导社会资本增加投入，有效解决产业发展投入大、风险大的问题，有效实现产业转型升级和重大发展，推动经济结构调整和资源优化配置。

（四）支持基础设施和公共服务领域。为改革公共服务供给机制，创新公共设施投融资模式，鼓励和引导社会资本进入基础设施和公共服务领域，加快推进重大基础设施建设，提高公共服务质量和水平。

第八条　设立政府投资基金，可采用公司制、有限合伙制和契约制等不同组织形式。

第九条　政府投资基金出资方应当按照现行法律法规，根据不同的组织形式，制定投资基金公司章程、有限合伙协议、合同等（以下简称章程），明确投资基金设立的政策目标、基金规模、存续期限、出资方案、投资领域、决策机制、基金管理机构、风险防范、投资退出、管理费用和收益分配等。

第三章　政府投资基金的运作和风险控制

第十条　政府投资基金应按照“政府引导、市场运作，科学决策、防范风险”的原则进行运作。

第十一条　政府投资基金募资、投资、投后管理、清算、退出等通过市场化运作。财政部门应指导投资基金建立科学的决策机制，确保投资基金政策性目标实现，一般不参与基金日常管理事务。

第十二条　政府投资基金在运作过程中不得从事以下业务：

1. 从事融资担保以外的担保、抵押、委托贷款等业务；

2. 投资二级市场股票、期货、房地产、证券投资基金、评级 AAA 以下的企业债、信托产品、非保本型理财产品、保险计划及其他金融衍生品；

3. 向任何第三方提供赞助、捐赠（经批准的公益性捐赠除外）；

4. 吸收或变相吸收存款，或向第三方提供贷款和资金拆借；

5. 进行承担无限连带责任的对外投资；

6. 发行信托或集合理财产品募集资金；

7. 其他国家法律法规禁止从事的业务。

第十三条　投资基金各出资方应当按照“利益共享、风险共担”的原则，明确约定收益处理和亏损负担方式。对于归属政府的投资收益和利息等，除明确约定继续用于投资基金滚动使用外，应按照财政国库管理制度有关规定及时足额上缴国库。投资基金的亏损应由出资方共同承担，政府应以出资额为限承担有限责任。

为更好地发挥政府出资的引导作用，政府可适当让利，但不得向其他出资人承诺投资本金不受损失，不得承诺最低收益。国务院另有规定的除外。

第十四条　政府投资基金应当遵照国家有关财政预算和财务管理制度等规定，建立健全内部控制和外部监管制度，建立投资决策和风险约束机制，切实防范基金运作过程中可能出现的风险。

第十五条　政府投资基金应选择在中国境内设立的商业银行进行托管。托管银行依据托管协议负责账户管理、资金清算、资产保管等事务，对投资活动实施动态监管。

第十六条　加强政府投资基金信用体系建设，建立政府投资基金及其高级管理人员信用记录，并将其纳入全国统一的社会信用信息共享交换平台。

第四章　政府投资基金的终止和退出

第十七条　政府投资基金一般应当在存续期满后终止。确需延长存续期限的，应当报经同级政府批准后，与其他出资方按章程约定的程序办理。

第十八条　政府投资基金终止后，应当在出资人监督下组织清算，将政府出资额和归属政府的收益，按照财政国库管理制度有关规定及时足额上缴国库。

第十九条　政府投资基金中的政府出资部分一般应在投资基金存续期满后退出，存续期未满如达到预期目标，可通过股权回购机制等方式适时退出。

第二十条　财政部门应与其他出资人在投资基金章程中约定，有下述情况之一的，政府出资可无需其他出资人同意，选择提前退出：

（一）投资基金方案确认后超过一年，未按规定程序和时间要求完成设立手续的；

（二）政府出资拨付投资基金账户一年以上，基金未开展投资业务的；

（三）基金投资领域和方向不符合政策目标的；

（四）基金未按章程约定投资的；

（五）其他不符合章程约定情形的。

第二十一条　政府出资从投资基金退出时，应当按照章程约定的条件退出；章程中没有约定的，应聘请具备资质的资产评估机构对出资权益进行评估，作为确定投资基金退出价格的依据。

第五章　政府投资基金的预算管理

第二十二条　各级政府出资设立投资基金，应由同级财政部门根据章程约定的出资方案将当年政府出资额纳入年度政府预算。

第二十三条　上级政府可通过转移支付支持下级政府设立投资基金，也可与下级政府共同出资设立投资基金。

第二十四条　各级政府单独出资设立的投资基金，由财政部门根据年度预算、项目投资进度或实际用款需要将资金拨付到投资基金。

政府部门与社会资本共同出资设立的投资基金，由财政部门根据投资基金章程中约定的出资方案、项目投资进度或实际用款需求以及年度预算安排情况，将资金拨付到投资基金。

第二十五条　各级财政部门向政府投资基金拨付资金时，增列当期预算支出，按支出方向通过相应的支出分类科目反映；

收到投资收益时，作增加当期预算收入处理，通过相关预算收入科目反映；

基金清算或退出收回投资时，作冲减当期财政支出处理。

第六章　政府投资基金的资产管理

第二十六条　各级财政部门应按照《财政总预算会计制度》规定，完整准确反映政府投资基金中政府出资部分形成的资产和权益，在保证政府投资安全的前提下实现保值增值。

各级财政部门向投资基金拨付资金，在增列财政支出的同时，要相应增加政府资产——“股权投资”和净资产——“资产基金”，并要根据本级政府投资基金的种类进行明细核算。基金清算或退出收回投资本金时，应按照政府累计出资额相应冲减政府资产——“股权投资”和净资产——“资产基金”。

第二十七条　政府应分享的投资损益按权益法进行核算。政府投资基金应当在年度终了后及时将全年投资收益或亏损情况向本级财政部门报告。财政部门按当期损益情况作增加或减少政府资产——“股权投资”和净资产——“资产基金”处理；财政部门收取政府投资基金上缴投资收益时，相应增加财政收入。

第二十八条　政府投资基金应当定期向财政部门报告基金运行情况、资产负债情况、投资损益情况及其他可能影响投资者权益的其他重大情况。按季编制并向财政部门报送资产负债表、损益表及现金流量表等报表。

第二十九条　本办法实施前已经设立的政府投资基金，要按本办法规定将政府累计投资形成的资产、权益和应分享的投资收益及时向财政部门报告。财政部门要按照本办法和《财政总预算会计制度》要求，相应增加政府资产和权益。

第七章　监督管理

第三十条　各级财政部门应建立政府投资基金绩效评价制度，按年度对基金政策目标实现程度、投资运营情况等开展评价，有效应用绩效评价结果。

第三十一条　政府投资基金应当接受财政、审计部门对基金运行情况的审计、监督。

第三十二条　各级财政部门应会同有关部门对政府投资基金运作情况进行年度检查。对于检查中发现的问题按照预算法和《财政违法行为处罚处分条例》等有关规定予以处理。涉嫌犯罪的，移送司法机关追究刑事责任。

第八章 附 则

第三十三条 本办法由国务院财政部门负责解释。

第三十四条 省级财政部门可结合本办法及实际情况，制定本地区实施细则。

第三十五条 本办法自印发之日起实施。

关于财政资金注资政府投资基金支持产业发展的指导意见

财建〔2015〕1062号

各省、自治区、直辖市、计划单列市财政厅（局）：

近年来，各级财政探索政府投资基金等市场化方式支持产业，有效引导了社会资本投向，促进了企业和产业发展，但也存在投向分散、运作不规范、指导监督机制不完善等问题。为贯彻落实十八届五中全会通过的《国民经济和社会发展第十三个五年规划的建议》关于“发挥财政资金撬动功能，创新融资方式，带动社会资本参与投资”等精神，规范有序推进相关工作，根据《政府投资基金管理办法》（财预〔2015〕210号），现就财政资金注资设立政府投资基金支持产业发展，提出以下指导意见：

一、指导思想、总体要求及基本原则

（一）指导思想。

规范有序运用政府投资基金方式推动重点产业发展，发挥财政资金带动社会投资、培育市场需求、促进企业创业成长等作用，提高资源配置效率和财政资金使用效益，加快经济结构调整和发展方式转变。

（二）总体要求。

使市场在资源配置中起决定性作用，更好发挥政府引导作用。协调好财政资金杠杆放大作用和多种所有制资本相互促进作用，加强顶层设计，坚持市场化运作，规范有序推进，推动解决产业重点领域和薄弱环节的资金、市场、技术等瓶颈制约。

（三）基本原则。

——聚焦重点产业。区分产业重点领域和薄弱环节，明确特定政策目标，在准确定位的基础上确定财政资金投入方式和支持产业发展的政府投资基金设立方案，解决好产业发展的瓶颈制约。

——坚持市场化运作。按照法律法规和市场通行做法明确工作机制，遵循市场规则，实行专业化管理，同时注重充分发挥社会资本作用。在确保有效监督指导的同时，基金机构设置尽可能精简，提高效率。

——切实履行出资人职责。财政部门根据同级政府授权，切实履行对财政资金注资的政府投资基金的出资人职责。通过合理设计基金设立方案及财政出资让利措施、选好基金管理公司或团队等，充分发挥政府投资基金支持产业的作用。

二、合理运用政府投资基金聚焦支持重点产业

财政资金注资政府投资基金支持产业发展，应当针对宏观经济及产业发展的特定问题，

加强政策顶层设计、明确基金定位、合理控制规模，规范有序推进。

（一）精准定位、聚焦重点。公共财政运用政府投资基金方式支持产业，限定于具有一定竞争性、存在市场失灵、外溢性明显的关键领域和薄弱环节。具体按照《政府投资基金暂行管理办法》有关规定，限定支持领域。推动产业发展方面，主要支持外部性强、基础性、带动性、战略性特征明显的产业领域及中小企业创业成长。各地应当结合上述定位，以及国家、地方产业布局和发展规划聚焦作用的特定领域。

（二）问题导向、分类施策。针对产业重点领域和薄弱环节，相机采取创业投资引导基金、产业投资基金等形式予以支持。其中：对战略性新兴产业等新兴产业及中小企业，可通过创业投资引导基金，加强资金、技术和市场相融合。对集成电路等战略主导产业及行业龙头企业，可通过产业投资基金直接投资，实现产业重点突破和跨越发展。

（三）加强引导、有序推进。通过一般公共预算、政府性基金预算、国有资本经营预算等安排对政府投资基金注资，发挥财政资金引导作用，引导社会资金投资经济社会发展的重点领域和薄弱环节。同时，要合理控制政府投资基金规模，不得在同一行业或领域重复设立基金。结合产业发展阶段性特点和要求，适时调整政府投资基金作用的领域；对市场能够充分发挥作用的领域，要及时退出。

三、规范设立运作支持产业的政府投资基金

财政资金注资设立政府投资基金支持产业，要坚持市场化运作、专业化管理，以实现基金良性运营。基金的设立和运作，应当遵守契约精神，依法依规推进，促进政策目标实现。

（一）设立市场化的基金实体。结合政府投资基金定位、社会出资人意愿等，设立公司制、合伙制等市场化基金实体，坚持所有权、管理权、托管权分离。原则上不设立事业单位形式的政府投资基金；已设立事业单位形式基金的应当积极向企业转制，不能转制的应当选聘专业管理团队，提高市场化管理水平。

（二）建立多元化的出资结构。结合政府投资基金政策目标，广泛吸引社会出资，形成多元化出资结构，优化基金内部治理结构、形成各方出资合理制衡，促进协同发展。结合财力可能、基金定位、募资难度等确定财政资金注资上限，并根据有关章程、协议及基金投资进度等分期到位。

（三）坚持专业化投资运营。财政资金注资设立的政府投资基金，原则上委托市场化基金管理公司管理，并通过委托管理协议等约定主要投资领域和投资阶段。为促进产业链协同发展，可适当布局产业上下游环节。

（四）建立适时退出机制。财政资金注资设立政府投资基金形成的股权，应根据有关法律法规并按照章程约定的条件退出。财政出资原则在基金存续期满后退出，存续期内如达到预期目标，也可考虑通过预设股权回购机制等方式适时退出。

四、切实履行财政资金出资人职责

财政部门作为财政资金管理部门，根据本级人民政府授权，并依照法律法规以及基金章程、合伙人协议等，切实履行对财政资金注资政府投资基金的出资人职责，促进支持产业政策目标实现，保障出资人权益。

（一）深入研究基金设立方案。确需设立支持产业的政府投资基金，财政部门应当主动研究设立方案，结合拟支持的产业发展所需，明确基金设立形式、运作机制、财政出资比例、让利措施等问题，同时发挥行业主管部门在行业政策及投向等方面的指导作用，明确引导基金投资结构、中长期目标等，由财政部门或财政部门会同有关行业主管部门报同级人民政府审批。

（二）选定绩优基金管理公司或团队。选择政府投资基金管理公司或团队要综合考虑团队募资能力、投资业绩、研究能力、出资实力等，预设好前置条件，确保专注管理。同时，设定合理的激励约束机制，主要是确定合理的管理费和绩效奖励、要求基金管理公司或团队对引导基金认缴出资、将对其绩效评价与管理费等挂钩等，促使基金管理公司或团队不断提高管理水平。

（三）合理确定财政出资让利措施。财政资金注资设立政府投资基金支持产业发展，着眼政策目标，坚持风险共担、收益共享。财政出资原则上与社会出资同股同权。对于“市场失灵”突出的领域，设立基金可以采取向社会出资人让渡部分分红等让利措施，但必须控制财政风险，并确保市场机制充分发挥作用。

（四）依法行使出资人权利。财政部门与其他出资人共同签订政府投资基金章程、合伙人协议等，明晰各方责权利；同时，按照有关协议约定委派董事或理事、监事等，依法依规参与基金内部治理，促进政策目标实现，保障出资权益。

（五）适时进行考核评价。财政资金控股的政府投资基金应当纳入公共财政考核评价体系，定期对基金支持产业的政策目标、政策效果及其资产情况进行评估；对于财政资金注资但不控股的基金，财政部门或财政部门授权有关部门（机构）按照公共性原则对财政出资进行考核评价。

五、积极营造政府投资基金支持产业发展的良好环境

财政资金新注资设立政府投资基金支持产业发展，要按照本意见要求规范推进。已注资的基金如具备条件，应当在出资人自愿协商一致的前提下，按照本意见调整完善运作机制。财政部门应对所注资基金加强统筹，完善机制，营造良好环境，促使更好发挥支持产业发展的政策效应。

（一）加强统筹合作。中央和地方财政资金注资的投向相近的政府投资基金，应加强合作，通过互相参股、联合投资等方式发挥合力。同时，财政资金也可参股一些产业龙头企业发起设立的基金，扶优扶强，推动产业链协同发展，优化产业布局。

（二）加强组织协调。探索建立财政资金注资政府投资基金的统计分析、考核评价、董事及监事委派、风险控制等体系。同时，加强与有关部门和单位的合作，推动建立政府投资基金支持产业发展的工作协调机制，促进政策作用的有效发挥。

（三）强化政策支撑。对符合国有股转持豁免、税收减免等规定的基金，要用足用好政策。同时，积极研究促进政府投资基金支持产业发展的政策措施，引导金融机构加大对有关基金的融资支持力度，引导产业链相关的国有企业对基金出资。

（四）完善支持方式。按照财税改革和构建现代财政制度的要求，结合经济发展规划、产业基础、资源禀赋及科技优势等实际情况，积极探索完善保险补偿、PPP、融资担保等市场化支持方式，形成政策合力共同支持产业发展，推动重点产业发展和产业转型升级。

财政部

2015年12月25日

14.2 最新创业投资政策解读

深入实施创新驱动发展战略 做大做强做优创业投资行业[①]

中共中央政治局常委 国务院副总理 张高丽

党中央、国务院高度重视实施创新驱动发展战略。习近平总书记指出，综合国力竞争说到底是创新的竞争，要深入实施创新驱动发展战略，推动科技创新、产业创新、企业创新、市场创新、产品创新、业态创新、管理创新等，加快形成以创新为主要引领和支撑的经济体系和发展模式。李克强总理多次主持会议对大众创业万众创新作出重要部署，要求着力推动“双创”向更大范围、更高层次、更深程度发展，发挥好培育新动能、改造提升传统动能、推动经济转型升级的重要载体作用。今年以来，随着各项政策措施落地生根，“双创”蓬勃发展势头更加明显，对稳增长、调结构、促就业的作用显著增强。

创业投资是实施创新驱动发展战略的重要举措，是实现技术、资本、人才、管理等创新要素与创业企业有效结合的投融资方式，是推动大众创业万众创新的重要资本力量。要深入实施创新驱动发展战略，做大做强做优创业投资，为经济持续健康发展作出新的贡献。要更好地发挥创业投资支持企业发展的“孵化器”作用，着力促进发展新经济、培育新动能；要更好地发挥创业投资在推进供给侧结构性改革中的“助推器”作用，着力加大对实体经济的支持力度；要更好地发挥创业投资激发民间投资的“催化剂”作用，着力推动合理有效投资稳定增长。

加快构建良好的制度环境、市场环境和生态环境，形成“创业、创新＋创投”协同互动的发展格局。要完善鼓励创业投资发展的政策支持体系，使创业投资者和创业者都能充分享受政策的便利和实惠。要健全体制机制，放宽市场准入，在行业管理、备案登记等方面对创业投资企业实施差异化监管政策。要坚持市场导向，发挥好国有企业和政府基金的带头引导作用，把有限的创投资本投入到最有发展潜力、最能代表未来发展方向的领域。要秉持信用为本，加快推进创业投资行业信用体系建设，为创业投资发展创造良好环境。要加强专业人才培养，把更多优秀人才吸引到创业投资事业中来，提高创业投资的精准度。

---

① 本文是作者在第四届中国创业投资行业峰会上的主题演讲。

促进创业投资持续健康发展，培育创新驱动发展新动能①

国家发展改革委党组副书记、副主任　何立峰

党中央高度重视创业创新和创业投资的发展，习近平总书记指出“创新是从根本上打开增长之锁的钥匙，抓住科技创新就是抓住了创新的牛鼻子”。李克强总理对创业创新多次做出了重要指示，实施创新驱动发展战略，发展新经济，培育新动能。张高丽副总理指出，创业投资是实现技术、资本、人才管理、创新要素与创业企业有效结合的投融资方式，是推动“大众创业、万众创新”重要资本力量。

党的十八大以来，创新驱动发展战略上升为国家战略。国务院先后印发了《国家创新驱动发展战略纲要》、《关于促进创业投资持续健康发展的若干意见》等一系列政策措施，大力推动了创业创新。国家创新驱动发展战略的实施以及“大众创业、万众创新”的深度推进，它的要素在于创新人才和资金，创业投资是推动双创的重要资本引擎。正如高丽副总理讲话当中所说的，没有创业投资的资本推动，不少创业创新就会成为无根之树，同样没有创业创新为基础，创业投资也会成为无根之木。创业、创投、创新三个要素叠加，将创造出新的价值，不断推动我国科技进步和繁荣富强。

本次大会以“创业创新＋ 创投 协同互动发展”为主题，充分体现了创业创新与创业投资的密不可分、融合共赢。近年来围绕深度实施创新驱动发展战略，大力推进“大众创业、万众创新”，我国创业投资行业进入了快速发展阶段。2005 年，国家发展改革委、科技部等 10 个部门发布了《创业投资企业管理暂行办法》，经过十多年的发展，创业投资行业已经到了关键的发展时期。在过去十年，创业投资资本规模以年均近 20％的速度进行增长。今年 9 月末，全国创业投资备案投资企业共有 1957 家，备案创业投资企业总规模累计投资案例 18300 个。截止到 2015 年末，备案创业投资企业所投资企业当年提供的细分就业岗位就有 217 万人，比上年增长 52％，被投企业缴纳税金同比增长 29％。创业投资企业培育了一大批企业，很多企业成长壮大为新兴产业的龙头试点企业，代表了先进产业的发展方向。

当前我国经济发展进入新常态，正处在发展方式和新旧动能转换的关键时期，必须加快实施创新驱动发展战略，在更大范围、更高层次、更深程度上推进“大众创业、万众创新”。推动创业投资持续健康发展要以创业投资推动“大众创业、万众创新”激发新活力、新动力，使各种要素更加自由、公平、快捷的进行有效配置，促进经济保持中高速增长，要以创业投资培育新产业、新业态，结合“互联网＋”行动计划和《中国制造 2025》，着力把一批新兴产业培育成主导产业，推动经济迈向中高端技术，以创业投资催生新职业、新岗位，实现更加充分、更高质量的就业，实现机会公平、权利公平、人人参与、人人受

① 本文是作者在第四届中国创业投资行业峰会上的主题演讲。

益的包容性增长，完善组织机制，营造良好氛围，为“大众创业、万众创新”提供有利保障。与此同时我们也注意到我国创业投资发展仍不充分，一些支持政策还没有完全落实到位，一些制约创业投资发展的体制机制障碍还没有完全清楚，相关的法律法规和政策环境还不够完善，监管体制和行业信用体系建设滞后，地区之间发展态势还不平衡，创业投资企业数量多，但整体实力不强，国际领军创业投资品牌较少等等。近日国务院印发的《关于促进创业投资持续健康发展的若干意见》（简称《若干意见》）是创业投资 20 年来第一部以国务院名义印发的促进行业持续健康发展的系统性、前瞻性的政策框架体系，是行业发展的纲领性文件。按照党中央国务院有关工作部署，国家发展改革委会同科技部、财政部等 17 个部门共同起草这个意见，在文件起草过程中得到了大力支持和积极配合，文件起草小组单位广泛调动、深度听取行业意见，倾听行业呼声。文件坚持以问题为导向，力求政策管用，充分体现了相关部门对创业投资的关爱和支持，我们还委托中国投资协会股权和创业投资专业委员会会同北京、上海等 15 家地方行业协会对《若干意见》做了第三方评估，得到了高度认可。《若干意见》在对行业的发展情况进行深入系统总结的基础上，明确了未来创业投资包括天使投资在内的行业发展地位，构建持续健康发展的制度和框架，为创投行业健康发展指明了方向。用和更好的发挥政府作用，各有关政府部门要加强统筹协调和事中、事后监管，构建促进创业投资发展的制度环境、市场环境和生态环境，加快形成有利于创业投资良好氛围和“创业创新＋创投”的协同发展规模。

《若干意见》提出，当前阶段我国创业投资发展目标是培育一批具有国际影响力和竞争力的中国创业投资品牌，推动我国创业投资行业发展跻身于世界先进水平，《若干意见》围绕 9 大领域提出了 20 项政策投资，提出了从企业运营中募投管退各方面，从行业到政府部门，从行业协会组织到各个机构的全面立体的政策和服务体系。一是培育多元化创业投资主体，加快形成更具特色、充满活力的创业投资机构体系，积极鼓励各类个人从事创业投资合作；二是拓宽创业投资资本来源，大力培育和发展投资者，建立股权债权等联动机制；三是加大政策扶持，完善创业投资税收政策，建立创业投资与政府相对接的机制，研究鼓励长期投资的政策措施；四是完善相关法律法规，构建符合创业投资行业特点的法治环境，落实和完善创业投资管理制度；五是完善并购机制，拓宽创业投资市场化退出渠道；六是优化创业投资市场环境，深化简政放权，放管结合，严格保护知识产权，加强事中事后监督，有效防范系统性、区域性的风险；七是推动双向开创，有效扩大创业投资对外开放，鼓励有实力的创业投资企业积极稳妥的走出去；八是完善行业自律和服务体系，加强行业自律和维护良好市场秩序，健全创业投资服务体系；九是加强统筹协同，完善相关机制，密切发展政策和监管政策的协同配合，建立信息共享机制，推动政策落地。

在党中央、国务院统一部署，以《若干意见》为指导，推动供给侧结构性改革，坚持问题导向，秉持创新思维，聚焦创新创业发展的痛点难点，重点将在以下几个方面持续发力：

第一，坚持服务实体。当前创业投资要以支持实体经济发展，助力创业企业发展为主，引导创业投资企业和创业投资管理企业秉承价值投资理念，鼓励长期投资和价值投资，防范和化解投资股市泡沫化可能引发的市场风险。积极应对新动能成长过程中对传统行业、传统产业可能造成的冲击，妥善处理好各个矛盾，加大对实体经济支持的力度，增强可持续性。在我国经济进入发展新常态和转型的关键时期，创业投资必须坚持扶持实体经济，勇于承担社会责任，以前瞻性、战略性的眼光，进一步加大对早、中期创业企业的深根挖掘，发现价值、提升价值，实现创业投资企业和被投企业的共同成长，推动经济持续健康发展，并且通过扎扎实实推动双创创建中国创业投资的品牌。另外，对不进行实业投资从事上市股票交易，助推投资泡沫及其他扰乱市场秩序的创业投资企业，要建立清查、清退制度，净化创业投资服务实体经济的市场环境。

第二，坚持市场导向。创业投资是高度市场化的投资方式，不能完全由政府来计划而必须要以市场为导向，将有限的创投资本投在最能代表未来发展方向的行业领域，政府要发挥好引导作用，创造良好的市场环境和制度环境，保护投资者的合法权益，调动社会投资积极性，发挥市场规则作用，激发民间创新模式，防止同质化竞争，要坚持创业投资的专业并购，鼓励创业投资企业和创业投资管理企业从自身独特的优势出发，强化专业化投资理念和投资策略，深化内部体制机制创新，加强对投资项目的投后管理和增值服务，不断提高创业投资的行业，专业化运作和管理水平。

第三，坚持信用为本。现在市场经济是信用经济，诚信是立身之本，兴业之源，发展之计。加快推进创业投资行业信用体系建设工作，既是行业发展的迫切需要，也是简政放权放管结合加强事中事后监管的需要，要加快建立健全创业投资企业、创业投资管理企业及其从业人员的信用记录，实现创业投资领域信用记录全覆盖。通过创业投资领域信用信息纳入全国信用信息共享平台，按照有关法律法规和政策规定，严格惩戒，要充分调动政府和市场两个方面的积极性，包括创投企业和创投精英们一道共同推进创业投资行业信用体系建设，推动行业持续健康发展。

第四，完善体制机制。创业投资持续健康发展要走规范化、法治化道路，针对制约创新发展的瓶颈，信用体系建设、财税政策、资金来源、退出渠道、国有创投发展、双向发展等各个方面不断进行改革创新，实施更多的普惠性政策，营造公平竞争的发展环境和体制环境，不断完善促进创业投资持续健康发展的各项法律法规，研究推动创业投资相关的力度，要进一步深化简政放权，放管结合，优化监管环境，切实搞好服务，激发市场的活力，坚持适度监管、差异监管和统一功能监管，制定发展规律的监管政策，加强投资者保护，特别是要进一步完善产权保护制度，研发保护产权和合法权益，加强创业投资品牌建设，各地区、各部门不得自行出台限制创业投资企业和创业投资管理企业市场准入和发展的有关政策，政府部门的主要职能在于创造良好的市场环境和制度环境，而行业的健康持续发展关键在于行业自律，要积极推动成立全国性的行业协会。创业投资发展跨部门的特征明显，完善创投发展政策环境也需要多个部门共同努力。下一步国家发展改革委将按照

《若干意见》明确提出的要求，积极会同有关部门加强促进创业投资发展的政策协调，建立部门之间、部门与地方之间，政府协调联动机制，增强政策的针对性、连续性、协同性，切实推动相关政策落地实施。

创新驱动发展战略是我国的长期发展战略，我国的结构调整和结构转型升级也是一项长期和艰巨的任务，这就决定着促进创业投资持续健康发展也将是长期和重要的战略措施，我们要站在长远发展的眼光看待创业投资，通过创业投资支持“大众创业、万众创新”，实现中华民族的伟大复兴。

学习宣传贯彻落实好“创投国十条”

国家发展改革委副主任　连维良

9月20日《国务院关于促进创业投资持续健康发展的若干意见》（国发［2016］53号，简称《若干意见》或“创投国十条”）下发后，创投业和社会各界反响强烈并给予积极评价，普遍认为这是我国经济新常态下创业投资行业顶层设计的纲领性文件，在我国创投发展史上具有里程碑式意义，必将对正在蓬勃兴起的双创事业，推进供给侧资本结构性改革，促进投资特别是民间投资增长发挥重要作用。

我们要认真学习深刻领会创造性的贯彻落实《若干意见》，在更大范围，更高层次，更深程度上推进创投行业持续健康发展，以创投发展促进创业创新。也要深刻认识到创新驱动发展战略是一项长期战略措施，供给侧结构性改革和经济结构调整也是一项长期艰巨的任务，这决定了创业投资的发展也是一项长期的战略措施。值得欣慰的是，我国创业投资发展具备鲜明的制度优势、人才优势和市场优势。我们有充分理由相信，在各部门、各地区、创投业界等共同努力下，我国创业投资行业必将迎来持续健康发展的黄金时代。

近年来，围绕深入实施创新驱动发展战略、大力推进大众创业万众创新，我国创业投资行业进入快速发展阶段。2005年发展改革委、科技部等10个部门联合发布了《创业投资企业管理暂行办法》，经过10多年的发展，创业投资行业已经到了关键发展时期。过去10年创业投资资本规模以年均近20%的速度增长。截至2016年9月末，在全国创业投资备案管理系统备案的创业投资企业共1997家，备案创业投资企业总资产规模4755亿元；累计投资案例1.83万个，累计投资金额2633亿元。截至2015年末，备案创业投资企业所投资企业当年提供新增就业岗位217万个，带动相关工业与服务业增加值比上年增长52%，被投企业缴纳税金同比增长29%。创业投资企业培育了一大批具有高成长性的企业，很多企业成长壮大成为新兴产业龙头企业，代表了先进产业的发展方向。

但是，目前我国创投行业发展也面临法律法规不健全，监管体制不适应，行业信用体系建设滞后，机构投资人投资渠道狭窄，创投退出渠道不通畅，行业自身发展也存在偏离早期投资、价值投资、实体投资的倾向。这次国务院“创投国十条”针对行业发展的一系列重大问题，全面系统地提出了指导创投行业发展的政策和改革措施。下一步，我们将按照《若干意见》要求，坚持“实体创投、专业创投、信用创投、责任创投”的基本原则，加快落实创业投资企业相关扶持政策，构建促进创业投资发展的制度环境、市场环境和生态环境，加快形成有利于创业投资发展的良好氛围和“创业、创新＋创投”的协同互动发展格局，进一步扩大创业投资规模，促进创业投资做大、做强、做优，培育一批具有国际影响力和竞争力的中国创业投资品牌，推动我国创业投资行业跻身世界先进行列，为支持双创事业、培育经济发展新动能作出新的更大的贡献。

2005年以来，发展改革委作为行业发展主管部门，在促进创业投资发展方面做了大量工作。特别是今年以来，根据党中央、国务院的有关工作部署，牵头有关部委联合起草了《若干意见》。为做好这次文件的起草工作，发改委牵头有关部门成立了文件起草小组，奔赴北京、上海、浙江、深圳等地进行深入调研，广泛听取了行业和被投企业的建议。各部门对国务院文件起草工作也给予了极大支持和配合，可以说《若干意见》凝聚了各有关部门对创业投资行业的关心和支持，凝聚了专家学者、中国创投委和有关地方协会的智慧和贡献。

下一步，我们将进一步抓好学习宣传贯彻落实《若干意见》的各项工作。一是进一步会同有关部门加强对促进创业投资行业发展各项政策实施相关工作的协调，加强协调部门之间、部门与地方之间的配合联动，推进政策落地实施。二是促进创投行业的信息化建设和管理，实现部门间信息共享，便利创投企业备案管理。三是推动创业投资行业信用体系建设，行业的品牌建设首先要坚持信用为本，开展创业投资和股权投资信用体系的试点工作，推进行业信用体系建设工作。四是会同有关部门加强行业自律管理和服务，推动行业协会进一步积极服务会员，促进行业按照坚持服务实体，坚持专业运用，坚持社会责任的基本原则，持续健康发展，积极配合和推动有关部门拓宽资本来源渠道，完善创业税收政策，完善国有创投企业管理制度，推动创投行业双向发展等政策的落实。五是进一步推进完善促进创投行业相关法律法规的完善。

促进创业投资持续健康发展是一项需要长期坚持不懈的工作，在今后的工作中，需要各有关部门和地方管理部门，特别是行业协会、创投界的各位专家学者，广大创投机构和投资家，继续给予我们大力支持和大力指导。让我们共同携起手来，共同构建好创投发展的市场环境和生态环境，更好的发挥好创业投资对促进供给侧结构性改革，推进“大众创业、万众创新”等方面的重要作用，切实服务好实体经济，共同开创“创新、创业＋创投”协同互动发展的新局面。

发挥财税政策引导作用，促进创业投资助力创新发展[①]

财政部副部长　刘　昆

创业投资以资本为纽带，实现技术、人才等创新要素与企业创业有机结合，是促进创新驱动发展的有力支撑。党中央、国务院高度重视创业投资和创业创新协同发展，“十三五”规划明确“发展天使、创业、产业投资”，李克强总理在今年政府工作报告中强调“培育创业服务业，发展天使、创业、产业等投资”，“发挥大众创业、万众创新”的乘数效应。在市场主导、政府引导下，我国创投行业历经20多年发展取得了长足进步，已成为仅次于美国的全球第二大市场，创业投资在改善我国融资结构、推进创新发展等方面发挥了日益重要的作用。财政部始终将支持创新发展摆在财政工作的重要位置，贯彻落实国家创新驱动发展战略，注重发挥创业投资的重要作用，完善财税政策、强化资金引导、加强政策协同，全力支持创业创新、激发经济活力。

一是出台税收优惠政策，激励创业投资机构支持创新。为引导社会资金更多投向初创期、早中期创新型企业，2007年起，对公司制创投企业，凡投资未上市中小高新技术企业超过2年的，可按投资额的70%抵扣应纳税所得额。这一政策的实施，有效激发了面向创业创新的投资活力。2012年起，陆续在苏州工业园区、中关村国家自主创新示范区开展试点，对有限合伙制创投企业的法人合伙人实施所得税抵扣，2015年推广至全国，对于鼓励创投行业投资阶段前移、进一步支持创新创业起到重要作用。

二是出台国资管理措施，调动国有创投企业投资积极性。为了引导国有创投企业更多投资早中期项目，2010年起，对国有创投企业投资未上市中小企业，经审核批准后豁免国有股转持义务。按照国务院关于减政放权的要求，2015年起不再审批转持事项，改由符合条件的企业通过网络公示即获得豁免资格，目前已有36家企业受益。

三是设立创投引导基金，带动社会投资支持创业创新。近年来，中央财政聚焦存在“市场失灵”的重点领域，会同有关部门及社会出资人累计发起设立13支基金，中央财政承诺出资超过2300亿元，直接间接吸引社会资本20倍以上，有效带动了社会投资。其中，国家中小企业发展基金于2015年底设立并展开投资；国家新兴产业创投引导基金已完成注册，募资超过400亿元，整合纳入其中的中央财政已参股基金近200支。先进制造产业投资基金已设立投运。在国家级基金的带动下，一些地方结合当地情况也设立创投引导类基金。

四是加强政策协同，为创业投资和创业创新营造良好环境。为进一步发挥城市对创新创业的孵化培育平台功能，2015起，财政部会同有关部门启动“小微企业创业创新基地城市示范”，中央财政已累计安排160亿元，支持30个示范城市加强小微企业公共服务、对

① 此文根据财政部刘昆副部长在“第四届中国创业投资行业峰会”上的讲话稿整理而成，引自财政部官方网站。

接创业担保贷款贴息等政策措施，撬动企业、高校和科研院所、金融机构等社会资金 1800 多亿元，大大激发了地方推进大众创业万众创新的活力。

国务院《关于促进创业投资持续健康发展的若干意见》，对发展创业投资及助推创新发展作出系统部署，指明了创投行业持续健康发展的方向，财政部将狠抓落实。按照张高丽副总理讲话精神，财政部将从财税政策、更好发挥政府投资基金作用两方面，加强政策引导和扶持。

一方面，完善财税政策，创造利于创业投资发展的制度环境。主要按照税收中性、税收公平原则和税制改革的方向和要求，会同有关部门统筹研究针对种子期、初创期等创新活动的税收政策。初步考虑将现行创投企业享受所得税抵扣政策由中小高新技术企业扩展到种子期、初创期科技型企业，适当放宽享受税收优惠的条件门槛，解决初创企业难以认定为高新技术企业问题，加大对创新型科技企业税收政策支持力度。同时，考虑对天使投资个人也给予适当所得税优惠，鼓励天使投资个人更多投向种子期、初创期科技型企业。

另一方面，规范管理创投引导基金，更好发挥政府引导作用。当前，包括创投引导基金在内的各类政府投资基金已呈规模化发展态势。为规范政府投资基金管理，2015 年，财政部印发《政府投资基金暂行管理办法》、《关于财政性资金注资政府投资基金支持产业发展的指导意见》。结合贯彻落实国发 53 号文件，财政部将会同有关部门加强基金设立和管理工作。充分发挥已设立的国家中小企业发展基金、国家新兴产业创业投资引导基金等国家级基金的示范作用，通过财政资金的适当劣后分配吸引社会资金，引导创业创新。

此外，还将继续抓好现有 30 个小微企业创业创新基地示范城市工作，研究制定城市创业创新环境评价标准体系，落实和完善国有创业投资管理制度等，进一步营造有利于创业创新的制度环境。

发展多层次资本市场，促进创业投资持续健康发展①

证监会副主席　李　超

推进“大众创业、万众创新”是落实党中央、国务院创新驱动发展战略的重要举措，也是适应经济新常态、培育发展新动能的必然选择。国内外实践经验表明，创新创业活动的顺利开展，始终与资本的催化促进作用相伴。特别是随着信息技术革命的深入推进，技术与资本的紧密结合，使得创新创业活动的步伐比以往更快、涉及领域更广。

近年来，创业投资机构在创新创业中的地位日益突出，以多层次资本市场为代表的直接融资体系的作用也发挥得更加明显。首先，通过资本市场的“择优劣汰”机制，引导资金源源不断注入具有真正竞争优势的创新企业。员工持股、股权激励等制度创新，对于人力资本价值转化，吸引和稳定优秀人才，激励企业家管理才能和创新精神发挥着重要作用。其次，创业投资基金等风险投资主体的发展，推进直接融资关口前移，有效适应了技术创新活动高风险、高投入的特点，解决了创业企业“起步一公里”的资金来源问题。同时，活跃、有效的资本市场，能够为早期的风险资本提供畅通的退出渠道，实现风险资本的增值与新一轮的投资循环。第三，与传统通过一级市场认购股份不同，风险投资基金不仅为创业企业注入资金，还基于自身专长，积极参与公司治理、引导发展战略等，投资与“孵化”共举，输血与造血并重，促进了资本与技术、人才、创意的有效融合，为创业企业健康成长提供有效支持。

中国证监会认真贯彻党中央、国务院决策部署，围绕创新驱动发展战略的需要，大力推进多层次资本市场体系建设，不断拓展资本市场的服务覆盖面，积极完善投融资体制机制，推进“大众创业、万众创新”。

一是不断发展壮大交易所市场，为科技含量高、创新能力强的新兴产业拓宽融资渠道。以主板为例，2015年以来，共有155家公司完成IPO，募资1806亿元，其中属于创新创业等新兴产业企业约50家，募资约390亿元。目前，创业板540家公司中，高新技术企业占九成以上，战略性新兴产业企业占七成以上，公司平均研发强度5.35%，远高于市场平均水平。

二是改革全国股转系统，更好服务中小微创新创业型企业发展。新三板设立以来，坚持以包容性理念设计准入机制，对申请企业在所有制、地域和盈利等方面不做限制性要求，支持鼓励创新型、创业型和成长型中小微企业在新三板挂牌，通过发行普通股、优先股、债券等实现直接融资。目前，9000多家挂牌企业中，中小微企业占比93%；高新技术企业占比67%，先进制造业、现代服务业合计占比73%。根据统计，有私募股权基金投资参股的挂牌公司占比约60%。

① 此文根据中国证监会李超副主席在“第四届中国创业投资行业峰会”上的讲话稿整理而成，引自证监会官方网站。

三是鼓励面向创新创业项目的并购重组，推动行业整合、转型升级。积极支持符合条件的创新创业项目通过并购重组做大做强，鼓励传统企业针对新技术、新产品进行外延式并购。今年以来，上市公司并购重组交易共有1500多单，其中近1000单涉及创新创业型上市公司，占比63%，金额总计6497亿元，占比51%。

四是积极支持符合条件的创新创业企业进行债券融资。启动双创债、绿色债、可续期债和熊猫债等创新品种试点，满足创新创业企业的融资需求。今年以来，双创债发行3单，金额6000万元；绿色债发行11单，金额177亿元。交易所债券市场支持创新创业型企业融资机制进一步完善。

创业投资是推动创新创业的重要资本力量，是促进创新成果转化的助推器。近年来，证监会在促进多层次资本市场服务“大众创新、万众创业”的同时，也一直高度重视并大力培育私募基金市场，进一步吸引更多社会资本流向创新创业活动。自2013年6月《证券投资基金法》实施、中编办明确证监会的监管职责以来，证监会积极探索私募基金监管方式。加快构建私募基金法律规则体系，发布《私募投资基金监督管理暂行办法》，明确合格投资者标准和基本运作规范；坚持“适度监管、底线监管、行业自律、促进发展”的监管理念，实行私募基金备案制，不设行政审批；出台相关自律规则，建立分类公示、黑名单制度等诚信约束机制，构建行政监管与行业自律相结合的监管框架；积极配合发改委、财政部、工商总局等部门，推动解决私募基金发展涉及的税收优惠、国有股豁免转持、工商注册等相关政策问题。

截至2016年9月底，基金业协会已登记私募基金管理机构1.77万家，已备案私募基金4.12万只，认缴规模8.57万亿元，实缴规模6.66万亿元。其中，创业投资基金管理机构1200多家，创业投资基金1900多只，实缴规模3500亿元。与2015年年末相比，创业投资基金数量增幅36%、实缴规模增幅45%。股权投资基金特别是创业投资基金的发展，对于支持实体经济、促进创新创业起到了积极作用。2015年以来，股权投资基金、创业投资基金共有超过1万亿元投向实体经济。在已列明主要投资方向的基金中，主要投资互联网及软件产业的1315只、规模456亿元；医药保健类基金185只、规模835亿元；新材料工业基金141只、规模834亿元；科技服务和科学研究类基金162只、规模227亿元；消费产品与服务业基金258只、规模463亿元。

我国创业投资行业无论在规模和深度上均取得了长足进步，涌现出一批具有很高专业水准、市场广泛认可的创投机构，这些成绩离不开创投行业的辛勤付出。今后，希望创业投资机构继续秉承价值投资和长期投资的理念，以诚信为兴业之本、发展之基，立足服务实体经济的根本宗旨，创新内部体制机制，发挥自身资源优势和专业特长，努力提升专业化运作和管理水平，进一步加大对“大众创业、万众创新”的支持力度。

实现创新驱动发展战略是一场系统性的变革，也是我们国家转变发展方式、培育新的增长源泉的重要突破口，意义重大、任务艰巨。证监会将按照党中央、国务院的战略决策部署，紧扣创新驱动发展和“大众创业、万众创新”这一时代主题，强化依法、从严、全面监管，推动产品创新、业务创新和服务创新，进一步丰富和完善市场功能体系。一是不断完善资本市场基础性制度，便利资本形成、积聚与流转，切实提升市场服务的包容性，提高服务创新创业的效率。二是加快多层次资本市场建设，进一步壮大交易所市场，加快完善新三板市场，拓宽服务创新企业的覆盖面，畅通创业投资退出渠道。三是加快资本市场制度创新，进一步完善上市公司股权激励、投资者回报等机制，加大债券市场品种创新，优化支持创新创业的软环境。

上个月，国务院发布了《关于促进创业投资持续健康发展的若干意见》（简称《若干意见》），这是创业投资行业发展史上首个国家层面的重要文件，适应了我国创业型经济发展形势的需要，为创业投资行业的发展指明了新的方向、提供了新的机遇。中国证监会作为创业投资基金行业的监管部门，将认真贯彻落实《若干意见》的相关部署和要求，简政放权、放管结合、优化服务。区别对待不同类型私募基金，持续改进和完善创业投资基金的差异化监管制度安排，进一步完善行业自律和诚信约束机制，打造适合创业投资发展规律和特点的监管环境，推动规范有序而又充满活力的创业投资市场环境，为发展新经济、培育新动能贡献应有力量。

培育天使式个人创投，与机构创投协同发展——解读“创投国十条”之天使投资政策

刘健钧[①]

2016年9月20日发布的《国务院关于促进创业投资持续健康发展的若干意见》(以下简称“创投国十条”)，从培育多元创业投资主体的宏大视野，厘清了天使投资人的应有主体地位，明确了培育天使投资人群的主要政策取向。这对于促进天使式个人创业投资和机构化创业投资协同发展，更好支持创业创新，具有重要的现实意义和深远的历史意义。为促进各界准确理解“创投国十条”之天使投资政策取向，现从以下三个层面进行简要解读。

一、正本清源，准确界定天使投资内涵与外延

综观世界各国的研究文献，都是按组织化程度的不同，将创业投资分为“非组织化创业投资”“组织化创业投资”两大类型。前者是指分散的个人和非专业机构直接运作的创业投资；后者是指有组织地以专门机构或基金方式运作的创业投资。“天使投资”作为非组织化创业投资的一种，特指个人为体验天使般助人创业情怀，以自有资金自主运作的创业投资。

从历史起源看，“天使投资”称谓最早起源于20世纪初期的纽约百老汇。当时一些新秀在编排新剧目时，往往面临首演失败风险，无人对其投资。值此困难之际，一些成功艺术家出于爱心伸出援助之手，他们仿佛上帝派来的天使。于是，“天使投资”称谓应运而生。当“天使投资”称谓运用到创业投资领域后，虽然不排除商业回报方面的考虑，但其之所以堪称“天使投资”，就在于其或多或少是为“体验天使情怀”。由于“天使”只能是个人，且情怀体验没法委托代理(正如恋爱没法委托代理)，故唯由天使投资人亲自运作的创业投资活动，才是本原或狭义层面的天使投资。全球天使投资研究的开拓者——美国新罕布什尔大学创业投资研究中心就坚持将天使投资界定为：具有闲置资本的个人对具有发展潜力的企业的权益投资。

从学术概念的严谨性看，之所以要将被投资企业职员及其亲属从事的投资剔除在天使投资之外，是因为前者是基于共同创业的目的，后者可能基于亲情，与为了体验天使情怀的个人创业投资具有完全不同的动机。所以，美国天使投资协会创始人及荣誉主席 John May 坚持认为，天使投资是个人对陌生人企业的投资行为。

从政策立法角度看，美国小企业管理局之所以特别强调“在对天使投资进行界定时，应将被投资企业职员及其亲属等个人投资剔除在外”，是因为如果不做这种剔除，不仅会有

---

① 本文作者刘健钧博士系“创投国十条”起草小组主要成员、中国证监会私募基金监管部副主任。

失概念严谨，还必然导致政策被滥用。因为，被天使投资人投资的小微企业通常已享受作为小微企业的财税优惠，如果对职员所做的投资还给予天使投资方面的政策优惠，就构成了双重财税优惠。如允许亲属所做的投资可作为“天使投资”享受财税优惠，则可能导致职员以亲属名义享受政策。

借鉴国际惯例，“创投国十条”将天使投资界定为“除被投资企业职员及其家庭成员和直系亲属以外的个人以其自有资金直接开展的创业投资活动”，不仅为天使投资概念作了正本清源，而且有利于鼓励真正意义上的天使投资，避免政策被滥用。按照这个定义，“天使投资”的内涵应当从两个层面来理解：一是天使投资属于个人创业投资范畴；二是并非所有个人创业投资均是天使投资，而是应当将“被投资企业职员及其家庭成员和直系亲属以外的个人”排除以后，多多少少基于天使般助人创业情怀的陌生人所从事的创业投资才是真正意义上的天使投资。

二、回归本原，厘清与机构化创业投资的协同关系

从制度经济学分析框架看，天使投资之所以成其为“天使投资”，必须具备两个不可或缺的要素：一是体验天使情怀；二是个人自主运作。一方面，对某个个人创业投资者而言，只有当其在某笔投资中保持有天使情怀，该笔投资才堪称“天使投资”。另一方面，只有当其坚持“个人自主运作”（至少是自主决策），才不至于妨碍其“体验天使情怀”。尽管如前所述，天使投资不回避商业回报，甚至主动追求商业回报，但个人自主运作时，商业回报和情怀体验可以兼顾。是考虑商业回报多一点，还是体验情怀多一点？这完全是天使投资人的个人私事，谁也没有权力干预，天使投资人也不会着意权衡和计较。正因为在个人自主运作情况下，天使投资人可以随性而为地投资决策，所以才可能对各个时期特别是早期企业进行投资。

相反，如果是有组织地以机构、基金方式来运作投资，由于增加了委托代理环节，投资者就无法体验到只有直接投资决策才能体验到的天使情怀，其作为被动投资者的唯一所获便只是财务回报。在这种情况下，投资者就必然要求负责投资运作的管理团队百分之百地为着投资者的财务回报而努力，而不能有丝毫的天使情怀方面的考虑。否则，一旦允许受托管理团队去体验天使情怀，就有可能出现打着助人创业的天使幌子，将投资者的资金用做利益输送式投资和关联交易，侵害投资者权益。为有效防范委托代理情况下的道德风险，投资者往往会对管理团队实施一系列制度约束；管理团队则必须按照“百分之百为投资者谋求最大经济回报”原则，履行好诚实信用义务。在这种情况下，如果要对早期企业进行投资，则只能靠管理团队独到的专业眼光和风险控制安排。

正因为机构化创业投资的本质特点是“追求财务回报、委托他人运作”，就必然要求受托投资运作的管理团队具备应有的职业操守、专业水平和风险防控能力。事实上，也只有具备优秀职业操守、专业水平和风险防控能力的管理团队才能募到投资者的资金。所以，创业投资机构或基金的管理人员才能称为“创业投资家”（Venture Capitalist）。由于天使

投资的本质特点是“体验天使情怀、个人自主运作”，具体投资决策具有“随性而为”的风格，不一定非要如职业创业投资家那样严谨理性，加之天使投资人往往有自己的主业，天使投资只是偶尔为之的副业，因此，国外只有“天使投资人”（Angel Investor）称谓，却没有“天使投资家”（Angel Capitalist）称谓。

正因为天使式个人创业投资与机构化创业投资具有完全不同的特点，两者才得以能够相得益彰地支持企业的创业创新活动。从国外统计资料看，天使投资支持种子期、起步期等早期企业的金额占比高达41%，机构化创业投资支持早期企业的金额占比也通常达到31%。

从发展趋势看，过去天使投资人通常只能像独行侠那样帮助企业。后来随着信息经济时代的来临，天使投资人开始自发组建起联盟、俱乐部等平台组织。特别是近年来，天使投资人还通过众筹平台进行投资活动。但是，国外典型的天使投资联盟和众筹等平台均不是投资主体，而只是起个平台作用，最多再提供些辅助性服务，具体投资仍以天使投资人的名义进行，由天使投资人自主决策，并对被投资企业行使权利。

尽管天使投资联盟和众筹平台本身也不排除可以成立基金，但一旦还成立基金，该基金本质上便是创业投资基金，而非天使资本。尽管平台也可既发挥平台作用，又兼任创业投资基金管理人的角色，但只有当第二职能服务和服从于第一职能时，才有助于促进天使投资发展。否则，反而会抑制真正意义上的天使投资的发展。在天使投资发达的国家，政府之所以更倾向于扶持非营利性天使投资联盟（美国政府就曾于2000年将“天使资本网”改造为非营利组织），目的就是避免平台因为营利冲动而蜕变为主营基金管理的商业机构。

为避免天使投资联盟等平台导致所谓“天使投资机构化”，美国天使投资的研究先驱Wetzel教授就曾明确指出：“‘天使投资’市场不适合机构化!”因为，一旦机构化甚至基金化，就必然要受制度的约束。国外顶级创业投资研究家在综述性著作《全球风险投资研究》一书中也一致强调：“‘天使投资’平台只宜保持非正式构架，即天使投资人的集合，而非资金的集合。……‘天使投资’平台要牢记，应当保持天使投资人的个性化运作，即由天使投资个人进行投资决策。否则，一旦形成资金池，不再由投资人自主决策，就演变成了创业投资基金，这反而会妨碍‘天使投资’个人持续平稳地为处于种子阶段的企业提供资金。”因为，大量实证案例表明：当天使投资人联盟这种平台组织募集运作基金时，由于一方面不可能再如天使投资人投自己的钱那样保持随性而为的决策风格，另一方面又不具备资深职业创业投资家那样的专业眼光和风险防控能力，所以反而不如品牌创业投资基金那样投资早期项目。

正是为了更好发挥天使式创业投资和机构化创业投资的不同优势，促进两者协同发展，“创投国十条”才在准确区分天使式创业投资、机构化创业投资的基础上，分别从机构和个人两个层面，明确了不同的政策取向：一是加快培育形成各具特色、充满活力的创业投资机构体系，并将行业骨干企业、创业孵化器、产业（技术）创新中心、创业服务中心等机构设立的投资主体归为机构化创业投资；二是积极鼓励各类个人从事创业投资活动，并强调天使投资人作为天使式个人创业投资主体的突出地位。

三、适应天使投资特点，着力培育天使投资人群

前些年，由于国内对天使投资本质内涵和运作特点缺乏准确认识，简单化地从投资阶段来界定“天使投资”，并热衷于通过“机构化基金化”方式发展天使投资，结果带来了一系列负面影响：

一是没能培育出真正意义上的天使投资。在国外，有关统计机构在介绍天使投资发展情况时，总是报告说已经有数十万、上百万天使投资人，而在拥有13亿人口的中国，至今连天使投资人的人数统计仍然是空白！前些年，一些地方政府以机构化、基金化方式培育了不少所谓“天使投资机构”或“天使投资基金”，但这些完全可通过完善创业投资政策来更好地实现。事实上，各地所设立的“天使投资引导基金”，不仅参股支持的对象本质是创业投资基金，管理团队也主要是创业投资管理机构。

二是在大干快上发展所谓“天使投资基金”的过程中并未实现增加早期投资的目标。从一些“天使投资基金”的运作看，由于缺乏品牌创业投资基金管理机构的专业眼光和风险防控能力，而主要是凭借概念炒作忽悠地方政府，其投资早期企业的比例反而低于由品牌创业投资基金管理机构管理的创业投资基金！

三是以“投资早期企业”这种非本质特点来界定所谓“天使投资”，导致创业投资市场被割裂为天使投资和创业投资，既人为压缩了天使投资人的投资空间，影响其也可按照自身偏好自主投资中后期企业，又限制了创业投资基金同样作为早期投资重要主体的作用发挥，特别是不利于发挥种子基金这种专门投资种子期企业的创业投资基金的早期投资积极性。

四是由于导致概念体系混乱，干扰了国家政策法律体系建设的顺利推进。本来，经过近年来的正本清源，有关部门正在逐步认识到政策扶持重在引导各类创业投资主体（包括天使式个人创业投资和机构化基金化创业投资）投资早期企业。但是，由于一些人坚持从本质属于“创业投资基金”的范畴中，再分出所谓“天使投资基金”，使得相关政策长期陷入如何区分“创业投资基金”和所谓“天使投资基金”的困境。由于创业投资基金（即基金化创业投资）和天使投资（即天使式创业投资）只宜按投资目的、运作方式，而无法按投资阶段区分，有关争论只是徒然耗费时间，延误了完善政策法律体系的时机。

吸取前一段时期的教训，为避免市场和政策体系的进一步混乱，“创投国十条”在对“天使投资”正本清源的基础上，结合天使投资的特点，从着力培育天使投资人群角度，提出了一系列创新性政策措施和制度安排：

一是“鼓励成立公益性天使投资人联盟等各类平台组织，培育和壮大天使投资人群体，促进天使投资人与创业企业及创业投资企业的信息交流和合作，营造良好的天使投资氛围，推动天使投资事业发展”。“创投国十条”之所以鼓励成立公益性天使投资人联盟等各类平台组织，是考虑到真正的天使投资多多少少带有公益性质，与其将之作为产业来发展，还

不如作为事业来培育。在具体做法中，与其花数十亿财政资金支持少数几家所谓“天使投资机构”或“天使基金”，还不如在财力范围内多支持几个天使投资人联盟等平台组织，通过这类平台组织培育更多的天使投资人群体。为引导平台组织专注于促进天使投资人与创业企业及创业投资企业的信息交流与合作，营造天使投资氛围，相关财税政策宜考虑鼓励平台组织以公益机构形式运作。在具体支持时，要特别引导平台组织尊重天使投资人的随性自主决策，而非越俎代庖以类似基金管理机构的名义，直接行使投资决策权或劝诱天使投资人决策。如商业性平台组织涉及设立创业投资企业（或基金），则纳入创业投资企业（基金）范畴享受优惠政策。对通过财政资金直接支持天使投资人，宜适应天使投资人的特点，更多采取跟进投资的方式（对天使投资人的支持也不适合“参股”方式）。对通过财政资金参股支持设立基金的，因基金本质上就是创业投资基金，故按2008年国务院办公厅发布的《关于创业投资引导基金规范设立与运作的指导意见》运作即可。

二是“规范发展互联网股权融资平台，为各类个人直接投资创业企业提供信息和技术服务”。这一政策取向主要是考虑：在信息经济和互联网金融发展的新形势下，包括天使投资人在内的各类个人，如果能够通过众筹、互联网非公开股权融资平台等进行信息和技术交流，将有助于提高各类个人创业投资的效率和专业水平。

三是研究开展天使投资人个人所得税政策试点工作。长期以来，为避免加剧贫富分化，国家对个人直接实行税收优惠一直非常谨慎。但是，为培育天使投资人群，“创投国十条”最终对研究开展天使投资人个人所得税政策试点提出了要求，基本原则是“按照税收中性、税收公平原则和税制改革方向与要求，统筹研究鼓励创业投资企业和天使投资人投资种子期、初创期等科技型企业的税收支持政策”。关于可享受个人所得税政策的“天使投资人”范围，由于对各类个人创业投资者和天使式个人创业投资者进行准确区分并非易事，操作中宜按照“创投国十条”对天使投资的定义，对“除被投资企业职员及其家庭成员和直系亲属以外的个人”，只要是以自有资金直接开展创业投资活动即可纳入。考虑到有些天使投资人虽然成立天使投资工作室，将投资协议签订、投后管理服务等辅助性工作交由工作室运作，但投资决策仍由本人做出并直接对被投企业行使权益，因此仍可作为天使投资人享受税收优惠。

附　　录

附录1　创业投资协会名录

序号	协会名称	通讯地址	网址	联系电话
1	北京创业投资协会	北京市海淀区海淀大街 3 号鼎好大厦 A 座 20 层 2002	www. vcab. org	010-62572150
2	中关村股权投资协会	北京市海淀区北三环西路 48 号北京科技会展中心 3 号 19A	www. zvca. org	010-53692796
3	中华股权投资协会	北京市东长安街 1 号东方广场 E1 座 21 层 2109 室	www. cvca. com	010-85183584
4	中关村创业投资和股权投资基金协会	海淀区中关村南大街 3 号海淀科技大厦 11 层北翼	www. zvcpe. org	——
5	天津市创业投资协会	天津市华苑产业区梅苑路 5 号天津科技金融大厦 13 层	www. tjvc. org	022-58792790
6	中国股权投资基金协会	北京市西城区金融大街甲 9 号金融街中心南楼 902	www. chinacape. org	010-66017894
7	辽宁省股权和创业投资协会	辽宁省沈阳市和平区市府大路 187 号 3 楼	www. lnvcpea. org	024-31318672
8	大连市股权投资业协会	大连市西岗区长江路 239 号西岗 PE 万达大厦 23 层	www. dlaope. com	0411-82354070
9	吉林省创业投资协会	吉林省长春市高新开发区蔚山路 2559 号 吉林投资大厦七层	www. jl-vc. com	0431-81959791
10	吉林省投资基金业协会	长春市净月开发区生态大街与福祉大路交汇恒丰国际 23 层	www. jlpea. org	0431-80889314
11	哈尔滨股权投资协会	哈尔滨市松北区世茂大道 66 号火炬金融服务港 12 号楼五层	www. hpea. org. cn	0451-82287807
12	哈尔滨市创业投资协会	哈尔滨市通里区友谊路 86 号	——	0451-84686551
13	上海市创业投资行业协会	上海市南丹东路 60 号 502-504 室	www. shvca. org	021-64389130
14	江苏省创业投资协会	南京市山西路 128 号和泰国际大厦 19 楼	www. js-vc. org	025-83303470

续表

序号	协会名称	通讯地址	网址	联系电话
15	苏州市创业投资协会	苏州市自主创新广场 1 号楼	——	0512-69330075
16	南京市创业投资协会	南京市玄武区中山路 268 号汇杰广场 7 楼	www. nj-vc. org	025-83190626
17	浙江省创业风险投资行业协会	杭州市西湖区文一路 115 号杭州电子科技大学实验楼 3 楼（东）	www. zvca. org. cn	0571-88062481
18	宁波市股权投资与创业投资行业协会	宁波市江东区江东北路 375 号和丰创意广场丰庭楼 1402 室	www. npevca. org	0574-87104896
19	安徽创业风险投资协会	——	——	——
20	福建省股权与创业投资协会	福州东大路 8 号花开富贵 18-CDE	www. fjvca. com. cn	0591-63129680
21	山东省创业投资协会	济南市解放路 166 号 2 楼	——	0531-6566787
22	河南省创业投资同业公会	郑州市黄河路 121 号科苑大厦	——	0371-5930166
23	湖北省创业投资同业公会	武汉市洪山区珞喻路 630 号华乐商务中心 12 楼	www. hbvca. com	027-87158969
24	湖南省股权投资协会	长沙市五一大道 389 号华美欧大厦 1909 室 2 楼	www. hnpea. org	0731-88862681
25	广东省创业投资协会	广东省广州市广州大道中 289 号南方传媒大厦 B 座 23 层	www. gdpea. com	020-28020386
26	广东省风险投资促进会	广州市先烈中路 100 号科学院大院 60 栋 14 楼	www. gdvca. com	020-87681798
27	深圳市创业投资同业公会	深圳市福田中心区深南大道 4009 号投资大厦 11 层	www. szvca. com	0755-82912816
28	广州股权投资行业协会	广州市天河区体育西路 189 号城建大厦 17H	www. geia020. com	02038737696

续表

序号	协会名称	通讯地址	网址	联系电话
29	珠海市风险投资促进会	珠海市拱北桂花北路桂花中心大厦 10E 座	www. zhicc. com	0756-8158601
30	柳州市创业投资协会	柳州市屏山大道 316 号 809	www. bossceo. cn	0772-3311336
31	海南省投资协会	海南省海口市海秀大道 48 号鸿泰大厦 14 层	www. hnia. org. cn	0898-65362335
32	重庆股权投资基金协会	重庆市北部新区星光大道 11 号	cqpea. cn	023-67572006
33	重庆市科技创业投资协会	重庆市渝北区新溉大道 2 号生产力大厦 2 楼	www. cqvc. org	023-67510268
34	四川省股权与创业投资协会	四川省成都市滨江东路 9 号香格里拉写字楼 30F	——	028-65018997
35	成都市创业投资和股权投资协会	成都市高新区锦城大道 539 号盈创动力大厦 403 室	www. cdvcpe. org	028-85978058
36	陕西省创业投资协会	西安市高新区创业广场 B901C 室	www. westfvc. com	029-87999016
37	西安市创业投资协会	西安市北关正街 6 号阳光报社 9 楼	5yctj. com	029-86226310
38	香港创业及私募投资协会	香港中环云咸街 19-27 威信大厦 2001 室	web. hkvca. com. hk	00852-21677518
39	台湾创业投资商业同业公会	台北市 105 松山区民生东路四段 133 号 10 楼 C 室	www. tvca. org. tw	886-2-25450075

附录 2　备案创业投资机构名录

附录 2.1　北京市备案创业投资机构名录

序号	管理机构	通讯地址	联系电话	所管理创业投资企业	备案时间	设立时间
1	万里锦程创业投资有限公司	北京市海淀区大柳树富海中心 3 号楼 5 层	62126858	万里锦程创业投资有限公司	2010/08/10	2008/04/03
2	博纳德投资有限公司	北京市朝阳区安贞西里三区 10 号楼 5 层	010-51961995	博纳德投资有限公司	2011/06/10	1999/06/04
3	北京智诚盛景创业投资有限责任公司	北京市海淀区中关村大街 32 号蓝天和盏大厦 2002 室	13911761231	北京智诚盛景创业投资有限责任公司	2012/06/28	2009/12/29
4	北京晶世时代创业投资有限公司	北京市朝阳区东三环北路甲 2 号京信大夏 1235	010-65010066	北京晶世时代创业投资有限公司	2013/05/14	2007/05/15
5	北京秉原创业投资有限责任公司	北京市朝阳区东三环北路 2 号南银大厦 2215 单元	18903815213	北京秉原创业投资有限责任公司	2013/06/30	2008/07/31
6	基金自我管理	未知	未知	北京麒麟华夏创业投资中心（有限合伙）	2013/06/30	2010/11/04
7	清控创业投资有限公司	北京市海淀区中关村东路 1 号院 8 号楼 A702 号	010-82150934	清控创业投资有限公司	2013/06/30	2011/06/14
8	北京天素创业投资有限公司	北京市西城区德外大街 11 号 3 幢 2 楼	010-66188700	北京天素创业投资有限公司	2013/06/30	2008/11/11
9	富汇创业投资管理有限公司	北京市海淀区中关村大街 19 号新中关大厦 B508 单元	13601102203	富汇创业投资管理有限公司	2013/07/01	2008/05/05
10	华软投资（北京）有限公司	北京市东城区东直门南大街 1 号来福士办公楼 904 室	13521296117	华软投资（北京）有限公司	2013/07/01	2008/03/13

续表

序号	管理机构	通讯地址	联系电话	所管理创业投资企业	备案时间	设立时间
11	明石投资管理有限公司	北京市海淀区海淀北二街 10 号泰鹏大厦 0908-0916	010-60190799	北京明石信远创业投资中心（有限合伙）	2014/06/04	2009/09/03
12	北京远望创业投资有限公司	北京市朝阳区慧忠路 5 号远大中心 B座 15 层	13911230057	北京远望创业投资有限公司	2014/06/12	2001/09/27
13	融银资本投资管理有限公司	北京市海淀区善缘街 1 号立方庭 2 段 328 房间	82871118	融银资本投资管理有限公司	2014/06/12	2009/06/05
14	北京科技风险投资股份有限公司	北京市海淀区中关村南大街 3 号海淀科技大厦 10 层	010-68943780	北京科技风险投资股份有限公司	2014/06/13	1998/10/28
15	华夏信诺创业投资管理（北京）有限公司	北京市朝阳区北辰东路 8 号辰运大厦 2 层	010-84986558-134	信谊同和创业投资企业	2014/06/14	2010/07/13
16	北京联想之星创业投资有限公司	北京市海淀区科学院南路 2 号 A 座十层 1010、1011、1012	13426025032	北京联想之星创业投资有限公司	2014/06/18	2009/12/01
17	北京国泰创业投资有限公司	北京市西城区金融大街甲 9 号金融街中心 905	010-88854918	北京国泰创业投资有限公司	2014/06/18	2003/03/19
18	北京中关动力创业投资有限公司	科学院南路 31 号 510 室	13621019341	北京中关动力创业投资有限公司	2014/06/18	2011/01/12
19	基金自我管理	未知	未知	北京银汉兴业创业投资中心（有限合伙）	2014/06/18	2011/03/10
20	北京环新创业投资管理有限公司	北京市海淀区海淀北二街 8 号 8 层 908	82483922	北京环新创业投资管理有限公司	2014/06/18	2010/11/17
21	北京红土嘉辉创业投资有限公司	北京市海淀区中关村南大街 5 号 1 区 689 楼海淀科技大厦 905 室	18910965216	北京红土嘉辉创业投资有限公司	2014/06/18	2009/03/26
22	中国科招高技术有限公司	北京市海淀区车公庄西路 29 号 7 层	13910408538	中国科招高技术有限公司	2015/08/05	1989/06/27

续表

序号	管理机构	通讯地址	联系电话	所管理创业投资企业	备案时间	设立时间
23	高能天汇创业投资有限公司	北京市朝阳区霞光里15号霄云大厦2103室	13811128961	高能天汇创业投资有限公司	2015/08/24	2007/01/29
24	高新投资发展有限公司	北京市西城区广安门外南滨河路1高新大厦19层	010-63283802	高新投资发展有限公司	2016/05/17	2000/02/17
25	中国风险投资有限公司	北京市朝阳区朝外大街吉祥里208号	85698065	中国风险投资有限公司	2016/05/17	2000/04/03
26	同冀华成创业投资（北京）有限公司	北京市海淀区清华科技园C座26层AC7	82151969	同冀华成创业投资（北京）有限公司	2016/05/17	2010/10/27
27	通用技术创业投资有限公司	北京市海淀区中关村南大街乙12号院1号楼2层北区A-018	68991092	通用技术创业投资有限公司	2016/05/17	2012/03/19
28	启迪创业投资管理（北京）有限公司	北京市海淀区清华科技园创业大厦1226室	010-62776611	启迪中海创业投资有限公司	2016/05/17	2006/09/12
29	启迪创业投资管理（北京）有限公司	北京市海淀区清华科技园创业大厦1226室	010-62776611	北京启迪明德创业投资有限公司	2016/05/17	2009/03/19
30	启迪创业投资管理（北京）有限公司	北京市海淀区清华科技园创业大厦1226室	010-62776611	北京启迪汇德创业投资有限公司	2016/05/17	2010/08/23
31	基金自我管理	未知	未知	北京中技富坤创业投资中心（有限合伙）	2016/05/17	2010/09/17
32	宏源汇富创业投资有限公司	北京市西城区太平桥大街19号	13611230234	宏源汇富创业投资有限公司	2016/05/17	2010/03/19
33	北京中投建华投资管理有限公司	北京市海淀区海淀北二街8号6层710-73室	010-85698030	北京建华创业投资有限公司	2016/05/17	2012/08/17
34	北京中关村创业投资发展有限公司	海淀区彩和坊路11号华一控股大厦503室	82483051	北京中关村创业投资发展有限公司	2016/05/17	1998/10/07

续表

序号	管理机构	通讯地址	联系电话	所管理创业投资企业	备案时间	设立时间
35	北京银河吉星创业投资有限责任公司	北京市西城区金融大街35号国际企业大厦C座1246	010-83574611、83574615	北京银河吉星创业投资有限责任公司	2016/05/17	2010/08/27
36	北京银河鼎发创业投资有限公司	北京市西城区金融大街35号国际企业大厦C座16层1616号	010-83574130	北京银河鼎发创业投资有限公司	2016/05/17	2009/02/11
37	北京新安财富创业投资有限责任公司	北京市东城区东长安街1号东方广场E1 312	85183562	北京新安财富创业投资有限责任公司	2016/05/17	2000/08/02
38	北京嘉华汇金投资管理有限公司	北京市朝阳区吉祥里208号243室	85698024	北京嘉华创业投资有限公司	2016/05/17	2010/12/22
39	北京基石基金管理有限公司	北京市海淀区彩和坊路10号1+1大厦1305室	60190398	北京基石创业投资基金	2016/05/17	2011/09/08
40	通用技术创业投资有限公司	北京市海淀区中关村南大街乙12号院1号楼2层北区A-018	68991092	北京鼎兴创业投资有限公司	2016/06/22	2014/02/26
41	北京晨光创业投资有限公司	北京市昌平区超前路9号	89710922	北京晨光创业投资有限公司	2016/08/05	2000/12/25
42	北京信中利投资有限公司	北京市朝阳区金桐西路10号远洋光华中心写字1楼A座10层1006室	13720074998	北京信中达创业投资有限公司	2016/08/05	2009/06/05
43	北京信中利投资有限公司	北京市朝阳区金桐西路10号远洋光华中心写字1楼A座10层1006室	13720074998	北京信中利投资有限公司	2016/08/05	1999/05/17
44	北京义云清洁技术创业投资有限公司	北京市海淀区清华科技园科技大厦A座706室	82151851	北京义云清洁技术创业投资有限公司	2016/08/05	2009/12/09
45	开信创业投资管理（北京）有限公司	北京市东城区东直门南大街1号北京来福士中心办公楼22层05C单元	010-58023899	开信创业投资有限公司	2016/08/05	2008/08/01
46	联通创新创业投资有限公司	北京市西城区西单北大街乙131号	18601011666	联通创新创业投资有限公司	2016/08/05	2014/04/29

续表

序号	管理机构	通讯地址	联系电话	所管理创业投资企业	备案时间	设立时间
47	北京智诚享能源科技投资管理有限公司	北京市昌平区科技园区白浮泉路17号5幢308室	62985677-8002	北京德源盛通创业投资合伙企业（有限合伙）	2016/08/05	2014/07/10
48	央广创业投资有限公司	北京市海淀区什坊院6号	15810855315	央广创业投资有限公司	2016/08/05	2011/12/06
49	北京中关村瞪羚投资基金管理有限公司	北京市海淀区中关村南大街34号3号楼10层1102号	62110208	北京中关村瞪羚创业投资中心（有限合伙）	2016/08/05	2011/12/29
50	北京中海创业投资有限公司	海淀区北四环西路66号中国技术交易大厦20层2005	62682320	北京中海创业投资有限公司	2016/08/05	2003/04/09
51	同渡势成（北京）投资管理有限责任公司	北京市海淀区科学院南路2号融科资讯中心C座南楼5层520室	18610628670	北京同渡信成创业投资合伙企业（有限合伙）	2016/08/05	2014/09/10
52	崇德弘信（北京）投资管理有限公司	北京市经济技术开发区地盛东路1号院爱普益大厦2座5层	13501187286	北京崇德弘信创业投资中心（有限合伙）	2016/08/05	2013/10/08
53	创业乾坤（北京）投资有限公司	北京市海淀区中关村E世界A座16C	82183503	创业乾坤（北京）投资有限公司	2016/08/05	2006/08/22
54	东方邦信创业投资有限公司	北京建国门内大街28号民生金融中心D座19层	01066507399	东方邦信创业投资有限公司	2016/08/05	2011/03/17
55	中英低碳创业投资有限公司	北京市海淀区西直门北大街42号节能大夏11层	18612978120	中英低碳创业投资有限公司	2016/08/05	2010/03/10
56	光大三山创业投资管理有限公司	北京市西城区平安里西大街28号1600室	88009263	光大新产业创业投资有限公司	2016/08/05	2007/12/17
57	国投高科技投资有限公司	北京市西城区南滨河路1号高新大厦2202	010-63285652	国投高科技投资有限公司	2016/08/05	1996/09/12

续表

序号	管理机构	通讯地址	联系电话	所管理创业投资企业	备案时间	设立时间
58	海富产业投资基金管理有限公司	上海市南京西路 1266 号恒隆广场 1 号楼 4601 室	021-32201703	中国-比利时直接股权投资基金	2016/08/05	2004/11/18
59	航天科工创业投资有限责任公司	北京市石景山区实兴东街 3 号 1 号楼	0168371249	航天科工创业投资有限责任公司	2016/08/05	2011/06/14
60	航天科工高新投资管理（北京）有限公司	北京市海淀区中关村南大街 5 号 2 区 683 号楼 1703 室	18910159613	北京航天科工军民融合科技成果转化创业投资基金（有限合伙）	2016/08/05	2012/09/11
61	中关村三川（北京）股权投资管理有限公司	北京市东城区东直门外大街 39 号院 2 号楼 4 层	13811725856	北京中关村国盛创业投资中心（有限合伙）	2016/08/05	2012/05/29
62	汇升联华创业投资管理（北京）有限公司	北京市东城区朝阳门北大街 5 号五矿广场 B 座 506A	01052188787	汇升永泰创业投资（北京）有限公司	2016/08/05	2008/04/24
63	基金自我管理	未知	未知	北京富汇天使高技术创投投资有限公司	2016/08/05	2010/08/24
64	基金自我管理	未知	未知	北京启明创科创业投资中心（有限合伙）	2016/08/05	2010/04/26
65	基金自我管理	未知	未知	北京乾元盛创业投资有限责任公司	2016/08/05	2007/05/23
66	基金自我管理	未知	未知	北京信中瑞创业投资有限公司	2016/08/05	2012/02/17
67	基金自我管理	未知	未知	北京银汉创业投资有限公司	2016/08/05	2010/08/24
68	基金自我管理	未知	未知	北京至善缘创业投资有限公司	2016/08/05	2010/09/27
69	基金自我管理	未知	未知	达晨银雷高新（北京）创业投资有限公司	2016/08/05	2009/06/15
70	北京首创创业投资有限公司	北京海淀区知春路 76 号北京翠宫饭店有限公司写字楼 15 层 1510 单元	68964658	北京首创创业投资有限公司	2016/08/05	1998/07/24

续表

序号	管理机构	通讯地址	联系电话	所管理创业投资企业	备案时间	设立时间
71	北京盛信润诚投资管理有限公司	北京市海淀以中关村东路18号1号楼C-805	85712275	北京盛信润诚创业投资有限公司	2016/08/05	2012/02/08
72	北京奇伦天佑创业投资有限公司	北京市东城区东中街40号2号楼301号	13716321716	北京奇伦天佑创业投资有限公司	2016/08/05	2008/08/07
73	北京南车创业投资有限公司	北京市丰台区芳城园一区15号楼613	18701579057	北京南车创业投资有限公司	2016/08/05	2011/09/23
74	北京科桥投资顾问有限公司	北京市西城区金融大街十九号富凯大厦B座15层	66575509	北京科桥创业投资中心（有限合伙）	2016/08/05	2008/06/03
75	北京君卿创业投资有限公司	北京市海淀区中关村大街19号新中关大厦B北601	13691288831	北京君卿创业投资有限公司	2016/08/05	2007/10/07
76	北京京西创业投资基金管理有限公司	北京市石景山区石景山路20号中铁建设大厦14层	52393961	北京服务新首钢股权创业投资企业	2016/08/05	2011/07/06
77	建银金辰创业投资有限公司	北京市西城区丰盛胡同20号楼丰铭国际大厦B座8层801	13693650266	建银金辰创业投资有限公司	2016/08/05	2011/01/07
78	基金自我管理	未知	未知	大唐高新创业投资有限公司	2016/08/05	2010/06/01
79	北京华创盛景投资管理有限公司	海淀区中关村东路1号院8号楼	010-62602595	北京华创盛景创业投资中心（有限合伙）	2016/08/05	2010/06/09
80	北京海风联投资中心（有限合伙）	北京市海淀区海淀北二街8号6层710-268室	62682082	北京海风联投资中心（有限合伙）	2016/08/05	2009/11/23
81	北京国泰创业投资基金管理有限公司北京市工商	北京市海淀区宝盛南路奥北科技园11号楼	01088854918	北京国泰嘉泽创业投资中心（有限合伙）	2016/08/05	2012/08/17
82	北京高新技术创业投资有限公司	北京市海淀区中关村南大街32号中关村科技发展大厦A座12层	62140588	北京高新技术创业投资有限公司	2016/08/05	1998/10/27

续表

序号	管理机构	通讯地址	联系电话	所管理创业投资企业	备案时间	设立时间
83	北京高新成长创业投资管理有限公司	北京市海淀区中关村大街 19 号新中关大厦 A 座 12 层	15101179099	北京高新成长创业投资管理有限公司	2016/08/05	2011/06/15
84	北京晨光宏盛中小企业创业投资有限公司	北京市昌平区白浮泉路拓然家苑 5 号楼底商 12-1C 号	89710922	北京晨光宏盛中小企业创业投资有限公司	2016/08/05	2009/03/11
85	北京天地融创创业投资有限公司	北京市经济技术开发区地盛北街 1 号 B 区 18 号楼	13901396478	北京天地融创创业投资有限公司	2016/08/05	2006/02/21
86	钧天创业投资有限公司	朝阳区北四环中路 8 号 R 座 1001	13811805156	钧天创业投资有限公司	2016/08/05	2009/04/28

附录 2.2　天津市备案创业投资机构名录

序号	管理机构	通讯地址	联系电话	所管理创业投资企业	备案时间	设立时间
1	天津虹桥科技投资集团有限公司	天津市红桥区勤俭道 192 号	022-86516966	天津虹桥科技投资集团有限公司	2011/05/18	2002/12/26
2	天津海达创业投资管理有限公司	天津经济技术开发区第四大街 5 号生物研发大厦 A 座 6 层	022-62002048	天津海达创业投资管理有限公司	2011/06/20	2007/11/29
3	天津市津房科技投资发展有限公司	天津市和平区保定道 35 号新华大厦 702 室	23034556	天津市津房科技投资发展有限公司	2012/05/31	2001/01/10
4	天津海泰创新投资管理有限公司	天津市华苑产业区华天道 8 号 F 座南楼 521	02223707220	天津海泰红土创新投资有限公司	2013/05/23	2008/05/28
5	天津滨海财富股权投资基金有限公司	天津市和平区西康路赛顿中心 C 座 705	23374055	天津滨海财富股权投资基金有限公司	2014/06/16	2007/08/21
6	天津燕山科技创业投资有限公司	北京市朝阳区霄云路甲 26 号海航大厦 21 层	010-57583012	天津燕山科技创业投资有限公司	2015/03/16	2011/04/20

续表

序号	管理机构	通讯地址	联系电话	所管理创业投资企业	备案时间	设立时间
7	天津趋势创业投资合伙企业（有限合伙）	天津市华苑产业区工华道1号IT园211-3室	010-82151482	天津趋势创业投资合伙企业（有限合伙）	2015/04/22	2011/12/02
8	天津科创天使投资有限公司	天津市南开区科研西路12号A区208室（科技园）	022-87894631	天津科创天使投资有限公司	2015/10/23	2006/06/07
9	天津科源创业投资管理有限公司	河西区友谊路23号232房间	15522922922	天津科源创业投资管理有限公司	2015/11/04	2010/09/13
10	天津创业投资管理有限公司	天津市南开区南开二马路中粮广场22层	022-86259216	天津天创华鑫现代服务产业创业投资合伙企业（有限合伙）	2015/11/05	2012/12/04
11	中投财富资本管理（天津）有限公司	北京市朝阳区建国门外大街21号北京国际俱乐部办公楼906室	15810965868	中投财富辛卯（天津）创业投资合伙企业（有限合伙）	2015/11/05	2011/07/18
12	基金自我管理	未知	未知	天津海泰优点创业投资企业	2015/11/11	2010/06/30
13	天津海泰科技投资管理有限公司	华苑产业园区海泰西路18号BPO软件与服务外包基地中北楼—403	022-83713390	天津海泰科技投资管理有限公司	2016/08/25	1997/05/08
14	天津泰达科技投资股份有限公司	天津经济技术开发区洞庭一街四号科技发展中心3号楼四层	66299990	天津泰达科技投资股份有限公司	2016/08/25	2000/08/28
15	天津科技投资集团有限公司	天津市河西区友谊路23号801	022-28455935	天津科技投资集团有限公司	2016/08/26	1997/10/16
16	天津创业投资有限公司	天津市河西区友谊路鑫银大厦2001室	022-58785815	天津创业投资有限公司	2016/08/26	2001/03/30
17	天津创业投资有限公司	天津市河西区友谊路鑫银大厦2001室	022-58785815	天津滨海天使创业投资有限公司	2016/08/26	2006/09/11
18	天津创业投资管理有限公司	天津市南开区南开二马路中粮广场22层	022-86259216	天津天富创业投资有限公司	2016/08/26	2007/12/04

续表

序号	管理机构	通讯地址	联系电话	所管理创业投资企业	备案时间	设立时间
19	天津创业投资管理有限公司	天津市南开区南开二马路中粮广场22层	022-86259216	天津天保成长创业投资有限公司	2016/08/26	2007/03/06
20	津富（天津）创业投资有限公司	天津市河西区友谊路鑫银大厦2001室	58785816	津富（天津）创业投资有限公司	2016/08/26	2004/10/14
21	基金自我管理	未知	未知	天津海泰滨海创业投资有限公司	2016/08/26	2008/04/11
22	天津锟桥创业投资有限公司	天津市南开区科研西路8号411室	022-87893441	天津锟桥创业投资有限公司	2016/08/26	2003/08/07
23	天津水星创业投资有限责任公司	天津市滨海新区响螺湾商务区滨河路2333号	59852163	天津水星创业投资有限责任公司	2016/08/30	2010/05/10
24	天津沅渡创业投资合伙企业（有限合伙）	江苏省宜兴市经济开发区文庄路创新研发大厦3楼	0510-87822121	天津沅渡创业投资合伙企业（有限合伙）	2016/08/31	2010/08/11
25	天津开明创业投资发展有限公司	河西区友谊北路广银大厦五层	58792370	天津开明创业投资发展有限公司	2016/08/31	2004/02/25
26	天津浔渡创业投资合伙企业（有限合伙）	江苏省宜兴市经济开发区文庄路创新研发大厦	0510-87822121	天津浔渡创业投资合伙企业（有限合伙）	2016/09/05	2011/04/08
27	天津科源创业投资管理有限公司	河西区友谊路23号232房间	15522922922	天津市津能创业投资有限公司	2016/09/06	2012/09/26
28	基金自我管理	未知	未知	光大金控（天津）创业投资有限公司	2016/09/07	2010/02/09
29	天津滨海新区创业风险投资引导基金有限公司	天津经济技术开发区第二大街42号10层	022-65831700	天津滨海新区创业风险投资引导基金有限公司	2016/09/14	2008/02/04

附录 2.3　河北省备案创业投资机构名录

序号	管理机构	通讯地址	联系电话	所管理创业投资企业	备案时间	设立时间
1	基金自我管理	未知	未知	河北产业基金创业投资有限公司	2015/06/02	2008/12/06
2	河北中茂创业投资有限公司	裕华区石栾路 55 号中茂商务楼 218 室	15373828506	河北中茂创业投资有限公司	2015/06/30	2008/06/17
3	河北泽丰隆创业投资有限公司	河北省石家庄市高新区湘江道 319 号孵化器 B 座 01 单元 0801 号房	13930169448	河北泽丰隆创业投资有限公司	2015/07/27	2014/07/29
4	河北天成宝丰股权投资基金管理有限公司	石家庄市广安大街美东国际 A 座 9 层	18831138569	河北信产新材创业投资有限公司	2016/07/30	2012/05/04
5	河北兴石创业投资有限公司	天津滨海新区响螺湾商务区滨河路 2333 号华茂中心 43 层	022-59852167	河北兴石创业投资有限公司	2016/07/30	2009/12/21
6	保定市科锐特创业投资有限公司	保定市北二环大学科技园 8 号 504	0312-8919877	保定市科锐特创业投资有限公司	2016/07/30	2006/02/27
7	河北金冀达创业投资有限公司	天津滨海新区响螺湾商务区滨河路 2333 号华贸中心 43 层	022-59852167	河北金冀达创业投资有限公司	2016/07/30	2009/08/31
8	河北汇兴创业投资有限公司	石家庄市裕华区槐安东路 145 号	13831178552	河北汇兴创业投资有限公司	2016/08/30	2011/12/02
9	大众瑞安创业投资有限公司	石家庄市桥西区中山西路 48 号华银大厦 1209	18931898757	大众瑞安创业投资有限公司	2016/08/30	2012/06/01
10	荣盛创业投资有限公司	北京市朝阳区光华东里 8 号院中海广场中楼 2801 室	010-59772503 18201099236	荣盛创业投资有限公司	2016/08/30	2007/09/18
11	秦皇岛市科技投资公司	秦皇岛市海港区西港北路 85 号创意坊 1 区	0335-3639741	秦皇岛市科技投资公司	2016/08/30	2000/02/14

续表

序号	管理机构	通讯地址	联系电话	所管理创业投资企业	备案时间	设立时间
12	秦皇岛昌兴创业投资有限公司	秦皇岛市海港区秦皇东大街 184 号	0335-3606279	秦皇岛昌兴创业投资有限公司	2016/08/30	2010/12/15
13	河北科技投资集团有限公司	石家庄开发区（东区）昆仑大街 55 号	031185961611	河北科技投资集团有限公司	2016/09/02	2001/02/15
14	河北科润杰创业投资有限公司	石家庄市昆仑大街 55 号	0311-85960982	河北科润杰创业投资有限公司	2016/09/02	2013/07/25
15	河北汇富亿通创业投资管理有限公司	石家庄市泰华街 29 号天林大厦 1107 室	0311-67662799	河北汇富亿通创业投资有限公司	2016/09/09	2010/11/18
16	天津创业投资管理有限公司	天津市南开区南开二马路中粮广场 22 层	022-86259216	河北天鑫创业投资有限公司	2016/09/23	2011/07/04
17	河北国创投资管理有限公司	新石北路 368 号 1 号楼 409 室	0311-67663758	河北国创创业投资有限公司	2016/09/23	2012/06/18
18	天津创业投资管理有限公司	天津市南开区南开二马路中粮广场 22 层	022-86259216	河北天冀创业投资有限公司	2016/09/23	2010/08/19
19	河北信息产业投资集团有限公司	河北省石家庄市联盟路 699 号	0311-86988199	河北信息产业投资集团有限公司	2016/09/26	1997/03/17
20	河北金润创业投资有限公司	体育南大街 262 号	0311-85692571	河北金润创业投资有限公司	2016/09/26	2007/07/16
21	河北晨烁创业投资有限公司	河北省石家庄市槐安路 152 号金源商务 A 座 505 室	13603211168	河北晨烁创业投资有限公司	2016/09/26	2012/11/29
22	石家庄科技创业投资有限公司	石家庄高新区黄河大道 136 号	66685169	石家庄科技创业投资有限公司	2016/09/26	2002/09/19

附录 2.4　山西省备案创业投资机构名录

序号	管理机构	通讯地址	联系电话	所管理创业投资企业	备案时间	设立时间
1	山西天富创业投资基金管理有限公司	太原市小店区平阳路 186 号飞云现代城 1 单元 722 号	0351-7672195	山西天富创业投资基金管理有限公司	2012/05/15	2011/09/30

续表

序号	管理机构	通讯地址	联系电话	所管理创业投资企业	备案时间	设立时间
2	山西百业兴创业投资有限公司	太原市小店区体育西路亲凤苑 15 号楼二单元 1604 室	15034407744	山西百业兴创业投资有限公司	2012/06/29	2010/08/27
3	山西慧诚创业投资有限公司	山西省太原市南内环街 100 号恒地大厦 1601 室	13546115588	山西慧诚创业投资有限公司	2013/07/01	2010/10/15
4	山西金丰承树投资管理有限公司	山西省太原市肖墙路 9 号御花园假日广场 B 座 1018 室	0351-3343159	山西金智节能环保创业投资有限公司	2014/07/07	2012/05/31
5	山西金泰创业投资有限公司	太原市新建南路 118 号怡和优盘四层	0351-8230002	山西金泰创业投资有限公司	2015/03/11	2004/04/12
6	山西 TCL 汇融创业投资有限公司	太原市长治路 227 号高新国际大厦 24 层	13683376156	山西 TCL 汇融创业投资有限公司	2015/10/30	2010/09/26
7	山西金丰汇智创业投资有限公司	太原市肖墙路 9 号御花园假日广场 B 座 1511 室	0351-3343158	山西金丰汇智创业投资有限公司	2015/11/03	2009/04/10
8	山西财晟创业投资有限公司	山西省太原市新建路 95 号乡海大厦 1506 室	0351-8225798	山西财晟创业投资有限公司	2015/11/19	2010/06/02
9	山西省科技基金发展总公司	太原市长治路 226 号高新动力港 9 层	0351-4157809	山西省科技基金发展总公司	2016/08/22	1993/06/04
10	山西太钢创业投资有限公司	山西省太原市桃园北路 72 号铭鼎国际 17 层	13485341921	山西太钢创业投资有限公司	2016/08/23	2010/02/05
11	山西国电创业投资有限公司	太原市高新技术开发区振兴街 11 号五峰国际 1008 室	03513111155	山西国电创业投资有限公司	2016/08/23	2011/04/14
12	山西金通创业投资有限公司	太原市迎泽区解放南路菜园广场写字楼 12 层	13834044433	山西金通创业投资有限公司	2016/08/23	2012/12/07
13	山西红土创新创业投资有限公司	太原市高新技术开发区长治路 227 号 2704 室	0351-7032998	山西红土创新创业投资有限公司	2016/08/23	2011/10/11

续表

序号	管理机构	通讯地址	联系电话	所管理创业投资企业	备案时间	设立时间
14	山西省中小企业创业投资有限公司	山西省太原市迎泽区新建路 39 号乡海写字楼 8 层	0351-8225779	山西省中小企业创业投资有限公司	2016/08/24	2013/10/25
15	山西晨皓创业投资有限公司	太原市长风东街 15 号一号楼 A 座 1106 室	15234174946	山西晨皓创业投资有限公司	2016/08/24	2011/03/15
16	山西中盈洛克利创业投资有限公司	太原市新建路 39 号乡海写字楼	0351-8225532	山西中盈洛克利创业投资有限公司	2016/08/24	2011/03/14
17	山西金中华创新投资管理顾问有限公司	山西太原高新区中心北街 3 号晨雨大厦 702 室	13934588966	山西金中华创新投资管理顾问有限公司	2016/08/24	2004/10/20
18	山西易鑫创业投资有限公司	太原市杏花岭区府西街 69 号国贸大厦东塔 909	0351-8689151	山西易鑫创业投资有限公司	2016/08/25	2009/02/26
19	山西惠百川创业投资有限公司	太原经济技术开发区龙城街 2 号	0351-7560305	山西惠百川创业投资有限公司	2016/08/31	2009/12/20

附录 2.5　内蒙古自治区备案创业投资机构名录

序号	管理机构	通讯地址	联系电话	所管理创业投资企业	备案时间	设立时间
1	乌海新益创业投资有限公司	乌海世纪新元酒店	15334733161	乌海新益创业投资有限公司	2010/09/10	2009/02/24
2	乌海市融汇通创业投资有限公司	乌海市海勃湾区狮城东街 17 号银监局	0473-2045157	乌海市融汇通创业投资有限公司	2010/09/10	2008/01/17
3	乌海市创恒创业有限责任公司	海勃湾区	15304734444	乌海市创恒创业有限责任公司	2010/09/13	2007/04/25
4	阿拉善盟元通创业投资有限责任公司	阿左旗额鲁特西路三中岔路口	0483-8352255	阿拉善盟元通创业投资有限责任公司	2011/06/14	2007/09/06
5	呼和浩特市银乾创业投资有限公司	呼和浩特市新城区名都枫景 15-103	13327121262	呼和浩特市银乾创业投资有限公司	2013/05/27	2010/04/20
6	中商融信创业投资有限公司	呼和浩特市如意开发区众生大厦 6109 室	15661062372	中商融信创业投资有限公司	2013/06/09	2011/04/25

续表

序号	管理机构	通讯地址	联系电话	所管理创业投资企业	备案时间	设立时间
7	内蒙古生产力促进中心有限公司	呼和浩特市新城西街141号科技大厦B座三楼	0471-6280864	内蒙古生产力促进中心有限公司	2014/06/26	2004/12/08
8	阿盟信合创业投资有限责任公司	阿盟阿左旗巴彦浩特土尔扈特北路	13354832999	阿盟信合创业投资有限责任公司	2015/11/18	2006/08/29
9	乌海市龙泰创业投资有限	海勃湾区人民公园东陶然尚品A15号	18604737008	乌海市龙泰创业投资有限	2015/11/18	2007/08/10
10	内蒙古中盈资产管理股份有限公司	呼和浩特市新城区北垣街诚华小区	18686075550	内蒙古中盈资产管理股份有限公司	2015/11/20	2007/11/19
11	赤峰市金昊创业投资有限责任公司	内蒙古赤峰市红山区长青街中段信息大楼6楼	13847688837	赤峰市金昊创业投资有限责任公司	2016/02/01	2009/12/17
12	乌海市广聚创业投资有限责任公司	海勃湾区狮城大街漠海翠庭A3号	13847361358	乌海市广聚创业投资有限责任公司	2016/07/05	2006/02/23
13	内蒙古红土高新创业投资有限公司	包头稀土高新区创业园区	0472-5300055	内蒙古红土高新创业投资有限公司	2016/07/14	2009/11/06
14	五原县京原创业投资有限责任公司	五原县隆镇前进北路2号	13754081058	五原县京原创业投资有限责任公司	2016/08/26	2010/07/22
15	乌海市聚兴创业投资有限责任公司	海勃湾区	13904731177	乌海市聚兴创业投资有限责任公司	2016/09/02	2006/09/01
16	乌兰察布市聚元创业投资有限公司	乌兰察布市集宁新区体育场	13947438166	乌兰察布市聚元创业投资有限公司	2016/09/02	2010/12/28
17	内蒙古华银创业投资股份有限公司	呼市回民区海西路工农兵路昌盛小区2号办公楼	3814811 13848108686	内蒙古华银创业投资股份有限公司	2016/09/02	2006/11/09
18	通辽市创业投资有限责任公司	内蒙古通辽市新城区行政中心西配楼一楼	0475-8836563 15114755566	通辽市创业投资有限责任公司	2016/09/07	2010/04/20
19	阿拉善盟亨泰创业投资有限责任公司	内蒙古阿拉善左旗巴彦浩特镇额鲁特东路008号	0483-8356703 13948003016	阿拉善盟亨泰创业投资有限责任公司	2016/09/07	2007/11/20
20	鄂尔多斯市中小企业创业投资有限公司	内蒙古鄂尔多斯市东胜区伊化北路16号1号楼1至6层-101	13514871712	鄂尔多斯市中小企业创业投资有限公司	2016/09/20	2010/05/25

续表

序号	管理机构	通讯地址	联系电话	所管理创业投资企业	备案时间	设立时间
21	内蒙古源昌创业投资有限公司	巴彦淖尔经济开发区	18647823858	内蒙古源昌创业投资有限公司	2016/09/20	2010/04/14
22	鄂尔多斯市昌盛创业投资有限公司	东胜区乌审东街工业园区 128 号	13722081337	鄂尔多斯市昌盛创业投资有限公司	2016/09/26	2009/12/16
23	阿拉善盟润凯创业投资有限责任公司	阿拉善盟军分区向西 100 米	15904830651	阿拉善盟润凯创业投资有限责任公司	2016/09/28	2007/10/12
24	内蒙古立达创业投资集团有限公司	东胜区松山路 2 号街坊 15 号楼	18947375005	内蒙古立达创业投资集团有限公司	2016/09/28	2007/10/29
25	内蒙古金桥创业投资基金管理中心（有限合伙）	内蒙古呼和浩特市乌兰察布路首座 5 楼	13704784283	内蒙古金桥创业投资基金管理中心（有限合伙）	2016/09/29	2010/09/01
26	通辽市宇东创业投资有限公司	通辽经济技术开发区	13948134077 0475-8612218	通辽市宇东创业投资有限公司	2016/09/29	2008/12/20
27	内蒙古汇银中小企业投资股份有限公司	包头市稀土高新区创业中心软件园 C 座	0472-5202662，15164847287	内蒙古汇银中小企业投资股份有限公司	2016/09/29	2007/01/26

附录 2.6　辽宁省备案创业投资机构名录

序号	管理机构	通讯地址	联系电话	所管理创业投资企业	备案时间	设立时间
1	丹东辰林创业投资有限公司	丹东市锦江街 96 号 2101-1 室	13358776687	丹东辰林创业投资有限公司	2012/07/04	2011/07/20
2	辽宁科发实业公司	辽宁省沈阳市皇姑区昆山中路 2 号	024-62265580	辽宁科发实业公司	2013/06/28	1993/03/20
3	辽宁红土创业投资有限公司	鞍山市高新区千山路 368 号	15842011045	辽宁红土创业投资有限公司	2015/10/08	2011/12/29
4	辽宁科技创业投资有限责任公司	辽宁省沈阳市和平区和平南大街 39 号嘉环大厦	024-23244922	辽宁科技创业投资有限责任公司	2016/08/29	2000/02/28
5	北京联盟中投投资管理有限公司	北京市朝阳区吉祥里 208 号 243 室	01085698024	辽宁联盟中资创业投资企业（有限合伙）	2016/06/30	2012/09/02

续表

序号	管理机构	通讯地址	联系电话	所管理创业投资企业	备案时间	设立时间
6	沈阳信息产业创业投资管理有限公司	沈阳经济技术开发区昆明湖街50号	13940062531	沈阳信息产业创业投资有限公司	2016/08/09	2013/08/12
7	沈阳生物医药创业投资管理有限公司	沈阳市东陵区泗水街57号A座502室	18698803939	沈阳生物医药创业投资有限公司	2016/08/09	2013/08/13
8	沈阳科技风险投资有限公司	沈阳市沈河区市府大路262号甲新华科技大厦16楼	024-22790244	沈阳科技风险投资有限公司	2016/08/11	1998/11/04
9	基金自我管理	未知	未知	大连高端装备制造业创业投资基金（有限合伙）	2014/05/30	2012/06/20
10	辽宁东软创业投资有限公司	辽宁省大连市软件路8-5号B2座	0411-84835193	辽宁东软创业投资有限公司	2015/08/25	2000/04/23
11	大连海融高新创业投资管理有限公司	大连高新园区礼贤街33号10层1008室	041184793065	大连海融高新创业投资基金有限公司	2016/09/27	2007/12/29
12	大连科技风险投资基金有限公司	大连市中山区长江路38号金地中心B座35楼	0411-82781352	大连科技风险投资基金有限公司	2016/09/27	2000/02/02
13	联合创业集团有限公司	辽宁省大连市中山区中山路136号	88009333	联合创业集团有限公司	2016/09/28	2005/07/07
14	大连港航产业基金管理有限公司	大连市沙河口区会展路129号大连期货大厦41楼	15998675736	大连港航清洁能源创业投资基金（有限合伙）	2016/09/30	2012/10/31

附录2.7 吉林省备案创业投资机构名录

序号	管理机构	通讯地址	联系电话	所管理创业投资企业	备案时间	设立时间
1	吉林鼎元创业投资有限公司	吉林省长春市朝阳区西安大路8号	0431-88598871	吉林鼎元创业投资有限公司	2011/06/09	2006/08/09

续表

序号	管理机构	通讯地址	联系电话	所管理创业投资企业	备案时间	设立时间
2	吉林汇禾创业投资有限公司	长春市经济技术开发区世纪大街2055号	84646668	吉林汇禾创业投资有限公司	2013/06/27	2006/08/01
3	基金自我管理	未知	未知	吉林省诺金创业投资有限公司	2014/05/30	2010/09/20
4	吉林省创业投资引导基金有限责任公司	长春市蔚山路2559号吉林投资大厦A座7层	043181959791	吉林省创业投资引导基金有限责任公司	2014/06/16	2007/12/29
5	四平世鑫创业投资有限公司	四平市铁西区南迎宾街广电大厦1007房间	13630995600	四平世鑫创业投资有限公司	2016/08/25	2013/06/24
6	基金自我管理	未知	未知	吉林省国家生物产业创业投资有限责任公司	2016/08/29	2010/09/03
7	基金自我管理	未知	未知	吉林省国家汽车电子产业创业投资有限责任公司	2016/08/29	2010/09/03
8	深圳市创新投资集团有限公司	深圳市福田区深南大道4009号投资大厦11层B区	0755-82912888	吉林省红土创业投资有限公司	2016/08/30	2010/07/12
9	中投长春创业投资基金管理有限公司	长春市净月高新技术产业开发区福祉大路1572号政务服务中心505室	0431-89160529	中投长春国家光电信息创业投资基金（有限合伙）	2014/06/11	2013/08/30
10	长春科技风险投资有限公司	长春市高新区超群街191号	0431-85186628	长春科技风险投资有限公司	2016/06/15	2000/04/10
11	长春市科技发展中心	宽城区人民大街8号	88578575	长春市科技发展中心	2016/08/17	1997/06/06

附录 2.8 黑龙江省备案创业投资机构名录

序号	管理机构	通讯地址	联系电话	所管理创业投资企业	备案时间	设立时间
1	黑龙江辰能哈工大高科技风险投资有限公司	哈尔滨市南岗区玉山路 22 号	0451-82876466	黑龙江辰能哈工大高科技风险投资有限公司	2015/06/09	2001/08/28
2	黑龙江省大正赛富创业投资企业（有限合伙）	哈尔滨市高开区科技创新城创新创业广场 20 号楼（秀月街 178 号）B402 室	13674510921	黑龙江省大正赛富创业投资企业（有限合伙）	2015/06/10	2010/01/18
3	大庆市国金创业投资有限公司	大庆市萨尔图区东风新村文华街 2 号	13704661100	大庆市国金创业投资有限公司	2015/07/21	2011/11/18
4	黑龙江省科力高科技产业投资有限公司	哈尔滨市松北区创新三路 600 号科技大厦 12 层	51920806	黑龙江省科力高科技产业投资有限公司	2016/09/20	2003/06/25
5	深圳市创新投资集团有限公司	深圳市福田区深南大道 4009 号投资大厦 11 层 B 区	0755-82912888	黑龙江红土科力创业投资有限公司	2016/09/21	2011/07/11
6	哈尔滨哈投创业投资有限公司	哈尔滨市松北区创新二路 277 号 28 层	51845022-3204	哈尔滨哈投创业投资有限公司	2015/06/29	2012/08/21
7	哈尔滨创业投资集团有限公司	哈尔滨市道里区上海街 7 号海上银座 B 座 22 层	0451-82668766	哈尔滨创业投资集团有限公司	2016/05/18	2009/02/26
8	哈尔滨创新投资有限公司	哈尔滨市友谊路 86 号	0451-84686551	哈尔滨创新投资有限公司	2016/07/29	2002/06/28

附录 2.9 上海市备案创业投资机构名录

序号	管理机构	通讯地址	联系电话	所管理创业投资企业	备案时间	设立时间
1	上海张江火炬创业园投资开发有限公司	上海张江高科技园区春晓路 350 号北 3 楼	50800118-815	上海张江火炬创业园投资开发有限公司	2012/07/05	2008/11/03

续表

序号	管理机构	通讯地址	联系电话	所管理创业投资企业	备案时间	设立时间
2	上海银禾投资管理有限公司	上海徐汇田州路159号15楼	13611723626	上海博丰创业投资有限公司	2012/07/06	2007/04/27
3	上海弘帆创业投资有限公司	上海长宁遵义路107号安泰大厦1905	02162375090	上海弘帆创业投资有限公司	2012/07/09	2010/04/21
4	上海闵行科技创业投资有限公司	上海市漕宝路400号705室	02151168681	上海闵行科技创业投资有限公司	2012/07/10	2005/06/14
5	橡子园创业投资管理（上海）有限公司	郭守敬路498号9号楼2层	50806686	上海橡子园创业投资有限公司	2012/07/11	2002/12/04
6	上海中孵创业投资管理有限公司	上海市华山路2018号汇银广场北楼2503	021-54070999	中孵创业投资有限公司	2013/04/01	2010/06/24
7	上海中卫创业投资管理有限公司	上海市华山路2018号25楼	54070999	上海中卫创业投资中心（有限合伙）	2013/04/01	2011/10/10
8	上海兴烨创业投资有限公司	上海市民生路1199弄1号楼20楼	021-38565757	上海兴烨创业投资有限公司	2013/06/25	2008/06/04
9	戈壁创赢（上海）创业投资管理有限公司	上海市浦东新区科苑路399号7号楼	021-52929729	戈壁盈智（上海）创业投资合伙企业（有限合伙）	2013/06/28	2011/12/14
10	基金自我管理	未知	未知	上海新鑫投资有限公司	2013/06/28	2001/11/21
11	上海领创创业投资管理有限公司	上海新华路329弄47号乙	021-64011718	上海领汇创业投资有限公司	2013/06/28	2007/10/12
12	上海领庆创业投资管理有限公司	上海新华路329弄47号乙	021-64011718	上海领锐创业投资有限公司	2013/06/28	2010/04/19
13	上海亘元创业投资有限公司	上海市工业综合开发区环城东路383号1305室	13801886312	上海亘元创业投资有限公司	2014/05/19	2009/03/03
14	上海信息技术创业投资有限公司	上海市澳门路100号D座312室	021-32100568	上海信息技术创业投资有限公司	2014/05/22	2001/09/18
15	基金自我管理	未知	未知	上海联创创业投资有限公司	2014/05/26	1999/09/23
16	上海慧盛创业投资有限公司	上海淮海西路55号6A	021-52989370	上海慧盛创业投资有限公司	2014/05/26	2001/12/28
17	上海鼎嘉创业投资管理有限公司	张江春晓路350号南三楼	021-50800508	上海欧奈而创业投资有限公司	2014/05/27	2010/03/17

续表

序号	管理机构	通讯地址	联系电话	所管理创业投资企业	备案时间	设立时间
18	上海鼎嘉创业投资管理有限公司	张江春晓路350号南三楼	021-50800508	上海张江创业投资有限公司	2014/05/30	2000/07/12
19	上海鼎嘉创业投资管理有限公司	张江春晓路350号南三楼	021-50800508	上海欧奈尔创业投资中心（有限合伙）	2014/06/03	2011/06/28
20	上海诚鼎创业投资有限公司	上海浦东南路500号	58772830*131	上海诚鼎创业投资有限公司	2014/06/16	2009/12/10
21	上海商投创业投资有限公司	上海市杨浦区国泰路11号1905室	65650915	上海商投创业投资有限公司	2014/06/18	2001/06/05
22	上海汽车创业投资有限公司	中国上海静安区万航渡路889号悦达889中心2105室	021-22011219	上海汽车创业投资有限公司	2014/06/23	2001/06/19
23	上海复星化工医药创业投资有限公司	上海浦东南路360号26楼C座	68862466	上海复星化工医药创业投资有限公司	2014/06/24	2003/12/23
24	上海市北科技创业投资有限公司	上海市闸北区江场三路238号1505室	62509257	上海市北科技创业投资有限公司	2014/06/25	2011/11/23
25	上海磐石容银创业投资管理有限公司	上海茂名南路163弄4号	02160758990	上海磐石容银创业投资有限公司	2014/06/27	2010/07/08
26	上海科辰创业投资有限公司	上海市杨浦区国定路335号1号楼7001室	15821224195	上海科辰创业投资有限公司	2014/07/03	2012/01/11
27	基金自我管理	未知	未知	上海锐合创业投资中心（有限合伙）	2015/06/03	2010/12/13
28	上海国际集团创业投资有限公司	上海市昆明路518号A座9层	35963977	上海国际集团创业投资有限公司	2015/06/04	2011/11/30
29	上海复旦量子创业投资管理有限公司	上海市国定东路300号3号楼511室	021-65632555	上海兆丰创业投资有限公司	2015/06/04	2003/12/18
30	基金自我管理	未知	未知	上海联升创业投资有限公司	2015/06/08	2009/12/25
31	上海创业投资有限公司	上海市淮海中路1634号2楼	13701907806	上海创业投资有限公司	2015/06/11	1999/08/06
32	基金自我管理	未知	未知	上海硅谷天堂阳光创业投资有限公司	2015/06/12	2009/03/30
33	基金自我管理	未知	未知	上海硅谷天堂合众创业投资有限公司	2015/06/15	2010/06/18
34	上海科技创业投资有限公司	上海市淮海中路1634号316号	64314423	上海科技创业投资有限公司	2015/06/23	1992/12/03
35	上海汉世纪投资管理有限公司	上海市张江高科技园区博云路56号	50276688	张江汉世纪创业投资有限公司	2015/06/23	2007/05/23

续表

序号	管理机构	通讯地址	联系电话	所管理创业投资企业	备案时间	设立时间
36	上海德汇创业投资有限公司	上海市浦东银城中路 200 号 2908 室	021-50372199-388	上海德汇创业投资有限公司	2015/08/13	2007/07/02
37	上海张江火炬创业投资有限公司	上海浦东新区张东路 1158 号 3 号楼 6 楼	13524626196	上海张江火炬创业投资有限公司	2015/08/21	2012/10/26
38	上海张江生物医药产业创业投资有限公司	上海市张江高科技园区春晓路 350 号北 3 楼	50800118-861	上海张江生物医药产业创业投资有限公司	2015/09/02	2010/09/09
39	上海南翔创业投资有限公司	上海市沪宜公路 1188 号 7 号楼 208 室	33510011	上海南翔创业投资有限公司	2015/10/26	2013/03/07
40	上海浦东新星纽士达创业投资有限公司	上海市春晓路 439 号 11 幢	50276959	上海浦东新星纽士达创业投资有限公司	2015/11/12	2009/06/19
41	上海寅嘉创业投资管理有限公司	上海市杨浦区国定路 335 号 2 号楼 1508 室	65651178	上海寅嘉创业投资管理有限公司	2016/05/11	2010/06/22
42	上海寅嘉创业投资管理有限公司	上海市杨浦区国定路 335 号 2 号楼 1508 室	65651178	上海寅福创业投资有限公司	2016/05/11	2010/05/06
43	上海复旦创业投资有限公司	邯郸路 220 号复旦大学 100 号楼	65642533	上海复旦创业投资有限公司	2016/05/12	2000/11/09
44	上海慧立创业投资有限公司	上海市淮海西路 55 号 6 楼 C1 座	52989380	上海慧立创业投资有限公司	2016/05/20	2000/06/19
45	上海张江浩成创业投资有限公司	浦东新区松涛路 560 号 8 楼	38959000	上海张江浩成创业投资有限公司	2016/05/23	2007/02/14
46	上海德丰杰龙升创业投资管理中心	上海市静安区延安中路 596 弄 21 号 202F 室	021-62800580	上海德丰杰龙升创业投资合伙企业	2016/05/24	2012/11/01
47	上海力合清源创业投资合伙企业（有限合伙）	上海市成都北路 333 号招商局广场东楼 1205	13122694886	上海力合清源创业投资合伙企业（有限合伙）	2016/05/26	2012/09/21

续表

序号	管理机构	通讯地址	联系电话	所管理创业投资企业	备案时间	设立时间
48	上海科技创业投资股份有限公司	上海建国西路285号21楼	64338288	上海科技创业投资股份有限公司	2016/05/26	1993/06/30
49	上海富欣创业投资有限公司	上海市浦东新区张江纳贤路60弄1号5楼	021-20599052	上海富欣创业投资有限公司	2016/05/26	1999/04/08
50	上海正赛联创业投资管理有限公司	上海市徐汇区斜土路2899甲号B幢3C2室	021-64286339-8809	上海正赛联创业投资有限公司	2016/05/26	2010/10/22
51	上海寅嘉创业投资管理有限公司	上海市杨浦区国定路335号2号楼1508室	65651178	海硅（上海）创业投资合伙企业（有限合伙）	2016/05/26	2011/08/05
52	基金自我管理	未知	未知	上海瑞经达创业投资有限公司	2016/05/27	2010/02/10
53	上海徐汇科技创业投资有限公司	上海市肇嘉浜路1065甲号1709室	33687720	上海徐汇科技创业投资有限公司	2016/05/27	1998/12/02
54	上海张江科技创业投资有限公司	上海张江高科技园区张东路1387号16幢C305室	13524674461	上海张江科技创业投资有限公司	2016/05/31	2004/10/09
55	上海张江科技创业投资有限公司	上海张江高科技园区张东路1387号16幢C305室	13524674461	上海张江朝阳创业投资有限公司	2016/05/31	2010/07/15
56	上海中嘉兴华创业投资管理有限公司	上海市徐汇区中山西路1800号16G	64680218-802	上海中嘉兴华创业投资合伙企业（有限合伙）	2016/06/01	2012/12/31
57	上海时空五星创业投资管理有限公司	上海市淮海西路55号申通信息广场22楼EFG座	021-61218708	上海时空五星创业投资合伙企业（有限合伙）	2016/06/02	2009/12/31
58	新开发创业投资管理有限责任公司	上海市浦东新区银城中路68弄时代金融中心4206室	021-51870899	新开发联合创业投资企业	2016/06/02	2008/07/07
59	上海贝琛创业管理有限公司	上海市宝山区南蕰藻路393号2号楼A41室	15618060511	上海贝琛网森创业投资合伙企业（有限合伙）	2016/06/15	2014/12/31

续表

序号	管理机构	通讯地址	联系电话	所管理创业投资企业	备案时间	设立时间
60	上海物联网创业投资基金合伙企业（有限合伙）	淮海中路138号上海广场2604室	60938100	上海物联网创业投资基金合伙企业（有限合伙）	2016/06/24	2010/11/22
61	上海上创信德创业投资有限公司	上海淮海中路138号上海广场2604室	60938100	上海上创信德创业投资有限公司	2016/06/24	2008/03/05
62	上海中新技术创业投资有限公司	上海市淮海中路1634号	021-64311988-420	上海中新技术创业投资有限公司	2016/06/30	1996/12/09
63	上海科技创业投资有限公司	上海市淮海中路1634号316号	64314423	上海汇科创业投资有限公司	2016/06/30	2007/12/28
64	上海星杉创业投资有限公司	上海延安东路222号金光外滩中心3301室	021-63352666	上海星杉创业投资有限公司	2016/07/12	2007/07/18
65	上海武岳峰高科技创业投资管理有限公司	上海市浦东新区东方路18号保利广场E座1101	15618676992	上海武岳峰创业投资合伙企业（有限合伙）	2016/08/12	2011/11/25
66	上海诚毅新能源创业投资有限公司	陆家嘴东路166号2101室	38720880	上海诚毅新能源创业投资有限公司	2016/08/12	2011/07/12
67	基金自我管理	未知	未知	上海千骥创业投资中心（有限合伙）	2016/08/26	2012/07/12
68	上海千骥创业投资管理有限公司	上海市高邮路53号	021-64662333	上海千骥生物医药创业投资有限公司	2016/09/27	2010/04/29
69	基金自我管理	未知	未知	上海科星创业投资有限公司	2016/09/27	2007/01/23
70	上海艾云创业投资管理有限公司	上海市淮海西路55号6A	13817697681	上海艾云慧信创业投资有限公司	2016/09/29	2012/04/11
71	上海萧商创业投资合伙企业（有限合伙）	上海漕河泾开发区新经济园民益路201号12幢402-305室	021-52989370	上海萧商创业投资合伙企业（有限合伙）	2016/10/20	2013/02/20
72	上海联升承业创业投资有限公司	上海市徐汇区太原路160号3号楼	64718000＊109	上海联升承业创业投资有限公司	2016/10/24	2015/01/20
73	上海千骥星鹤创业投资管理有限公司	上海市徐汇区高邮路53号	64662333	上海千骥星鹤创业投资中心（有限合伙）	2016/10/24	2015/06/26

附录 2.10 江苏省备案创业投资机构名录

序号	管理机构	通讯地址	联系电话	所管理创业投资企业	备案时间	设立时间
1	南京科建创业投资有限公司	南京市江宁区科学园科建路 168 号	13913973796	南京科建创业投资有限公司	2014/03/26	2007/02/02
2	南京创业投资管理有限公司	南京市中山路 268 号汇杰广场 7F	025-83192397	南京创业投资管理有限公司	2014/05/28	2008/11/26
3	基金自我管理	未知	未知	南京九鼎栖霞投资中心（有限合伙）	2014/06/03	2010/05/18
4	南京高达资本管理有限公司	南京市江东中路 359 号国睿大厦 2 号楼 6 楼	025-83153506	南京中达高金创业投资基金（有限合伙）	2015/06/30	2011/09/11
5	南京高达资本管理有限公司	南京市江东中路 359 号国睿大厦 2 号楼 6 楼	025-83153506	南京高达汇鼎创业投资基金（有限合伙）	2015/06/30	2011/11/10
6	南京协立投资管理有限公司	长江路 188 号德基大厦 7 楼	025-86816827	南京协立创业投资有限公司	2016/03/07	2009/05/11
7	南京六合科技创业投资有限公司	南京市六合区雄州街道峨嵋路 300 号	57109812	南京六合科技创业投资有限公司	2016/04/05	2013/12/16
8	南京鸿景创业投资有限公司	南京市中山东路 18 号 31 层	84722633	南京鸿景创业投资有限公司	2016/04/29	2003/09/19
9	南京创新红土创业投资有限公司	南京市建邺区庐山路 188 号 810 室	58861750	南京创新红土创业投资有限公司	2016/05/12	2014/04/16
10	基金自我管理	未知	未知	南京中成创业投资有限公司	2016/06/01	2009/08/28
11	基金自我管理	未知	未知	南京文化创业投资有限公司	2016/06/01	2011/02/24
12	南京科源投资管理有限公司	南京市鼓楼区广州路 37 号江苏科技大厦 2313 室	02585589170	江苏科泉高新创业投资有限公司	2016/06/01	2012/12/18
13	基金自我管理	未知	未知	南京中源创业投资有限公司	2016/06/02	2010/12/17
14	江苏农垦诚鼎投资管理有限公司	南京市珠江路 4 号	025-84548165	江苏农垦诚鼎创业投资合伙企业（有限合伙）	2016/06/15	2011/06/22

续表

序号	管理机构	通讯地址	联系电话	所管理创业投资企业	备案时间	设立时间
15	南京紫金创投基金管理有限责任公司	南京市雨花台区玉兰路 8 号国资大厦 3 楼	86579655	南京紫金新兴产业创业投资基金有限公司	2016/06/15	2012/07/04
16	南京爱德创业投资有限公司	南京市鼓楼区大铜银巷 16 号爱德商务中心七楼	025-66776008	南京爱德创业投资有限公司	2016/06/15	2010/12/23
17	南京大慧合创创业投资管理有限公司	南京市玄武区中山路 268 号 1-703	83199773	南京钢研创业投资合伙企业（有限合伙）	2016/06/15	2013/12/24
18	中兴合创（天津）投资管理有限公司	深圳市南山区深南大道 9680 号大冲商务中心 1 栋 1 号楼 2603	15814019501	南京中兴合盈创业投资基金（有限合伙）	2016/06/16	2012/04/09
19	南京盛景创业投资基金合伙企业（有限合伙）	江宁开发区胜太路 68 号	52096875	南京盛景创业投资基金合伙企业（有限合伙）	2016/06/16	2012/06/28
20	南京紫金科技创业投资有限公司	南京市建邺区江东中路 269 号新城大厦 B 座 2717 室	85579655	南京紫金科技创业投资有限公司	2016/06/16	2011/08/08
21	基金自我管理	未知	未知	南京科恒创业投资有限公司	2016/06/17	2013/11/29
22	基金自我管理	未知	未知	南京市高新技术风险投资股份有限公司	2016/06/17	2001/02/05
23	南京紫金久安投资管理有限公司	南京市栖霞区马群街道紫东路 2 号 12 幢	15952001559	南京紫金创赢创业投资有限公司	2016/06/17	2014/05/14
24	江苏红土创业投资管理有限公司	南京市庐山路 188 号新地中心 810 室	025-58861750	南京红土创业投资有限公司	2016/06/17	2010/05/31
25	南京天元创业投资管理有限公司	南京市江宁区天元东路 391 号 1 幢 307 室	02587189199	南京天元创业投资管理有限公司	2016/06/21	2013/02/08

续表

序号	管理机构	通讯地址	联系电话	所管理创业投资企业	备案时间	设立时间
26	南京河西中央商务区投资发展有限公司	南京市建邺区庐山路188号	87778670	南京汇江创业投资基金有限公司	2016/06/23	2014/07/10
27	江苏华控创业投资有限公司	南京市江东中路106号2504室	025-87776620	江苏华控创业投资有限公司	2016/06/23	2008/07/01
28	南京河西中央商务区投资发展有限公司	南京市建邺区庐山路188号	87778670	南京河西新城科技创业投资引导基金有限公司	2016/06/23	2013/02/08
29	南京江宁科技创业投资集团有限公司	南京市江宁区天元东路391号1幢307室	02587189199	南京江宁科技创业投资集团有限公司	2016/06/28	2011/08/29
30	南京留学人员创业投资企业（有限合伙）	南京市中山路179号易发信息大厦12楼E座	025-51862565	南京留学人员创业投资企业（有限合伙）	2016/06/29	2008/10/12
31	江苏泰华创业投资有限公司	南京市建邺区奥体大街128号宋都奥体名座E座506室	025-87763302-8007	江苏泰华创业投资有限公司	2016/06/29	2008/03/08
32	南京凯元创业投资管理合伙企业（有限合伙）	南京市江宁区天元东路391号1幢	15251719150	南京凯元成长创业投资合伙企业（有限合伙）	2016/06/29	2013/08/07
33	南京高达资本管理有限公司	南京市江东中路359号国睿大厦2号楼6楼	025-83153506	南京高达梧桐创业投资基金（有限合伙）	2016/06/30	2011/10/10
34	基金自我管理	未知	未知	江苏南大创业投资发展有限公司	2016/07/06	2013/01/29
35	南京市栖霞区科技创业投资有限公司	南京市栖霞区甘家边东108号金港创业园综合楼三楼301室	85522693	南京市栖霞区科技创业投资有限公司	2016/07/06	2009/07/31
36	南京高新创业投资有限公司	南京市高新区高新路9号501室	15996286237	南京高新创业投资有限公司	2016/07/07	2012/06/04
37	南京晨光高科创业投资有限公司	南京市秦淮区正学路一号	025-51885504	南京晨光高科创业投资有限公司	2016/07/07	2007/04/06

续表

序号	管理机构	通讯地址	联系电话	所管理创业投资企业	备案时间	设立时间
38	南京金茂创业投资管理合伙企业（有限合伙）	南京市清江南路 19 号南大苏富特科技创新园 2 号楼 14 层	025-84730370	南京金茂中医药产业创业投资合伙企业（有限合伙）	2016/07/08	2013/09/04
39	南京天奇阿米巴投资管理有限公司	南京市江东中路 359 号国睿大厦 1 号楼 B 区 5 楼 506 室	025-57718471	南京天奇阿米巴创业投资基金（有限合伙）	2016/07/08	2013/08/28
40	基金自我管理	未知	未知	南京宁昇创业投资有限公司	2016/07/11	2010/09/10
41	中科招商投资管理集团股份有限公司	深圳市福田中心区深南大道 4009 号投资大厦 13 层 D2-1 区	075582913284	南京中科招商创新创业投资有限公司	2016/07/11	2013/09/16
42	南京汉能投资管理中心（有限合伙）	南京市鼓楼区渊声巷 17 号	18610291879	南京汉能创业投资中心（有限合伙）南京汉能创南京汉能创业投资中心（有限合伙）	2016/07/13	2011/06/23
43	苏州高投创业投资管理有限公司	苏州高新区狮山路 199 号 1 幢 2608 室	0512-68188296	江苏高投宁泰创业投资合伙企业（有限合伙）	2016/07/13	2012/01/03
44	南京英飞尼迪三胞投资管理有限公司	南京市江宁区天元东路 391 号	15951070229	南京英飞尼迪三胞紫金创业投资中心（有限合伙）	2016/07/14	2012/09/05
45	南京涌丰创业投资中心（有限合伙）	南京市洪武北路 188 号长发数码大厦 7 楼	13905169858	南京涌丰创业投资中心（有限合伙）	2016/07/15	2010/01/11
46	常州永隆创业投资有限公司	常州市武进区湖塘虹北路天隽峰北门 A-103	0519-81166176	常州永隆创业投资有限公司	2015/06/23	2013/03/22
47	江苏迈新创业投资有限公司	江苏省溧阳市溧城镇燕园西路 18 号西 2 间	0519-87195999	江苏迈新创业投资有限公司	2015/06/25	2009/08/17

续表

序号	管理机构	通讯地址	联系电话	所管理创业投资企业	备案时间	设立时间
48	江苏兴科创业投资有限公司	江苏武进经济开发区腾龙路2号湖滨科技园	0519-86302528	江苏兴科创业投资有限公司	2016/07/01	2007/08/20
49	常州高睿创业投资管理有限公司	常州新北区通江中路367号606室	0519-85150557	常州高投创业投资有限公司	2016/07/01	2008/07/22
50	常州高睿创业投资管理有限公司	常州新北区通江中路367号606室	0519-85150557	江苏高晋创业投资有限公司	2016/07/01	2008/06/12
51	常州高睿创业投资管理有限公司	常州新北区通江中路367号606室	0519-85150557	常州高新技术风险投资有限公司	2016/07/01	2000/12/22
52	常州龙城英才创业投资有限公司	常州市天宁区延陵西路23号投资广场2502	13775088907	常州龙城英才创业投资有限公司	2016/07/06	2011/09/07
53	常州力合投资管理有限公司	常州市武进区常武南路588号天安数码城A栋902室	051986220118	常州力合创业投资有限公司	2016/07/13	2008/10/10
54	基金自我管理	未知	未知	常州金陵华软创业投资合伙企业（有限合伙）	2016/07/21	2010/08/05
55	常州市力合清源创业投资合伙企业（有限合伙）	常州市武进区常武南路588号天安数码城A栋902室	0519-86220118	常州市力合清源创业投资合伙企业（有限合伙）	2016/08/12	2012/03/19
56	常州德丰杰正道投资管理有限公司	常州新北区常新科技楼3号楼E座401	0519-89189161	常州德丰杰正道创业投资中心（有限合伙）	2016/08/18	2012/03/09
57	常州德丰杰投资管理有限公司	常州新北区常新科技楼3号楼E座401	0519-89189161 13372287997	常州德丰杰清洁技术创业投资中心（有限合伙）	2016/08/18	2009/12/28
58	江苏武进绿泰创业投资有限责任公司	江苏省常州市武进区延政路常发大厦1701室	18605191511	江苏武进绿泰创业投资有限责任公司	2016/08/18	2013/01/18
59	江苏九洲创业投资管理有限公司	常州市关河东路66号2301	13951210998	江苏九洲投资集团创业投资有限公司	2016/08/18	2007/09/19

续表

序号	管理机构	通讯地址	联系电话	所管理创业投资企业	备案时间	设立时间
60	常州信辉创业投资有限公司	常州市延陵西路 23 号投资广场 2501 室	0519-88129050	常州信辉创业投资有限公司	2016/08/18	2007/05/10
61	常州武岳峰创业投资管理有限公司	武进高新技术产业开发区人民东路 158 号	0519-86220218	常州武岳峰创业投资合伙企业（有限合伙）	2016/08/18	2011/03/23
62	常州牡丹江南创业投资有限责任公司	常州市青洋北路 47 号	0519-68866959	常州牡丹江南创业投资有限责任公司	2016/08/22	2010/03/15
63	常州高新投创业投资管理有限公司	常州市新北区万达广场 C 座 1512	0519-81235028	常州高新创业投资有限公司	2016/08/22	2012/01/18
64	江苏津通创业投资有限公司	江苏省常州市武进高新区西湖路 8 号	051986220888-8105	江苏津通创业投资有限公司	2016/08/23	2007/06/25
65	深圳市创新投资集团有限公司	深圳市福田区深南大道 4009 号投资大厦 11 层 B 区	0755-82912888	常州武进红土创业投资有限公司	2016/08/24	2008/08/19
66	常州国信现代创业投资中心（有限合伙）	江苏省南京市鼓楼区中山路 55 号新华大厦 34 楼	18061880588	常州国信现代创业投资中心（有限合伙）	2016/08/24	2008/08/05
67	江苏格瑞石墨烯创业投资有限公司	江苏省常州市武进区禾香路 123 号 7 号楼 E 栋 4 楼	15861198099	江苏格瑞石墨烯创业投资有限公司	2016/08/24	2012/04/10
68	常州红土高科投资管理有限公司	常州市武进区科教城创研港 1 号 A1006 室	0519-86318332	常州红土创新创业投资有限公司	2016/08/24	2009/03/11
69	常州赛富高新创业投资管理有限公司	常州市新北区高新科技园 3 号楼 E 座 402 室	051989603600	常州赛富高新创业投资中心（有限合伙）	2016/08/24	2009/12/02
70	常州常以创业投资管理有限公司	常州新北区高新科技园 3 号楼 E 座 405	0519-89629927-802	常州常以创业投资中心（有限合伙）	2016/08/25	2010/01/12

续表

序号	管理机构	通讯地址	联系电话	所管理创业投资企业	备案时间	设立时间
71	常州高新投创业投资管理有限公司	常州市新北区万达广场C座1512	0519-81235028	常州高新投创业投资有限公司	2016/08/25	2012/08/13
72	常州和裕创业投资有限公司	常州新北区常新科技楼E座502室	0519-85176176	常州和裕创业投资有限公司	2016/08/26	2011/04/27
73	常州金码创业投资管理合伙企业（有限合伙）	南京市清江南路19号南大苏富特科技创新园2号楼14层	025-84730370	常州金茂新兴产业创业投资合伙企业（有限合伙）	2016/08/29	2011/09/05
74	常州金茂经信创业投资管理企业（有限合伙）	江苏南京建邺区清江南路19号南大苏富特科技创新园2期14层	025-84730307	江苏新材料产业创业投资企业（有限合伙）	2016/08/30	2013/11/13
75	常州力合投资管理有限公司	常州市武进区常武南路588号天安数码城A栋902室	051986220118	常州力合华富创业投资有限公司	2016/10/22	2010/09/27
76	基金自我管理	未知	未知	无锡中科赛新创业投资合伙企业	2014/05/30	2012/04/24
77	江苏金茂创业投资管理有限公司	南京市清江南路19号南大苏富特科技创新园2号楼14层	02584730370	无锡金茂经信创业投资有限公司	2015/06/29	2010/06/17
78	无锡高德创业投资管理有限公司	无锡市新区长江路21-1创源大厦1109	0510-81813021	无锡高德创业投资有限公司	2015/07/14	2006/09/06
79	基金自我管理	未知	未知	无锡瑞明博创业投资有限公司	2016/05/25	2010/12/15
80	无锡市金惠创业投资有限责任公司	无锡市惠山区惠山大道1608号	83590163	无锡市金惠创业投资有限责任公司	2016/06/01	2007/06/01
81	光控新能源创业投资管理（上海）有限公司	上海市浦东新区世纪大道210号21世纪中心大厦25楼	（021）20890805	光大新能低碳创业投资江苏有限公司	2016/06/14	2011/01/27
82	上海德汇创业投资有限公司	上海市浦东银城中路200号2908室	021-50372199-388	江苏德创物联网创业投资有限公司	2016/07/22	2010/06/03
83	基金自我管理	未知	未知	无锡国联卓成创业投资有限公司	2016/08/19	2009/12/23

续表

序号	管理机构	通讯地址	联系电话	所管理创业投资企业	备案时间	设立时间
84	无锡高新技术风险投资股份有限公司	无锡新区湘江路 2-3 号金源国际 A 座 12 楼	051085227569	无锡高新技术风险投资股份有限公司	2016/08/19	2000/08/01
85	无锡国联浚源创业投资中心（有限合伙）	无锡新区菱湖大道 200 号微纳传感园 B 幢 4F	0510-82700340	无锡国联浚源创业投资中心（有限合伙）	2016/08/19	2010/04/16
86	无锡源清盛华创业投资有限公司	无锡市滨湖区建筑西路 777 号 A3 幢 4 层	0510-81801983	无锡源清盛华创业投资有限公司	2016/08/22	2013/05/20
87	无锡源清创业投资有限公司	无锡市滨湖区建筑西路 777 号 A3 幢 13 层	051081801983	无锡源清创业投资有限公司	2016/08/22	2012/06/28
88	基金自我管理	未知	未知	光大国联创业投资有限公司	2016/08/22	2009/11/09
89	基金自我管理	未知	未知	光大创业投资江阴有限公司	2016/08/22	2009/07/28
90	无锡新区领航创业投资有限公司	无锡市湘江路 2-3 号金源大厦 A 幢 12 楼	0510-85221352	无锡新区领航创业投资有限公司	2016/08/24	2009/08/03
91	无锡华软投资管理有限公司	无锡新区震泽路 18 号无锡（国家）软件园射手座 B 座 201-37 室	13810485865	华软创业投资无锡合伙企业（有限合伙）	2016/08/24	2009/08/13
92	宜兴市科技创业投资有限公司	江苏省宜兴市环科园永安路 189 号	0510-87929060	宜兴市科技创业投资有限公司	2016/08/24	2006/12/15
93	无锡力合投资管理咨询有限公司	无锡惠山经济开发区智慧路 1 号清华创新大厦 611 室	0510-83590287	无锡力合创业投资有限公司	2016/08/24	2008/11/14
94	基金自我管理	未知	未知	无锡世铭国联创业投资企业	2016/08/24	2010/05/13
95	江阴市高新技术创业投资有限公司	江阴市澄江中路 159 号	051081602090	江阴市高新技术创业投资有限公司	2016/08/25	2007/02/06
96	无锡厚泽国联投资管理有限公司	无锡市新区清源路 18 号 530 大厦 A709 室	0510-85385873	无锡国联厚泽创业投资企业（有限合伙）	2016/08/25	2011/10/28

续表

序号	管理机构	通讯地址	联系电话	所管理创业投资企业	备案时间	设立时间
97	基金自我管理	未知	未知	无锡市中科汇盈创业投资有限责任公司	2016/08/25	2008/03/07
98	无锡红土创业投资有限公司	无锡市兴源北路401号1703室	13773697078	无锡红土创业投资有限公司	2016/08/25	2009/04/29
99	宜兴华软投资管理有限公司	宜兴市环科园兴业路298号	13501368340	华软创业投资宜兴合伙企业（有限合伙）	2016/08/25	2010/08/25
100	无锡市锡山创业投资有限公司	无锡市锡山区东亭中路10号	0510-88705868	无锡市锡山创业投资有限公司	2016/08/26	2007/08/15
101	无锡源渡股权投资管理有限公司	无锡市滨湖区建筑西路777号A3幢1335室	13861729205	无锡源渡一期创业投资合伙企业（有限合伙）	2016/08/29	2013/06/14
102	江苏兆年创业投资有限公司	江苏省江阴市长江路152号1803室	0510-80627785	江苏兆年创业投资有限公司	2016/08/30	2011/03/17
103	无锡市新区科技金融创业投资集团有限公司	无锡市新区湘江路2-3号	0510-85227569	无锡市新区科技金融创业投资集团有限公司	2016/08/30	2008/01/31
104	无锡金茂创业投资管理中心（有限合伙）	江苏省南京市清江南路19号南大苏富特科技创新园2号楼14层	025-84830307	无锡金茂二号新兴产业创业投资企业（有限合伙）	2016/08/31	2011/12/21
105	江苏中科物联网科技创业投资有限公司	无锡市菱湖大道200号中国传感网创新园C幢一楼	0510-85383398	江苏中科物联网科技创业投资有限公司	2016/08/31	2010/07/14
106	基金自我管理	未知	未知	江阴周庄中科双盈二期创业投资有限公司	2016/08/31	2010/08/19
107	基金自我管理	未知	未知	江阴周庄中科双盈创业投资有限公司	2016/08/31	2010/04/25
108	宜兴杰宜投资管理有限公司	宜兴环科园新城路256号	0510-87880198	宜兴中禾节能环保创业投资企业（有限合伙）	2016/08/31	2014/01/02
109	西藏金缘投资管理有限公司	南京市清江南路19号南大苏富特科技创新园2号楼14层	18662726798	江苏金茂环保产业创业投资有限公司	2016/09/01	2010/12/17

续表

序号	管理机构	通讯地址	联系电话	所管理创业投资企业	备案时间	设立时间
110	无锡国联资本管理有限公司	无锡市太湖新城金融一街 8 号	82832907	无锡国联创投基金企业（有限合伙）	2016/09/01	2012/06/06
111	无锡创业投资集团有限公司	无锡兴源北路 401 号	0510-82698712	无锡创业投资集团有限公司	2016/09/01	2000/10/26
112	基金自我管理	未知	未知	无锡中科惠金创业投资企业（有限合伙）	2016/09/05	2011/06/28
113	江苏三房巷创业投资有限公司	江阴市周庄镇三房巷村澄杨路 1388 号	051086229905	江苏三房巷创业投资有限公司	2016/09/09	2010/09/10
114	无锡梁溪创业投资有限公司	无锡市滨湖区鸿桥路 879 号	0510-85898572	无锡梁溪创业投资有限公司	2016/09/09	2009/09/07
115	无锡滨湖科技创业投资有限责任公司	无锡蠡园经济开发区滴翠路 100 号 A 幢 3 号	0510-85898572	无锡滨湖科技创业投资有限责任公司	2016/09/09	2006/07/18
116	基金自我管理	未知	未知	国科瑞祺物联网创业投资有限公司	2016/09/12	2010/07/22
117	基金自我管理	未知	未知	江苏火炬创业投资有限公司	2016/09/14	2010/10/19
118	无锡金源创业投资有限公司	无锡市鸿桥路 879 号	0510-85898572	无锡金源创业投资有限公司	2016/09/18	2011/04/11
119	基金自我管理	未知	未知	无锡力合清源创业投资合伙企业（有限合伙）	2016/10/11	2011/09/09
120	苏州松禾资本管理中心（有限合伙）	苏州工业园区凤里街 345 号沙湖创投中心 2 座 A 区 1 层 04-2	0755-83290509	苏州松禾成长创业投资中心（有限合伙）	2013/05/15	2009/11/30
121	苏州市澄和创业投资有限公司	苏州相城区永昌泾大道一号漕湖大厦 1201-1203	0512-66183053	苏州市澄和创业投资有限公司	2013/06/27	2008/08/12
122	智龙（苏州）创业投资管理有限公司	上海市西藏中路 168 号 1003 室	18621093978	翔智创业投资企业	2013/07/01	2008/02/28
123	基金自我管理	未知	未知	张家港中科长江创业投资有限公司	2014/03/31	2010/06/18

续表

序号	管理机构	通讯地址	联系电话	所管理创业投资企业	备案时间	设立时间
124	苏州博融创业投资管理有限公司	苏州高新区狮山路35号金河大厦16楼1609室	15951188001	苏州博融创业投资管理有限公司	2014/05/15	2004/02/25
125	苏州镁天创业投资有限公司	苏州工业园区金鸡湖大道1355号国际斟技园内203A-1单元	13906133788	苏州镁天创业投资有限公司	2014/06/18	2009/01/15
126	苏州日亚创业投资管理有限公司	苏州工业园区翠园路151号501室	021-62798635	日亚创业投资企业	2014/06/23	2009/01/06
127	深圳市创东方投资有限公司	深圳市福田区竹子林求是大厦西座29楼	0755-83189608	苏州创东方高新创业投资企业（有限合伙）	2015/05/13	2009/05/18
128	苏州高新新联创业投资管理有限公司	苏州高新区科灵路37号	0512-68313528	苏州高新新联创业投资管理有限公司	2015/06/15	2009/06/24
129	南京协立投资管理有限公司	长江路188号德基大厦7楼	025-86816827	苏州协立创业投资有限公司	2016/04/05	2013/04/28
130	航天高新（苏州）创业投资管理有限公司	吴江区松陵镇人民路300号	13552599999	航天高新（苏州）创业投资有限公司	2016/04/19	2012/04/13
131	苏州信慧成创业投资管理有限公司	南京市中山东路300号长发中心A座23楼A室	13505196818	苏州盛泉海成创业投资合伙企业（有限合伙）	2016/05/13	2014/10/23
132	基金自我管理	未知	未知	苏州工业园区鼎成天晟创业投资中心（有限合伙）	2016/05/13	2011/03/12
133	江苏信泉创业投资管理有限公司	南京市中山东路300号长发中心A座23楼A室	025-58071698	江苏盛泉创业投资有限公司	2016/05/13	2007/06/21
134	苏州盛泉百涛创业投资管理有限公司	南京市白下区中山东路300号长发中心A座2301室	025-58071698	苏州盛泉万泽创业投资合伙企业（有限合伙）	2016/05/13	2011/03/03
135	苏州银基美林创业投资管理有限公司	苏州工业园区苏雅路388号新天翔广场2幢20楼	67157278-806	苏州银基美林创业投资合伙企业（有限合伙）	2016/05/20	2012/10/23

续表

序号	管理机构	通讯地址	联系电话	所管理创业投资企业	备案时间	设立时间
136	苏州国润创业投资发展有限公司	江苏省苏州市园区星桂街 33 号凤凰国际大厦 2509-2510 室	0512-62998661	苏州国润创业投资发展有限公司	2016/05/30	2008/07/08
137	苏州银基创业投资有限公司	苏州工业园区苏雅路 388 号新天翔商业广场 2 幢 2015 室	67157278-806	苏州银基创业投资有限公司	2016/05/30	2006/05/10
138	苏州国润瑞祺创业投资企业（有限合伙）	苏州园区星桂街 33 号凤凰国际大厦 2509-2510	051262998661	苏州国润瑞祺创业投资企业（有限合伙）	2016/05/30	2011/04/08
139	张家港市金茂创业投资有限公司	张家港市杨舍镇港城大道 567 号金茂大厦 b3101	051258153016	张家港市金茂创业投资有限公司	2016/06/06	2008/04/15
140	苏州工业园区启纳创业投资有限公司	苏州工业园区金鸡湖大道 99 号苏州纳米城中北区 23 幢	0512-69993064	苏州工业园区启纳创业投资有限公司	2016/06/06	2011/07/13
141	苏州汇利华创业投资有限公司	苏州市狮山路 35 号金河国际大厦 29 楼 2905 室	0512-68070777	苏州汇利华创业投资有限公司	2016/06/14	2010/08/27
142	常熟博瀚创业投资有限公司	常熟市东南经济开发区东南大道 333 号 1108 室	52350818	常熟博瀚创业投资有限公司	2016/06/24	2009/11/23
143	常熟市国发创业投资有限公司	江苏常熟金沙江路 8 号	0512-52895067	常熟市国发创业投资有限公司	2016/06/29	2010/11/25
144	红塔创新（昆山）创业投资有限公司	昆山市伟业路 18 号现代广场 506 室	13511002811	红塔创新（昆山）创业投资有限公司	2016/07/08	2008/07/09
145	博辰创业投资管理（苏州）有限公司	苏州工业园区旺墩路 158 号置业商务广场 1 幢 901 室	0512-66969660	软库博辰创业投资企业	2016/08/16	2008/03/03
146	苏州福马创业投资有限公司	苏州工业园区民生路 8 号	13358007771	苏州福马创业投资有限公司	2016/08/16	2009/10/21
147	苏州高新风投创业投资管理有限公司	苏州高新区金狮大厦 6 楼	051268240392	苏州高锦创业投资有限公司	2016/08/16	2009/03/27

续表

序号	管理机构	通讯地址	联系电话	所管理创业投资企业	备案时间	设立时间
148	江苏吴中高科创业投资有限公司	苏州市吴中区吴中大道 1338 号	66030900	江苏吴中高科创业投资有限公司	2016/08/17	2006/03/02
149	江苏鑫澳创业投资有限公司	江苏张家港经济开发区悦丰大厦	051258165928	江苏鑫澳创业投资有限公司	2016/08/17	2009/02/17
150	苏州国发东方创业投资管理有限公司	吴江市松陵镇江陵南路 77 号	65126380	吴江东方国发创业投资有限公司	2016/08/18	2008/11/11
151	苏州市相城创业投资管理有限责任公司	苏州市相城区春申湖中路 393 号采莲大夏 3 楼	0512-65808802	苏州市相城高新创业投资有限责任公司	2016/08/19	2009/03/12
152	苏州吴中国发创业投资管理有限公司	苏州市太湖东路 290 号	0512-65126381	苏州吴中国发创业投资有限公司	2016/08/19	2008/08/28
153	苏州吴中科技创业投资有限公司	苏州吴中经济开发区越溪街道吴中大道 1368 号 3 幢	66356670	苏州吴中科技创业投资有限公司	2016/08/19	2012/10/26
154	苏州香塘创业投资有限责任公司	江苏省苏州太仓市城厢镇朝阳东路 3 号香塘发展大厦 2 楼	0512-53589758	苏州香塘创业投资有限责任公司	2016/08/19	2007/09/07
155	基金自我管理	未知	未知	吴江海博科技创业投资有限公司	2016/08/19	2010/08/20
156	吴江东方融富创业投资管理企业（有限合伙）	苏州市太湖东路 290 号	0512-65126380	苏州东方汇富创业投资企业（有限合伙）	2016/08/19	2012/11/19
157	苏州市相城创业投资管理有限责任公司	苏州市相城区春申湖中路 393 号采莲大厦 3 楼	0512-65808802	苏州市相城创业投资有限责任公司	2016/08/19	2008/07/04
158	苏州市吴中创业投资有限公司	苏州市吴中区吴中大道 1368 号综合楼 11 层	0512-66356670	苏州市吴中创业投资有限公司	2016/08/19	2007/01/12
159	苏州国发创业投资控股有限公司	苏州市太湖东路 290 号	65126624	苏州国发创业投资控股有限公司	2016/08/19	2008/05/08
160	苏州国发融富创业投资管理企业（有限合伙）	苏州市吴中区太湖东路 290 号	13913108562	苏州国发建富创业投资企业（有限合伙）	2016/08/19	2010/06/30

续表

序号	管理机构	通讯地址	联系电话	所管理创业投资企业	备案时间	设立时间
161	苏州国发融富创业投资管理企业（有限合伙）	苏州市吴中区太湖东路290号	13913108562	苏州国发聚富创业投资有限公司	2016/08/19	2010/03/25
162	苏州国发融富创业投资管理企业（有限合伙）	苏州市吴中区太湖东路290号	13913108562	苏州国发智富创业投资企业（有限合伙）	2016/08/19	2011/03/11
163	苏州国发融富创业投资管理企业（有限合伙）	苏州市吴中区太湖东路290号	13913108562	苏州国发黎曼创业投资有限公司	2016/08/19	2010/05/19
164	苏州国发融富创业投资管理企业（有限合伙）	苏州市吴中区太湖东路290号	13913108562	苏州国发融富创业投资企业（有限合伙）	2016/08/19	2010/01/20
165	苏州国发融富创业投资管理企业（有限合伙）	苏州市吴中区太湖东路290号	13913108562	苏州国发添富创业投资企业（有限合伙）	2016/08/19	2012/04/23
166	基金自我管理	未知	未知	苏州工业园区国创创业投资有限公司	2016/08/22	2006/09/22
167	苏州创元高投创业投资管理有限公司	苏州高新区竹园路209号	051268322708	苏州创元高新创业投资有限公司	2016/08/22	2010/11/15
168	苏州高新创业投资集团新麟管理有限公司	苏州高新区竹园路209号财富广场2106室	68762977	苏州新麟创业投资有限公司	2016/08/22	2009/01/22
169	苏州高新创业投资集团新麟管理有限公司	苏州高新区竹园路209号财富广场2106室	68762977	苏州新麟二期创业投资企业（有限合伙）	2016/08/22	2011/11/03
170	苏州国发高新创业投资管理有限公司	苏州市太湖东路290号	65126381	苏州高新国发创业投资有限公司	2016/08/22	2009/05/22
171	吴江华业创业投资管理中心（有限合伙）	吴江经济开发区交通路1268号	18550390828	苏州华创赢达创业投资基金企业（有限合伙）	2016/08/22	2012/01/30
172	中科招商投资管理集团股份有限公司	深圳市福田中心区深南大道4009号投资大厦13层D2-1区	075582913284	昆山中科昆开创业投资有限公司	2016/08/22	2011/05/05

续表

序号	管理机构	通讯地址	联系电话	所管理创业投资企业	备案时间	设立时间
173	苏州清研资本管理企业（有限合伙）	吴江经济开发区联杨路 139 号清华汽车研究院 1 号楼 5 楼	18550390828	苏州清研汽车产业创业投资企业（有限合伙）	2016/08/23	2014/10/08
174	苏州科技创业投资公司	苏州市干将东路 178 号 1 号楼 2 楼	0512-69330072	苏州科技创业投资公司	2016/08/23	2003/06/10
175	苏州仁华创业投资有限公司	苏州工业园区星海街 188 号恒宇广场 1201 室	0512-62885057	苏州仁华创业投资有限公司	2016/08/23	2010/04/21
176	吴江市盛吴创业投资有限公司	吴江经济开发区科技创业园	0512-80675777	吴江市盛吴创业投资有限公司	2016/08/23	2009/09/25
177	苏州高投创业投资管理有限公司	苏州高新区狮山路 199 号 1 幢 2608 室	0512-68188296	苏州高远创业投资有限公司	2016/08/24	2007/03/12
178	基金自我管理	未知	未知	苏州瑞璟创业投资企业（有限合伙）	2016/08/24	2010/11/07
179	昆山市国科创业投资有限公司	昆山开发区前进中路 180 号	0512-57367278	昆山市国科创业投资有限公司	2016/08/24	2001/08/31
180	江苏省苏高新风险投资股份有限公司	苏州高新区科创路 20 号 205 室	0512-68240582	江苏省苏高新风险投资股份有限公司	2016/08/24	2000/03/31
181	苏州蔚蓝投资管理有限公司	苏州工业园区苏华路 8 号中银惠龙大厦 2808	13913119799	苏州蓝壹创业投资有限公司	2016/08/24	2008/03/24
182	太仓生物医药创业投资有限公司	太仓市沙溪镇昭衍路 1 号	0512-33019951	太仓生物医药创业投资有限公司	2016/08/24	2012/09/20
183	常熟金茂创业投资管理有限公司	南京市清江南路 19 号南大苏富特科技创新园 2 号楼 14 层	02584730370	江苏金茂低碳产业创业投资有限公司	2016/08/24	2010/11/19
184	苏州蔚蓝投资管理有限公司	苏州工业园区苏华路 8 号中银惠龙大厦 2808	13913119799	苏州蓝贰创业投资有限公司	2016/08/24	2010/01/25
185	太仓市科技创业投资有限公司	太仓市经济开发区北京西路 6 号	0512-53206163	太仓市科技创业投资有限公司	2016/08/25	2008/08/15
186	基金自我管理	未知	未知	江苏高投创新科技创业投资合伙企业（有限合伙）	2016/08/25	2011/04/01

续表

序号	管理机构	通讯地址	联系电话	所管理创业投资企业	备案时间	设立时间
187	苏州达泰创业投资管理有限公司	苏州工业园区苏虹东路183号东沙湖股权投资中心13幢205	66969927	苏州达泰创业投资中心（有限合伙）	2016/08/25	2010/08/23
188	苏州科技城创业投资有限公司	苏州高新区培源路3号软件大厦6号楼2F（科技城）	0512-62399153	苏州科技城创业投资有限公司	2016/08/25	2007/12/25
189	苏州金茂创业投资管理企业（有限合伙）	南京市清江南路19号南大苏富特科技创新园2号楼14层	025-84730370	苏州金茂新兴产业创业投资企业（有限合伙）	2016/08/25	2011/05/11
190	苏州毅达创新创业投资合伙企业（有限合伙）	苏州高新区狮山路199号1幢2608室	051268059097	苏州毅达创新创业投资合伙企业（有限合伙）	2016/08/25	2015/03/16
191	苏州高新新联创业投资管理有限公司	苏州高新区科灵路37号	0512-68313528	苏州高新友利创业投资有限公司	2016/08/25	2010/04/28
192	太仓高新创业投资有限公司	江苏省太仓经济开发区青岛西路38号	13776292216	太仓高新创业投资有限公司	2016/08/25	2013/05/17
193	苏州工业园区友丰创业投资有限公司	苏州工业园区金海路42号	65285151	苏州工业园区友丰创业投资有限公司	2016/08/26	2008/01/30
194	苏州高新明鑫创业投资管理有限公司	苏州高新区科灵路37号1幢	68313299	苏州明鑫高投创业投资有限公司	2016/08/26	2011/02/15
195	三角洲创业投资管理（苏州）有限公司	苏州工业园区凤里街345号沙湖创投中心1座	0512-66966976	长三角创业投资企业	2016/08/26	2008/01/07
196	江苏同兴财富投资管理有限公司	苏州工业园区唯亭镇星澄路9号B-G幢	0512-69560209	江苏昌盛阜创业投资有限公司	2016/08/26	2008/08/22
197	南京协立投资管理有限公司	长江路188号德基大厦7楼	025-86816827	苏州君实协立创业投资有限公司	2016/08/26	2014/01/06
198	苏州泰德创业投资有限们公司	苏州工业园区星湖街328号创意产业园C-6国华大厦	18601612555	苏州泰德创业投资有限们公司	2016/08/26	2009/10/14
199	吴江东运创业投资有限公司	吴江经济开发区云梨路北侧	63960764	吴江东运创业投资有限公司	2016/08/26	2008/06/24

续表

序号	管理机构	通讯地址	联系电话	所管理创业投资企业	备案时间	设立时间
200	苏州高新创业投资集团有限公司	苏州高新区科技城科灵路37号	0512-68310566	苏州融联创业投资企业（有限合伙）	2016/08/29	2012/03/15
201	太仓市大学科技园创业投资有限公司	太仓市科教新城健雄路20号	0512-53581606	太仓市大学科技园创业投资有限公司	2016/08/29	2013/05/10
202	和利创业投资管理（苏州）有限公司	苏州工业园区翠园路151号5楼	0512-66969656	同利创业投资有限公司	2016/08/29	2007/12/19
203	太仓市科教新城创业投资有限公司	江苏省太仓市科教新城健雄路20号	0512-53581606	太仓市科教新城创业投资有限公司	2016/08/29	2013/03/27
204	江苏同兴财富投资管理有限公司	苏州工业园区唯亭镇星澄路9号B-G幢	0512-69560209	苏州工业园区南凯创业投资有限公司	2016/08/29	2011/03/23
205	江苏同兴财富投资管理有限公司	苏州工业园区唯亭镇星澄路9号B-G幢	0512-69560209	江苏通顺创业投资有限公司	2016/08/29	2009/08/25
206	苏州亿文创新资本管理有限公司	苏州阊胥路77号	68635707	苏州亿和创业投资有限公司	2016/08/29	2009/12/25
207	苏州乔景东方投资管理咨询有限公司	苏州市吴江区松陵镇人民路300号	18101815865	苏州乔信赢合创业投资企业（有限合伙）	2016/08/29	2013/10/09
208	江苏同兴财富投资管理有限公司	苏州工业园区唯亭镇星澄路9号B-G幢	0512-69560209	苏州工业园区弘丰创业投资有限公司	2016/08/29	2010/04/27
209	基金自我管理	未知	未知	苏州华慧创业投资中心（有限合伙）	2016/08/30	2010/04/30
210	深圳金晟硕业资产管理股份有限公司	深圳市福田区金田路4028号荣超经贸中心32层3201-3202	0755-23607702	苏州金晟硕德创业投资中心（有限合伙）	2016/08/31	2012/09/24
211	苏州景风正德创业投资管理有限公司	苏州工业园区凤里街345号沙湖创投口心1座D区309室	0512-66969517	苏州德睿亨风创业投资有限公司	2016/08/31	2010/04/21
212	苏州高新创业投资集团有限公司	苏州高新区科技城科灵路37号	0512-68310566	苏州高新创业投资集团有限公司	2016/08/31	2008/07/30
213	苏州工业园区辰融创业投资有限公司	苏州市工业园区翠薇路9号月亮湾国际中心17楼楼	0512-62998857	苏州工业园区辰融创业投资有限公司	2016/08/31	2008/05/14
214	江苏昆山高特佳创业投资有限公司	昆山市花桥镇兆丰路18号亚太广场1213室	021-32515637	江苏昆山高特佳创业投资有限公司	2016/08/31	2007/05/16

续表

序号	管理机构	通讯地址	联系电话	所管理创业投资企业	备案时间	设立时间
215	苏州羲融创业投资有限公司	苏州工业园区翠薇街 9 号月亮湾国际中心大厦 17 楼	0512-62998857	苏州羲融创业投资有限公司	2016/08/31	2010/01/30
216	苏州坤融创业投资有限公司	苏州工业园区翠薇街 9 号月亮湾国际中心 17 楼	0512-62998857	苏州坤融创业投资有限公司	2016/08/31	2010/03/15
217	钟鼎（上海）创业投资管理有限公司	上海世纪大道 1777 号 11C	021-61652668-801	苏州钟鼎创业投资中心（有限合伙）	2016/08/31	2010/01/14
218	苏州新协创业投资有限公司	苏州工业园区星海街 5 号 L05 室	0512-62620019	苏州新协创业投资有限公司	2016/08/31	2006/05/16
219	苏州恒融创业投资有限公司	苏州工业园区翠薇街 9 号月亮湾国际中心大厦 17 楼	0512-62998857	苏州恒融创业投资有限公司	2016/08/31	2007/12/07
220	苏州凯风正德创业投资管理合伙企业（有限合伙）	苏州工业园区风里街 345 号沙湖创投中心 1 座 C 区 203 室	66969517	苏州凯风万盛创业投资合伙企业（有限合伙）	2016/09/01	2011/08/22
221	苏州工业园区原点创业投资有限公司	苏州工业园区苏虹东路 183 号东沙湖股权投资中心 19 幢	0512-66969535	苏州工业园区原点创业投资有限公司	2016/09/01	2008/03/26
222	凯风创业投资有限公司	苏州市工业园区苏虹东路 183 号东沙湖股权投资中心 19 幢 2 楼 238 室	0512-66969999	凯风创业投资有限公司	2016/09/01	2006/07/10
223	苏州工业园区易联投资管理有限公司	苏州园区凤里街 345 号沙湖创投 1 座 A105	66969939	苏州工业园区易联创业投资基金有限公司	2016/09/01	2010/03/12
224	中新苏州工业园区创业投资有限公司	江苏省苏州工业园苏虹东路 183 号东沙湖股权投资中心 19 幢	0512-669699999	中新苏州工业园区创业投资有限公司	2016/09/01	2001/11/28
225	东吴创业投资有限公司	苏州园区星阳街 5 号	051262938012	东吴创业投资有限公司	2016/09/06	2010/01/07
226	苏州深蓝创业投资有限公司	苏州工业园区星海街 198 号	15862521586	苏州深蓝创业投资有限公司	2016/09/12	2007/09/04

续表

序号	管理机构	通讯地址	联系电话	所管理创业投资企业	备案时间	设立时间
227	苏州安固创业投资有限公司	苏州工业园区星湖街 328 号创意产业园 2-把 04 苏州工业园区东旺路安固工业园	13776038181	苏州安固创业投资有限公司	2016/09/12	2007/09/20
228	苏州清商成长创业投资企业（有限合伙）	苏州市高新区昆仑山路 68 号	62621310	苏州清商成长创业投资企业（有限合伙）	2016/09/22	2011/09/13
229	苏州景风正德创业投资管理有限公司	苏州工业园区凤里街 345 号沙湖创投中心 1 座 D 区 309 室	0512-66969517	江苏华成华利创业投资有限公司	2016/09/23	2009/10/21
230	华亿创业投资管理苏州有限公司	苏州工业园区凤里街 345 号	13338004080	英菲尼迪-中新创业投资企业	2016/09/29	2005/04/01
231	东吴创业投资有限公司	苏州园区星阳街 5 号	051262938012	苏州国嘉创业投资有限公司	2016/09/29	2008/01/25
232	苏州德晟亨风创业投资合伙企业（有限合伙）	苏州工业园区苏虹东路 183 号 18 号楼 2F	13771887575	苏州德晟亨风创业投资合伙企业（有限合伙）	2016/09/29	2011/09/13
233	昆山红土创业投资管理有限公司	玉山镇苇城南路 1699 号 14 层 1402-3	13776301770	昆山红土高新创业投资有限公司	2016/09/29	2012/07/13
234	基金自我管理	未知	未知	苏州工业园区禾源北极光合伙企业（有限合伙）	2016/09/30	2011/08/09
235	苏州国发创新资本管理有限公司	苏州市工业园区苏惠路 98 号国检大厦 1203 室	0512-65168830	苏州国发创新资本投资有限公司	2016/09/30	2007/01/18
236	基金自我管理	未知	未知	苏州华亿创业投资中心（有限合伙）	2016/09/30	2008/10/19
237	中科招商投资管理集团股份有限公司	深圳市福田中心区深南大道 4009 号投资大厦 13 层 D2-1 区	075582913284	常熟中科东南创业投资有限公司	2016/10/09	2010/02/08

续表

序号	管理机构	通讯地址	联系电话	所管理创业投资企业	备案时间	设立时间
238	吴江富坤赢通长三角科技创业投资中心（有限合伙）	上海市长宁区仙霞路 345 号 11 楼 D1	15221111516	吴江富坤赢通长三角科技创业投资中心（有限合伙）	2016/10/24	2011/11/08
239	江苏省高科技产业投资股份有限公司	南京市鼓楼街 88 号绿地国际商务中心 711 室	83308120	江苏省高科技产业投资股份有限公司	2016/05/04	1997/04/08
240	江苏威望创业投资有限公司	南通船舶工业配套园区（陈桥）荣盛路 88 号	0513-80108636	江苏威望创业投资有限公司	2016/05/30	2009/10/14
241	南通创新资本创业投资管理有限公司	南通市工农路 28 号	0513-83562508	南通红土创新资本创业投资有限公司	2016/08/25	2007/09/12
242	江苏高新创业投资管理有限公司	南京市广州路 191 号五环大厦 20 楼	025-51889764	江苏高胜科技创业投资有限公司	2016/08/25	2006/12/27
243	江苏高新创业投资管理有限公司	南京市广州路 191 号五环大厦 20 楼	025-51889764	南通高胜成长创业投资有限公司	2016/08/25	2008/09/10
244	江苏鼎鸿创业投资有限公司	南通市沈家巷 15 号	0513-85519301	江苏鼎鸿创业投资有限公司	2016/08/31	2008/03/01
245	江苏中科华艺创业投资有限公司	海安县海安镇长江西路 88 号	88869893	江苏中科华艺创业投资有限公司	2016/08/31	2007/03/30
246	南通科技创业投资管理有限公司	南通市崇川区工农路 33 号金融汇 2402 室	0513-81500890	南通科技创业投资有限公司	2016/08/31	2011/04/22
247	南通松禾资本管理有限公司	南通市人民东路 6 号王府大厦 2 号楼 8 楼	0513-85507236	南通松禾创业投资合伙企业（有限合伙）	2016/09/02	2009/01/05
248	南通国信君安创业投资管理有限公司	南通市工农路 33 号金融汇 2408 室	15901906846	南通国信君安创业投资有限公司	2016/09/07	2014/01/16
249	南通挚盈投资管理有限公司	江苏省南通市崇川区姚港路 6 号方天大厦 701	0513-85050158	南通中欧创业投资中心（有限合伙）	2016/09/07	2014/08/27
250	江苏高投创业投资管理有限公司	南京市山西路 128 号和泰国际大厦	025-66009656	徐州高新创业投资有限公司	2016/09/06	2010/02/24

续表

序号	管理机构	通讯地址	联系电话	所管理创业投资企业	备案时间	设立时间
251	徐州国盛鸿运创业投资有限公司	徐州市泉山区建国西路锦绣嘉园 8 #-1-2303	85906727	徐州国盛鸿运创业投资有限公司	2016/09/06	2014/01/21
252	国本创业投资江苏有限公司	徐州市泉山区泰山路文化城 6-06 号	80268997	国本创业投资江苏有限公司	2016/09/27	2012/11/09
253	连云港金海创业投资有限公司	连云港市海州区朝阳东路 32-7606	0518-85523512	连云港金海创业投资有限公司	2016/08/19	2006/07/19
254	中科招商投资管理集团股份有限公司	深圳市福田中心区深南大道 4009 号投资大厦 13 层 D2-1 区	075582913284	连云港中科黄海创业投资有限公司	2016/08/19	2010/03/22
255	江苏新海连创业投资有限公司	连云港经济技术开发区天山路物产大厦第 8 层	13815665471	江苏新海连创业投资有限公司	2016/08/22	2010/04/27
256	连云港江森创业投资有限公司	江苏省赣榆经济开发区中小企业园办公楼 289 室	051886288359	连云港江森创业投资有限公司	2016/08/25	2012/12/10
257	连云港市润财创业投资发展有限公司	连云港市新浦区海连中路 76 号	051885523088	连云港市润财创业投资发展有限公司	2016/08/25	2010/10/22
258	连云港恒鑫创业投资有限公司	江苏省赣榆海洋经济开发区	05186035807	连云港恒鑫创业投资有限公司	2016/08/26	2013/12/19
259	淮安留创园创业投资有限公司	淮安经济开发区海口路 9 号	051783600209	淮安留创园创业投资有限公司	2016/08/19	2012/05/25
260	淮安兴和创业投资有限公司	淮安市北京北路 103 号 636 室	83643158	淮安兴和创业投资有限公司	2016/08/23	2012/07/25
261	淮安市创业投资有限公司	江苏省淮安市淮海北路 31 号 19 楼	0517-83908923	淮安市创业投资有限公司	2016/08/23	2010/07/02
262	淮安经开创业投资有限公司	淮安市开发区富誉路 5 号	13912071399	淮安经开创业投资有限公司	2016/09/06	2013/09/11
263	滨海沿海创业投资有限公司	江苏滨海经济开发区沿海工业园办公楼五楼	18936336999	滨海沿海创业投资有限公司	2014/05/26	2011/03/25
264	江苏滨海高石创业投资有限公司	江苏滨海经济开发区沿海工业园东឴晋六道北侧	18936336999	江苏滨海高石创业投资有限公司	2014/05/26	2011/08/03

续表

序号	管理机构	通讯地址	联系电话	所管理创业投资企业	备案时间	设立时间
265	中科招商投资管理集团股份有限公司	深圳市福田中心区深南大道4009号投资大厦13层D2-1区	075582913284	盐城市中科盐发创业投资企业（有限合伙）	2014/05/26	2011/11/02
266	盐城市恒利风险投资有限公司	盐城市青年14号A区13幢606室	051588581558	盐城市恒利风险投资有限公司	2016/06/02	2002/08/06
267	江苏省苏港创业投资有限公司	江苏省盐城市大丰市港区海融广场4号楼二楼	15851018845	江苏省苏港创业投资有限公司	2016/08/23	2010/08/10
268	江苏高投创业投资管理有限公司	南京市山西路128号和泰国际大厦	025-66009656	盐城高投创业投资有限公司	2016/08/25	2010/08/06
269	江苏大丰众成科技创业投资有限公司	江苏省大丰市南翔西路666号	13912526286	江苏大丰众成科技创业投资有限公司	2016/08/25	2011/04/26
270	中科招商投资管理集团股份有限公司	深圳市福田中心区深南大道4009号投资大厦13层D2-1区	075582913284	盐城市中科盐发创业投资企业（有限合伙）	2016/08/25	2011/11/02
271	江苏悦达创业投资有限公司	江苏省盐城经济技术开发区希望大道南路5号1＃1101	0515-89910366	江苏悦达创业投资有限公司	2016/10/08	2012/03/15
272	扬州市创业投资有限公司	扬州市广陵区皮坊街1号琼花大厦5楼	0514-80783919	扬州市创业投资有限公司	2016/08/15	2007/05/21
273	扬州英飞尼迪创业投资管理有限公司	扬州文昌西路56号公园国际大厦412室	0514-87785512	扬州英飞尼迪创业投资中心（有限合伙）	2016/08/15	2010/11/26
274	江苏金茂创业投资管理有限公司	南京市清江南路19号南大苏富特科技创新园2号楼14层	02584730370	扬州经信新兴产业创业投资中心（有限合伙）	2016/08/18	2013/01/08
275	扬州高通创业投资管理有限公司	江苏省高邮市海潮东路28号	13911413375	威通创业投资江苏有限公司	2016/08/19	2010/12/27
276	扬州海圣创业投资中心（有限合伙）	扬州市文汇西路268号	0514-87991537	扬州海圣创业投资中心（有限合伙）	2016/08/19	2012/07/09

续表

序号	管理机构	通讯地址	联系电话	所管理创业投资企业	备案时间	设立时间
277	基金自我管理	未知	未知	江苏高投鑫海创业投资有限公司	2016/08/19	2011/04/27
278	江苏高新创业投资管理有限公司	南京市广州路191号五环大厦20楼	025-51889764	江苏高鼎科技创业投资有限公司	2016/08/25	2007/08/31
279	江苏华工创业投资有限公司	江苏省扬州市开发西路217号	0514-89785833	江苏华工创业投资有限公司	2016/08/25	2010/06/03
280	江苏吉星创业投资有限公司	江苏省丹阳市开发区迎宾路104号	13236369625	江苏吉星创业投资有限公司	2015/05/21	2013/07/09
281	南京协立创业投资有限公司	南京市长江路188号德基大厦7楼A座	02586816830	镇江君鼎协立创业投资有限公司	2016/03/07	2013/02/04
282	深圳力合天使创业投资管理有限公司	深圳市高新技术产业园深圳清华大学研究院B301（88号信箱）	0755-26948970	镇江力合天使创业投资企业（有限合伙）	2016/04/21	2012/12/13
283	江苏艾利克斯投资有限公司	南京市玄武区玄武大道699-1号	0511-86900801	江苏艾利克斯投资有限公司	2016/06/02	2006/01/19
284	镇江银河创业投资有限公司	镇江新区经十二路468号双子楼B座10楼	010-83574601	镇江银河创业投资有限公司	2016/07/22	2012/06/11
285	扬中创业投资有限公司	扬中市三茅镇江洲南路38号	051188125688	扬中创业投资有限公司	2016/08/15	2011/05/26
286	镇江红土创业投资有限公司	镇江市民营经济开发区润兴路金泰大厦北单元207、209	18605115559	镇江红土创业投资有限公司	2016/08/16	2011/04/22
287	基金自我管理	未知	未知	江苏盛宇丹昇创业投资有限公司	2016/08/18	2008/10/28
288	江苏聚融创业投资有限公司	句容经济开发区华阳西路（开发建设总公司内）	0511-87899196	江苏聚融创业投资有限公司	2016/08/19	2011/11/16
289	基金自我管理	未知	未知	镇江中科金山创业投资企业（有限合伙）	2016/08/19	2011/08/24
290	镇江市创业风险投资有限责任公司	镇江市解放路201号	85015808	镇江市创业风险投资有限责任公司	2016/08/23	2001/12/13
291	镇江高新创业投资有限公司	镇江新区港南路401号金融大厦19楼	13862443275	镇江高新创业投资有限公司	2016/08/24	2010/06/11

续表

序号	管理机构	通讯地址	联系电话	所管理创业投资企业	备案时间	设立时间
292	镇江国投创业投资有限公司	镇江市中山东路381号中山大厦4楼	13655282244	镇江国投创业投资有限公司	2016/08/24	2011/10/19
293	江苏高投创业投资管理有限公司	南京市山西路128号和泰国际大厦	025-66009656	镇江高投创业投资有限公司	2016/08/25	2008/08/15
294	丹阳市高新技术创业投资有限公司	丹阳市经济开发区兰陵路8号B区3032	051186922618	丹阳市高新技术创业投资有限公司	2016/08/25	2010/12/31
295	江苏丰鑫创业投资有限公司	丹阳市开发区科技创业园D2座三层	86301899	江苏丰鑫创业投资有限公司	2016/08/25	2013/06/21
296	镇江高科创业投资有限公司	镇江市京口区正东路6号	0511-85017490	镇江高科创业投资有限公司	2016/08/29	2012/03/17
297	镇江康成亨创业投资管理有限公司	镇江新区丁卯智慧大道468号双子楼B座603室	13701519777	镇江康成亨创业投资合伙企业（有限合伙）	2016/09/01	2013/08/12
298	江苏国宗元创业投资基金（有限合伙）	丹阳开发区齐梁路19号科技创业园H座	13901166590	江苏国宗元创业投资基金（有限合伙）	2016/09/23	2014/12/31
299	泰州融众创业投资有限公司	泰州市凤凰东路50号公积金中心7楼	0523-86999080	泰州融众创业投资有限公司	2015/05/26	2008/12/23
300	靖江市高新技术创业投资有限公司	江苏省靖江市山南路18号华信科技创业园内	13812391535	靖江市高新技术创业投资有限公司	2016/08/24	2011/03/22
301	泰州中国医药城融健达创业投资有限公司	泰州市药城大道一号1幢497室	18852608886	泰州中国医药城融健达创业投资有限公司	2016/08/24	2013/03/19
302	泰州健鑫创业投资有限公司	泰州市药城大道一号1幢562室	18852608886	泰州健鑫创业投资有限公司	2016/08/24	2012/12/14
303	江苏华全创业投资有限公司	兴化市经济开发区昭阳变电所西北侧科技创业中心108室	13961076917	江苏华全创业投资有限公司	2016/08/25	2013/01/05
304	泰州华健创业投资有限公司	泰州市药城大道8号楼408室	18021871456	泰州华健创业投资有限公司	2016/08/31	2007/06/08
305	宿迁中砥创业投资有限公司	宿迁市宿豫区珠江路东侧	052782688017	宿迁中砥创业投资有限公司	2015/05/18	2012/01/12

续表

序号	管理机构	通讯地址	联系电话	所管理创业投资企业	备案时间	设立时间
306	宿迁市开创创业投资有限公司	宿迁经济开发区商务中心	88859628	宿迁市开创创业投资有限公司	2015/05/28	2010/09/07
307	宿迁科技创业投资有限公司	宿迁市青海湖路17号（江苏银行12楼）	0527-87031252	宿迁科技创业投资有限公司	2016/08/25	2012/03/23
308	泗洪县永盛创业投资有限公司	泗洪县青阳镇建设北路16号	0527-88359669	泗洪县永盛创业投资有限公司	2016/10/09	2012/11/05
309	泗阳县三新创业投资有限公司	泗阳县众兴镇北京中路1号	13951193619	泗阳县三新创业投资有限公司	2016/10/13	2011/07/29
310	江苏荣建创业投资管理有限公司	南京市广州路188号苏宁环球大厦1206	025-66982818	江苏荣建创业投资管理有限公司	2011/06/13	2010/02/02
311	江苏高新创业投资管理有限公司	南京市广州路191号五环大厦20楼	025-51889764	江苏高新创业投资有限公司	2014/06/10	2005/08/15
312	江苏高达创业投资有限公司	南京市云南北路49号天星翠琅大厦18楼	83153506	江苏高达创业投资有限公司	2014/07/21	1998/08/03
313	江苏金城创业投资有限责任公司	南京市五台山1号丰汇大厦25E	13801593289	江苏金城创业投资有限责任公司	2015/06/25	2007/04/30
314	江苏高投创业投资管理有限公司	南京市山西路128号和泰国际大厦	025-66009656	江苏鹰能创业投资有限公司	2016/08/25	2007/08/28
315	江苏高投创业投资管理有限公司	南京市山西路128号和泰国际大厦	025-66009656	江苏高投中小企业创业投资有限公司	2016/08/25	2009/05/07
316	江苏高投创业投资管理有限公司	南京市山西路128号和泰国际大厦	025-66009656	江苏高投发展创业投资有限公司	2016/08/25	2010/07/16
317	江苏高科技投资集团有限公司	南京市山西路128号和泰国际大厦	025-85529999	江苏高科技投资集团有限公司	2016/08/26	1992/07/30
318	高投名力成长创业投资有限公司	南京市鼓楼区山西路128号	15821089286	高投名力成长创业投资有限公司	2016/08/31	2007/04/29
319	西藏金缘投资管理有限公司	南京市清江南路19号南大苏富特科技创新园2号楼14层	18662726798	江苏金茂经信创业投资有限公司	2016/08/31	2009/12/31
320	江苏高投创业投资管理有限公司	南京市山西路128号和泰国际大厦	025-66009656	江苏高投成长创业投资有限公司	2016/09/01	2008/01/02

续表

序号	管理机构	通讯地址	联系电话	所管理创业投资企业	备案时间	设立时间
321	江苏汇鸿创业投资有限公司	南京市白下路91号汇鸿大厦26楼	025-86770767	江苏汇鸿创业投资有限公司	2016/09/19	2007/06/05
322	江苏天氏创业投资有限公司	南京市建邺区江东中路215号凤凰文化广场B座19楼	025-85867799	江苏天氏创业投资有限公司	2016/09/22	2005/10/09
323	江苏高弘投资管理有限公司	南京市中华路50号弘业大厦601室	52308939	江苏弘瑞科技创业投资有限公司	2016/09/27	2002/09/29
324	江苏省信用再担保集团投资有限公司	南京市鼓楼区湖南路1号凤凰广场B座28楼	025-83657250-813	江苏再保创业投资有限公司	2016/09/27	2012/06/15
325	江苏南泰创业投资有限公司	江苏省南京市长江路188号德基大厦28层	13851559500	江苏南泰创业投资有限公司	2016/09/28	2010/02/04
326	江苏福鑫创业投资股份有限公司	南京市白下区洪武路359号707，708	18661201222	江苏福鑫创业投资股份有限公司	2016/09/28	2012/01/06
327	江苏广电创业投资有限公司	江苏省南京市北京东路4号	83188111	江苏广电创业投资有限公司	2016/09/29	2011/03/14

附录 2.11 浙江省备案创业投资机构名录

序号	管理机构	通讯地址	联系电话	所管理创业投资企业	备案时间	设立时间
1	基金自我管理	未知	未知	浙江海泰丰瑞创业投资有限公司	2011/05/19	2008/01/16
2	浙江联盛创业投资有限公司	浙江省绍兴市上虞市曹娥街道白米堰村（风帆电气内）	0575-82156298	浙江联盛创业投资有限公司	2011/06/13	2007/10/26
3	浙江赛伯乐投资管理有限公司	杭州市滨江区江南大道3350号创新大厦20楼	13385816667	绍兴龙山赛伯乐创业投资有限公司	2011/06/14	2008/09/03

续表

序号	管理机构	通讯地址	联系电话	所管理创业投资企业	备案时间	设立时间
4	浙江天堂硅谷股权投资管理集团有限公司	杭州玉皇山路 76 号	0571-87083018	浙江天堂硅谷晨曦创业投资有限公司	2012/07/06	2007/10/16
5	浙江天堂硅谷股权投资管理集团有限公司	杭州玉皇山路 76 号	0571-87083018	浙江天堂硅谷朝阳创业投资有限公司	2012/07/06	2007/04/16
6	浙江天堂硅谷股权投资管理集团有限公司	杭州玉皇山路 76 号	0571-87083018	浙江天堂硅谷阳光创业投资有限公司	2012/07/06	2006/06/20
7	浙江天堂硅谷股权投资管理集团有限公司	杭州玉皇山路 76 号	0571-87083018	浙江天堂硅谷合众创业投资有限公司	2012/07/06	2007/10/24
8	浙江银家创业投资有限公司	杭州市莲花峰路 12 号	88999681	浙江银家创业投资有限公司	2012/07/09	2009/12/24
9	诸暨鼎信创业投资有限公司	浙江省诸暨市店口镇工业区	0575-87660802	诸暨鼎信创业投资有限公司	2012/07/09	2008/07/29
10	浙江宏城创业投资有限公司	浙江诸暨市东二路 45 号第六层	13806777688	浙江宏城创业投资有限公司	2012/08/27	2011/04/27
11	浙江德清科技创业投资有限公司	武康镇府西弄 18-28 号	05728068538	浙江德清科技创业投资有限公司	2013/05/29	2007/04/03
12	浙江时代创业投资有限公司	永康市东城城北东路 381 号	0579-87151888	浙江时代创业投资有限公司	2013/07/10	2006/12/25
13	通联创业投资股份有限公司	杭州市钱江新城新业路 8 号华联时代大厦 B 幢 25 层	0571-87153717	通联创业投资股份有限公司	2013/07/10	2000/12/11
14	浙江华严创业投资有限公司	嘉兴市永高路 29 号	0573-82615555	浙江华严创业投资有限公司	2013/07/10	2011/03/22
15	嘉兴建元善达创业投资合伙企业（有限合伙）	嘉兴市广益路 1319 号中创电气商贸园 1 幢 604-6 室	18616572368	嘉兴建元善达创业投资合伙企业（有限合伙）	2013/11/01	2013/04/16
16	浙江天堂硅谷股权投资管理集团有限公司	杭州玉皇山路 76 号	0571-87083018	浙江天堂硅谷合丰创业投资有限公司	2014/01/03	2009/10/13

续表

序号	管理机构	通讯地址	联系电话	所管理创业投资企业	备案时间	设立时间
17	浙江天堂硅谷股权投资管理集团有限公司	杭州玉皇山路 76 号	0571-87083018	浙江天堂硅谷合胜创业投资有限公司	2014/01/03	2009/10/20
18	浙江天堂硅谷股权投资管理集团有限公司	杭州玉皇山路 76 号	0571-87083018	浙江台州天堂硅谷合盈创业投资有限公司	2014/01/03	1999/05/01
19	浙江天堂硅谷股权投资管理集团有限公司	杭州玉皇山路 76 号	0571-87083018	浙江天堂硅谷盈通创业投资有限公司	2014/01/03	2010/06/02
20	浙江天堂硅谷股权投资管理集团有限公司	杭州玉皇山路 76 号	0571-87083018	浙江天堂硅谷长泰创业投资合伙企业（有限合伙）	2014/01/03	2011/07/15
21	浙江春晖创业投资有限公司	浙江省上虞市春晖工业大道 286 号	13905850824	浙江春晖创业投资有限公司	2014/10/20	2007/10/17
22	浙江亚欧创业投资有限公司	杭州望江东路 299 号冠盛大厦 20 层	89880008	浙江亚欧创业投资有限公司	2014/12/31	2010/12/17
23	浙江君越创业投资有限公司	浙江省杭州市江干区富春路 308 号华成国际发展大厦 3803 室	0571-86576393	浙江君越创业投资有限公司	2015/04/24	2011/03/14
24	浙江华睿控股有限公司	杭州市西湖区灵溪南路 5 号	057188163183	浙江华睿睿银创业投资有限公司	2015/06/09	2007/03/28
25	浙江省创业投资集团有限公司	杭州市文二路 207 号文欣大厦 16 楼	0571-88259216	浙江省创业投资集团有限公司	2015/06/10	2000/09/30
26	电联创业投资有限公司	杭州市江干区杭海路 238 号森禾商务广场 B 座 1303 室	0571-86049029	电联创业投资有限公司	2015/06/19	2005/10/12
27	浙江金桥创业投资有限公司	浙江省杭州市余杭区临平南苑街道玩月街 88 号国贸大厦 10 楼	0571-89180781	浙江金桥创业投资有限公司	2015/06/19	2007/08/14
28	浙江联德创业投资有限公司	浙江杭州西湖区求是路公元大厦北楼 1502	87999682	浙江联德创业投资有限公司	2015/06/23	2010/05/31

续表

序号	管理机构	通讯地址	联系电话	所管理创业投资企业	备案时间	设立时间
29	浙江红榕创业投资有限公司	杭州市江干区钱江新城丹桂街19号迪凯国际中心1601室	057181101060	浙江红榕创业投资有限公司	2015/07/03	2010/07/16
30	基金自我管理	未知	未知	光大金控创业投资有限公司	2015/10/08	2011/01/25
31	浙江卧龙创业投资有限公司	上虞市曹娥街道舜江西路368号	0575—89289355	浙江卧龙创业投资有限公司	2016/08/23	2009/04/16
32	浙江华睿控股有限公司	杭外市西湖区灵溪南路5号	057188163183	诸暨华睿嘉银创业投资合伙企业(有限合伙)	2016/08/23	2014/11/21
33	浙江天越创业投资有限公司	浙江省诸暨市暨阳街道西施大街59号15楼	0575-87011538	浙江天越创业投资有限公司	2016/08/23	2009/05/04
34	浙江省科技风险投资有限公司	杭州市文一路115号杭电实验楼3楼东	13588817235	浙江省科技风险投资有限公司	2016/08/23	1993/06/01
35	安丰创业投资有限公司	浙汇省杭州市上城区甘水巷141号101室	0571-87633583	安丰创业投资有限公司	2016/08/23	2008/02/28
36	浙江新干线传媒投资有限公司	杭州体育场路178号	85310058	浙江亿品创业投资有限公司	2016/08/23	2012/03/27
37	浙江新干线传媒投资有限公司	杭州体育场路178号	85310058	浙江亿诚创业投资有限公司	2016/08/23	2010/05/06
38	湖州市创业投资有限责任公司	湖州市南太湖科技创新中心11楼	15857204198	湖州市创业投资有限责任公司	2016/08/23	2008/09/09
39	浙江浙科美林创业投资有限公司	杭州市文一路115号杭电实验楼三楼东	88869317	浙江浙科美林创业投资有限公司	2016/08/23	2011/04/19
40	浙江兰德创业投资有限公司	杭州市西湖区西园八路1号浙大网新软件园A座13层	0571-86963977	浙江兰德创业投资有限公司	2016/08/23	2010/07/28
41	浙江蓝桂资产管理有限公司	杭州市丹桂街19号迪凯国际中心38楼	87225418	浙江信德丰创业投资有限公司	2016/08/23	2010/05/27

续表

序号	管理机构	通讯地址	联系电话	所管理创业投资企业	备案时间	设立时间
42	浙江华睿控股有限公司	西湖区灵溪南路 5 号	88163183	嘉兴华睿布谷鸟创业投资合伙企业（有限合伙）	2016/08/23	2014/08/14
43	浙江新干线传媒投资有限公司	杭州体育场路 178 号	85310058	浙江亿都创业投资有限公司	2016/08/23	2007/11/20
44	温商创业投资有限公司	浙江瑞安万松路 6 弄 2 幢	0577-65625499	温商创业投资有限公司	2016/08/23	2007/06/21
45	浙江大学科技创业投资有限公司	杭州市玉古路 147 号黄鸿年科技综合楼二楼 229 室	87397926	浙江大学科技创业投资有限公司	2016/08/23	2008/10/29
46	浙江卓景创业投资有限公司	浙江省诸暨市店口镇解放路 386 号	0575-87637295	浙江卓景创业投资有限公司	2016/08/23	2010/08/27
47	浙江国源创业投资有限公司	浙江省诸暨市暨阳街道新光村	87186957	浙江国源创业投资有限公司	2016/08/23	2008/11/01
48	杭州浙科友业投资管理有限公司	杭州市文一路 115 号杭电实验楼三楼东	88869317	浙江浙科汇丰创业投资有限公司	2016/08/23	2010/09/14
49	浙江弘帆创业投资有限公司	杭州市上城区水门南路 3 号锦绣工坊 3 号楼 323 室	13396818860	浙江弘帆创业投资有限公司	2016/08/23	2010/10/08
50	浙江红土创业投资管理有限公司	嘉兴市亚太路 705 号浙江清华长三角研究院总部创新大厦 19 楼 1901 室	0573-83710185	浙江红土创业投资有限公司	2016/08/23	2010/04/21
51	杭州浙科友业投资管理有限公司	杭州市文一路 115 号杭电实验楼三楼东	88869317	浙江浙科汇利创业投资有限公司	2016/08/23	2010/05/04
52	杭州浙科友业投资管理有限公司	杭州市文一路 115 号杭电实验楼三楼东	88869317	浙江浙科汇盈创业投资有限公司	2016/08/23	2009/09/15
53	浙江诸暨惠风创业投资有限公司	诸暨市暨阳街道苎萝东路 60 号	13575579518	浙江诸暨惠风创业投资有限公司	2016/08/23	2008/08/28
54	浙江华睿控股有限公司	杭州市西湖区灵溪南路 5 号	057188163183	浙江红石创业投资有限公司	2016/08/23	2007/11/27

续表

序号	管理机构	通讯地址	联系电话	所管理创业投资企业	备案时间	设立时间
55	浙江华睿控股有限公司	杭州市西湖区灵溪南路5号	057188163183	浙江华睿德银创业投资有限公司	2016/08/23	2010/05/04
56	浙江华睿控股有限公司	杭州市西湖区灵溪南路5号	057188163183	浙江华睿点金创业投资有限公司	2016/08/23	2009/08/10
57	浙江华睿控股有限公司	杭州市西湖区灵溪南路5号	057188163183	浙江华睿富华创业投资合伙企业（有限合伙）	2016/08/23	2012/07/03
58	浙江华睿控股有限公司	杭州市西湖区灵溪南路5号	057188163183	浙江华睿海越光电产业创业投资有限公司	2016/08/23	2009/12/23
59	浙江华睿控股有限公司	杭州市西湖区灵溪南路5号	057188163183	浙江华睿海越现代服务业创业投资有限公司	2016/08/23	2009/12/28
60	浙江华睿控股有限公司	杭州市西湖区灵溪南路5号	057188163183	浙江华睿弘源智能产业创业投资有限公司	2016/08/23	2010/03/22
61	浙江华睿控股有限公司	杭州市西湖区灵溪南路5号	057188163183	浙江华睿蓝石创业投资有限公司	2016/08/23	2014/09/02
62	浙江华睿控股有限公司	杭州市西湖区灵溪南路5号	057188163183	浙江华睿庆余创业投资有限公司	2016/08/23	2013/12/30
63	浙江华睿控股有限公司	杭州市西湖区灵溪南路5号	057188163183	浙江华睿如山创业投资有限公司	2016/08/23	2010/12/07
64	浙江华睿控股有限公司	杭州市西湖区灵溪南路5号	057188163183	浙江华睿盛银创业投资有限公司	2016/08/23	2009/08/11
65	浙江华睿控股有限公司	杭州市西湖区灵溪南路5号	057188163183	浙江华睿祥生环境产业创业投资有限公司	2016/08/23	2010/11/15
66	浙江华睿控股有限公司	杭州市西湖区灵溪南路5号	057188163183	浙江华睿裕人创业投资合伙企业（有限合伙）	2016/08/23	2012/01/05
67	浙江华睿控股有限公司	杭州市西湖区灵溪南路5号	057188163183	浙江华睿中科创业投资有限公司	2016/08/23	2010/07/04
68	浙江华睿控股有限公司	杭州市西湖区灵溪南路5号	057188163183	浙江蓝石创业投资有限公司	2016/08/23	2008/05/15

续表

序号	管理机构	通讯地址	联系电话	所管理创业投资企业	备案时间	设立时间
69	浙江华睿控股有限公司	杭州市西湖区灵溪南路 5 号	057188163183	浙江泰银创业投资有限公司	2016/08/23	2007/10/16
70	浙江华睿控股有限公司	杭州市西湖区灵溪南路 5 号	057188163183	浙江鑫华丰盈创业投资有限公司	2016/08/23	2010/02/03
71	浙江维科创业投资有限公司	杭州市文三路 398 号东方通信 1917 室	87207616	浙江维科创业投资有限公司	2016/08/23	2008/02/28
72	浙江如山新兴创业投资有限公司	杭州市滨江区泰安路 239 号盾安发展大厦 19 楼	13857162347	浙江如山新兴创业投资有限公司	2016/08/24	2012/09/11
73	浙江如山高新创业投资有限公司	杭州市滨江区泰安路 239 号盾安发展大厦 19 楼	13857162347	浙江如山高新创业投资有限公司	2016/08/24	2010/11/10
74	浙江美林创业投资有限公司	杭州市上城区大名空间商务大厦 910 室	0571-85450699	浙江美林创业投资有限公司	2016/08/24	2008/07/11
75	浙江领庆创业投资有限公司	浙江省杭州市余杭文一西路 998 号海创园 1-1101 室	13588031771	浙江领庆创业投资有限公司	2016/08/24	2011/03/14
76	浙江华瓯创业投资有限公司	杭州市灵隐路 8 号	88301885	浙江华瓯创业投资有限公司	2016/08/24	2007/11/16
77	浙江华瓯创业投资有限公司	杭州市灵隐路 8 号	88301885	浙江合力创业投资有限公司	2016/08/24	2011/03/09
78	浙江华协创业投资有限公司	杭州市白石巷 258 号 10 楼 1007 室	0571-88393715	浙江华协创业投资有限公司	2016/08/24	2008/02/29
79	浙江海鹏投资咨询有限公司	杭州市求是路 8 号公元大厦北楼 1001	057189922222	浙江浙商海鹏创业投资合伙企业（有限合伙）	2016/08/24	2008/06/03
80	浙江德清博大创业投资有限公司	德清县武康镇中兴路宇恒财富国际大厦 16 楼 A 座	0572-8076657	浙江德清博大创业投资有限公司	2016/08/24	2006/11/23
81	嘉兴领汇创业投资管理有限公司	杭州市余杭区文一西路 998 号海创园 1-1101 室	13588031771	嘉兴领汇创业投资管理有限公司	2016/08/24	2011/03/14

续表

序号	管理机构	通讯地址	联系电话	所管理创业投资企业	备案时间	设立时间
82	杭州浙科友业投资管理有限公司	杭州市文一路115号杭电实验楼三楼东	88869317	浙江悦海创业投资有限公司	2016/08/24	2008/05/19
83	东方星空创业投资有限公司	杭州市体育场路178号	85311341	东方星空创业投资有限公司	2016/08/24	2008/10/29
84	浙江瓯信创业投资有限公司	杭州市灵隐路8号	88301885	浙江瓯信创业投资有限公司	2016/08/24	2009/04/02
85	浙商创投股份有限公司	杭州市求是路8号公元大厦北楼1001	0571-89922222	浙江浙商创业投资股份有限公司	2016/08/24	2007/11/16
86	浙江瓯联创业投资有限公司	杭州市灵隐路8号	0571-88301885	浙江瓯联创业投资有限公司	2016/08/24	2009/05/12
87	浙江正茂创业投资有限公司	浙江省诸暨市店口镇解放路386号	0575-87637295	浙江正茂创业投资有限公司	2016/08/24	2010/06/07
88	浙江浙华投资有限公司	嘉兴市亚太路705号8F	0573-82582616	浙江浙华投资有限公司	2016/08/24	2005/06/18
89	杭州浙科友业投资管理有限公司	杭州市文一路115号杭电实验楼三楼东	88869317	浙江浙科银江创业投资有限公司	2016/08/26	2010/10/14
90	基金自我管理	未知	未知	浙江嘉海创业投资有限公司	2016/08/26	2010/01/13
91	杭州浙科友业投资管理有限公司	杭州市文一路115号杭电实验楼三楼东	88869317	浙江浙科升华创业投资有限公司	2016/09/08	2010/10/12
92	桐乡桐创投资管理有限公司	桐乡市梧桐街道世纪大道2633号	13819078466	桐乡图灵创业投资合伙企业（有限合伙）	2016/09/08	2015/07/01
93	德华创业投资有限公司	浙江省德清县武康镇1临溪街588号	0572-8067823	德华创业投资有限公司	2016/10/31	2005/06/20
94	浙江如山成长创投投资有限公司	杭州市滨江区泰安路239号盾安发展大厦19楼	15824405565	浙江如山成长创投投资有限公司	2016/11/07	2008/08/18
95	杭州中小企业创业投资有限公司	杭州市庆春路42号兴业银行大厦402室	13588248311	杭州中小企业创业投资有限公司	2014/06/30	2010/08/13
96	杭州金色未来创业投资有限公司	杭州市江南大道3850号创新大厦13楼	13606516260	杭州金色未来创业投资有限公司	2015/05/28	2009/11/23

续表

序号	管理机构	通讯地址	联系电话	所管理创业投资企业	备案时间	设立时间
97	浙江浙大大晶创业投资有限公司	杭州市西湖区求是路8号公元大厦南楼1201室	0571-87382898	浙江浙大大晶创业投资有限公司	2016/06/06	2001/01/03
98	杭州浙科友业投资管理有限公司	杭州市文一路115号杭电实验楼三楼东	13588817235	杭州浙科汇庆创业投资合伙企业（有限合伙）	2016/06/06	2013/04/10
99	基金自我管理	未知	未知	浙江华睿泰信创业投资有限公司	2016/06/07	2008/07/21
100	浙江华睿控股有限公司	杭州市西湖区灵溪南路5号	057188163183	浙江华睿医疗创业投资有限公司	2016/06/07	2011/01/24
101	浙江盈瓯创业投资有限公司	杭州市灵隐路8号	88301885	浙江盈瓯创业投资有限公司	2016/06/07	2010/11/05
102	杭州如山创业投资有限公司	杭州市滨江区泰安路239号盾安发展大厦19楼	13857162347	杭州如山创业投资有限公司	2016/06/13	2007/07/10
103	维美创业投资有限公司	萧山区经济技术开发区市心北路99号	0571-82737700	维美创业投资有限公司	2016/06/13	2001/10/10
104	杭州市高科技投资有限公司	上城区惠兴路2号	0571-87062232	杭州市高科技投资有限公司	2016/06/13	2000/08/01
105	杭州泰恒投资管理有限公司	杭州市江干区新塘路33号三新大厦1969室	0571-87155993	杭州钱江中小企业创业投资有限公司	2016/06/14	2010/09/25
106	杭州滨江创业投资有限公司	杭州市江干区太平门直街260-276号三新银座大厦2203室	0571-86506515	杭州滨江创业投资有限公司	2016/06/14	2011/05/26
107	杭州文广股权投资管理有限公司	上城区之江路888号1014室	0571-89833993	杭州文广创业投资有限公司	2016/06/14	2010/12/29
108	基金自我管理	未知	未知	浙江中科和银创业投资有限公司	2016/06/14	2011/06/01
109	杭州高新风险投资有限公司	杭州文三路199号创业大厦707	88212247	杭州高新风险投资有限公司	2016/06/15	2005/12/29
110	杭州红土创业投资有限公司	杭州市江干区解放东路37号财富金融中心2幢2006室	057188860693	杭州红土创业投资有限公司	2016/06/15	2009/05/22

续表

序号	管理机构	通讯地址	联系电话	所管理创业投资企业	备案时间	设立时间
111	杭州电魂创业投资有限公司	杭州市滨江区伟业路 298 号先锋科技大厦 9 楼	56683940	杭州电魂创业投资有限公司	2016/06/15	2014/12/08
112	杭州文广股权投资管理有限公司	上城区之江路 888 号 1014 室	0571-89833993	杭州文诚创业投资有限公司	2016/06/16	2012/07/09
113	杭州立元创业投资股份有限公司	杭州市西湖区教工路 88 号	0571-87974698	杭州立元创业投资股份有限公司	2016/06/16	2006/12/08
114	浙江三生石创业投资有限公司	西湖区文三路 539 号	0571-28886777	浙江三生石创业投资有限公司	2016/06/17	2007/03/14
115	杭州广润创业投资有限公司	杭州市江干区杭海路 238 号森禾商务广场 A 座 1804 室	0571-81101916	杭州广润创业投资有限公司	2016/06/17	2007/11/28
116	浙江全德富创业投资有限公司	萧山区市心北路 297 号 4 幢 1301 室	83783276	浙江全德富创业投资有限公司	2016/06/20	2008/01/21
117	杭州万豪创业投资有限公司	杭州滨江区江南大道 288 号康恩贝大厦 A 座 702	0571-87701517	杭州万豪创业投资有限公司	2016/06/21	2006/01/09
118	浙江大学科技园发展有限公司	西湖区西溪路 525 号浙江大学国家大学科技园 C 楼	0571-87658128	浙江大学科技园发展有限公司	2016/06/21	2000/10/28
119	浙江浙大科发股权投资管理有限公司	杭州市庆春路 38 号金龙财富中心 15 楼	057189939939	杭州科发创业投资合伙企业（有限合伙）	2016/06/21	2013/01/09
120	杭州文投创业投资有限公司	杭州市转塘街道双流 643 号 D1-2-109	0571-86535505	杭州文投创业投资有限公司	2016/06/21	2011/01/05
121	杭州敦和创业投资有限公司	杭州滨江区江南大道 3850 号创新大厦 2011	0571-87789056	杭州敦和创业投资有限公司	2016/06/21	2011/04/11
122	杭州和港创业投资有限公司	杭州经济技术开发区白杨街道 6 号大街 452 号 2 幢 B2405 室	13656640353	杭州和港创业投资有限公司	2016/06/23	2014/11/27

续表

序号	管理机构	通讯地址	联系电话	所管理创业投资企业	备案时间	设立时间
123	杭州经济技术开发区创业投资有限公司	杭州经济技术开发区白杨街道6号大街452号1幢2楼2A04室	13656640353	杭州经济技术开发区创业投资有限公司	2016/06/23	2008/10/09
124	杭州诚和创业投资有限公司	杭州市古墩路701号紫金广场A区16楼南区	0571-88219849	杭州诚和创业投资有限公司	2016/06/24	2006/06/01
125	杭州旗银创业投资有限公司	滨江区长河街道晶都路115号342室	86807187	杭州旗银创业投资有限公司	2016/06/27	2010/08/25
126	杭州浩联创业投资有限公司	上海市长宁区虹桥路1591号22号办公楼	15618637377	杭州浩联创业投资有限公司	2016/06/30	2013/02/01
127	杭州泰邦创业投资有限公司	杭州市庆春路155号	87247828	杭州泰邦创业投资有限公司	2016/07/13	2008/04/18
128	杭州士兰创业投资有限公司	杭州市翁家山289号	0571-87174979	杭州士兰创业投资有限公司	2016/07/21	2007/07/25
129	杭州创东方富邦创业投资企业（有限合伙）	杭州市下城区华丰路317号3幢1楼A室	0571-89716640	杭州创东方富邦创业投资企业（有限合伙）	2016/07/21	2010/12/19
130	浙江国信创业投资有限公司	杭州市延安路515号10楼	0571-86679037	浙江国信创业投资有限公司	2016/10/12	2003/03/22
131	宁波鼎晟天秤投资管理有限公司	浙江省宁波市北仑区梅山盐场1号办公楼八号966室	0574-87627658	宁波鼎晟天成创业投资合伙企业（有限合伙）	2014/03/18	2012/11/09
132	宁波高新创业资产经营管理有限公司	深圳市南山区汉唐大厦2302A	0755-26935621	宁波高新创业资产经营管理有限公司	2014/05/04	1999/06/25
133	宁波市伯乐遇马投资管理有限公司	浙江省宁波市高新区扬帆路999弄研发园B3座6楼金融服务中心	15824283024	宁波市伯乐开图创业投资合伙企业（有限合伙）	2014/05/16	2013/06/19
134	宁波中融盛投资中心（有限合伙）	宁波市鄞州区钟公庙街道吴陆周工业区	13910275122	宁波中融盛投资中心（有限合伙）	2014/05/22	2010/05/04

续表

序号	管理机构	通讯地址	联系电话	所管理创业投资企业	备案时间	设立时间
135	宁波保税区嘉信麒越股权投资管理有限公司	上海市延安西路 500 号万宝国际广场 2101-2102 单元	021-52675899	宁波麒越股权投资基金合伙企业（有限合伙）	2014/05/27	2012/06/06
136	宁波高新区嘉信股权投资管理有限公司	上海市徐汇区淮海中路 1010 号嘉华中心 3703 室	13817553125	宁波嘉信上凯股权投资合伙企业（有限合伙）	2014/05/29	2009/12/18
137	基金自我管理	未知	未知	宁波创业加速器投资有限公司	2014/06/04	2010/12/10
138	宁波杭州湾新区新兴产业创业投资有限公司	宁波杭州湾新区兴慈一路 1 号北三楼 17-20 室	0574-63070272	宁波杭州湾新区新兴产业创业投资有限公司	2014/06/11	2011/09/09
139	浙江国懿资产管理有限公司	浙江省宁波市鄞州区天童南路 700 号 1401 室	057489066398	宁波国懿招宝创业投资合伙企业（有限合伙）	2014/06/20	2014/03/18
140	宁波市新视野创业投资管理有限公司	浙江省宁波市高新区扬帆路 999 弄研发园 B3 座 6 楼	0574-88182299	宁波市新视野创业投资合伙企业（有限合伙）	2014/06/25	2014/05/27
141	宁波鼎晟天秤投资管理有限公司	浙江省宁波市北仑区梅山盐场 1 号办公楼八号 966 室	0574-87627658	宁波鼎晟励合创业投资合伙企业（有限合伙）	2014/08/26	2014/01/16
142	宁波宏康投资有限公司	奉化市经济开发区汇明路 98 号 2-3	88951555	宁波宏康投资有限公司	2015/01/12	2013/09/06
143	宁海盛世鸿升投资管理有限公司	宁波市鄞州区日丽中路 757 号奥克斯中央大厦 1503 室	0574-28830033	宁波盛世合鼎创业投资中心（有限合伙）	2015/01/28	2014/06/03
144	宁海盛世鸿升投资管理有限公司	宁波市鄞州区日丽中路 757 号奥克斯中央大厦 1503 室	0574-28830033	宁波盛阗创业投资中心（有限合伙）	2015/01/28	2014/09/15
145	宁波成捷华盈股权投资管理有限公司	宁波市高新区光华路 299 弄研发园 12 幢 30 号	0574-27904980	宁波道生一股权投资合伙企业（有限合伙）	2015/01/29	2014/07/14

续表

序号	管理机构	通讯地址	联系电话	所管理创业投资企业	备案时间	设立时间
146	浙江天堂硅谷资产管理集团有限公司	杭州市天目山路西溪湿地（高庄入口）福堤8号	15958108235	宁波天堂硅谷合众股权投资合伙企业（有限合伙）	2015/02/16	2012/02/17
147	宁波青鸟正元投资管理有限公司	宁波高新区光华路299弄9幢19第14层001室	13716689455	宁波青鸟创业投资有限公司	2015/02/28	2014/04/24
148	伯乐遇马天使投资有限公司	宁波市江东区启新路128号八骏湾A座1009	15257894383	宁波伯乐沃元创业投资合伙企业（有限合伙）	2015/04/03	2014/12/24
149	宁波经济技术开发区创业投资有限公司	宁波市经济技术开发区四明山路太河商务楼9F	86789011	宁波经济技术开发区创业投资有限公司	2015/04/20	2011/05/05
150	宁波杉杉望新科技创业投资有限公司	宁波市望春工业园区杉杉路1号	0574-88133995	宁波杉杉望新科技创业投资有限公司	2015/04/20	2009/12/14
151	宁波赛伯乐甬科股权投资合伙企业（有限合伙）	宁波市鄞州区钟公庙街道贸城西路157号联盛广场城市新贵大楼1605室	13884433843	宁波赛伯乐甬科股权投资合伙企业（有限合伙）	2015/04/20	2011/11/28
152	基金自我管理	未知	未知	宁波杭州湾新区软银天启创业投资合伙企业（有限合伙）	2015/05/12	2011/11/14
153	基金自我管理	未知	未知	宁波杭州湾新区软银天源创业投资合伙企业（有限合伙）	2015/05/12	2011/09/23
154	杭州复聚投资管理有限公司	杭州市西湖区万塘路18号黄龙时代广场A幢1505	13967179949	宁波复聚复盛投资合伙企业（有限合伙）	2015/05/14	2014/09/29
155	浙江莱沃创业投资有限公司	宁波市鄞州区天童南路535号红巨大厦1102室	0574-82815773	浙江莱沃创业投资有限公司	2015/05/15	2009/07/08

续表

序号	管理机构	通讯地址	联系电话	所管理创业投资企业	备案时间	设立时间
156	宁波市赛伯乐招宝创业投资管理有限公司	宁波市鄞州区鄞州商会南楼510	13884433843	宁波赛宝创业投资合伙企业（有限合伙）	2015/05/15	2013/09/30
157	宁海盛世鸿升投资管理有限公司	宁波市鄞州区日丽中路757号奥克斯中央大厦1503室	0574-28830033	宁波盛世镭厉创业投资中心（有限合伙）	2015/05/18	2014/06/13
158	杭州复聚投资管理有限公司	杭州市西湖区万塘路18号黄龙时代广场A幢1505	13967179949	宁波复信创业投资合伙企业（有限合伙）	2015/05/19	2014/10/30
159	宁波明德坤鼎股权投资合伙企业（有限合伙）	宁波市沧海路588号13-6	89078807	宁波明德坤鼎股权投资合伙企业（有限合伙）	2015/05/21	2012/10/29
160	宁波华建投资管理有限公司	宁波市百丈路168号会展中心大厦17楼E	15888192862	宁波华建汇富创业投资有限公司	2015/05/25	2011/07/08
161	宁波华建投资管理有限公司	宁波市百丈路168号会展中心大厦17楼E	15888192862	宁波华建风险投资有限公司	2015/05/25	2010/07/12
162	宁波坤鼎股权投资合伙企业（有限合伙）	宁波市通途路1185号绿园大厦12A-6	0574-87373818	宁波坤鼎股权投资合伙企业（有限合伙）	2015/06/02	2011/10/14
163	宁波利元泰创业投资管理有限公司	浙江省宁波市高新区创苑路750号005幢406-1室	13716689455	宁波利元泰创业投资管理有限公司	2015/06/04	2014/03/31
164	宁波海达鼎兴投资管理有限公司	宁海县人民大道181号4楼	87904756	宁波海达鼎兴创业投资有限公司	2015/06/09	2011/12/07
165	宁波旭阳股权投资合伙企业（有限合伙）	宁波市鄞州区首南街道鄞县大道中段1357号2501室	0574-28827689	宁波旭阳股权投资合伙企业（有限合伙）	2015/06/10	2011/06/28
166	宁波旭晨股权投资中心（有限合伙）	宁波市鄞州区鄞县大道东段1299号2403室	28827637	宁波晨洋股权投资合伙企业（有限合伙）	2015/06/10	2011/07/15

续表

序号	管理机构	通讯地址	联系电话	所管理创业投资企业	备案时间	设立时间
167	宁波旭晨股权投资中心（有限合伙）	宁波市鄞州区鄞县大道东段1299号2403室	28827637	宁波旭晨股权投资中心（有限合伙）	2015/06/10	2010/09/20
168	宁波鸿元利丰股权投资基金管理有限公司	宁波市高新区江南路666号宁兴大厦504室	0574-87461721	宁波鸿元一期创业投资合伙企业	2015/06/19	2012/07/02
169	远瞻股权投资管理（上海）有限公司	上海市黄浦区斜土路768号1506室A室	13801902098	宁波远瞻丰源股权投资基金合伙企业（有限合伙）	2015/06/30	2012/06/13
170	北京华扬普泰投资管理有限公司	北京市海淀区中关村东路18号1号楼C-1808	15910693122	宁波宏创股权投资合伙企业（有限合伙）	2015/09/10	2014/07/08
171	宁海奉天股权投资管理有限公司	宁海世贸中心1幢1号1803	13805858830	宁海天使创业投资合伙企业（有限合伙）	2015/10/20	2014/08/13
172	南京协立投资管理有限公司	长江路188号德基大厦7楼	025-86816827	宁波镇海君鼎协立创业投资有限公司	2016/03/10	2014/12/22
173	宁波谦石股权投资管理有限公司	宁波高新区光华路299弄C9幢12B	13586942996	宁波谦石高新创业投资合伙企业（有限合伙）	2016/04/06	2012/09/21
174	宁波富博睿祺创业投资中心（有限合伙）	浙江省宁波市海曙区东渡路55号华联写字楼1323室	0574-87093268	宁波富博睿祺创业投资中心（有限合伙）	2016/04/20	2011/01/07
175	宁波芝荣创业投资管理有限公司	宁波镇海区庄市街道中官西路777号国家大学科技园315室	18600640566	宁波芝荣汇和创业投资合伙企业（有限合伙）	2016/04/26	2014/06/13
176	浙江银泰睿祺创业投资有限公司	宁波市海曙区东渡路55号华联写字楼1323	0574-87093268	浙江银泰睿祺创业投资有限公司	2016/04/27	2009/11/09
177	宁波东来股权投资有限公司	宁波市江东区民安东路268号（宁波国际金融服务中心B栋12楼）	057481878805	宁波东来股权投资有限公司	2016/04/27	2010/05/24

续表

序号	管理机构	通讯地址	联系电话	所管理创业投资企业	备案时间	设立时间
178	宁波华慈蓝海投资管理有限公司	慈溪市文化商务区人和路 515 号浪沐大夏 1406 室	0574-63903037	宁波华慈蓝海创业投资有限公司	2016/04/27	2011/03/15
179	宁波浙华投资管理有限公司	宁波市鄞州区天童北路 933 号和邦大厦 A 座 19 层 1908 室	0574-8831 0782	宁波海汇创业投资有限公司	2016/05/04	2013/06/28
180	宁波博润创业投资股份有限公司	浙江省慈溪市科技路 777 号三楼	0574-63046140	宁波博润创业投资股份有限公司	2016/05/06	2007/09/26
181	宁波君润恒旭股权投资合伙企业（有限合伙）	宁波市高新区聚贤路 587 弄研发园 A3 幢 15 楼	0574-87863106	宁波君润恒旭股权投资合伙企业（有限合伙）	2016/05/10	2011/06/16
182	宁波君润创业投资管理有限公司	宁波市鄞州区鄞县大道 1299 号商会大厦北楼 21 楼	057487863106	宁波君润恒睿股权投资合伙企业（有限合伙）	2016/05/10	2011/08/19
183	宁波金开股权投资合伙企业（有限合伙）	宁波市鄞州区鄞县大道 1299 号商会大厦北楼 21 楼	0574-87863106	宁波金开股权投资合伙企业（有限合伙）	2016/05/10	2011/08/16
184	宁波君润创业投资管理有限公司	宁波市鄞州区鄞县大道 1299 号商会大厦北楼 21 楼	057487863106	宁波金仑股权投资合伙企业（有限合伙）	2016/05/11	2011/01/14
185	宁波君润创业投资管理有限公司	宁波市鄞州区鄞县大道 1299 号商会大厦北楼 21 楼	057487863106	宁波金投股权投资合伙企业（有限合伙）	2016/05/11	2012/06/18
186	宁波君润创业投资管理有限公司	宁波市鄞州区鄞县大道 1299 号商会大厦北楼 21 楼	057487863106	宁波金瀚股权投资合伙企业（有限合伙）	2016/05/11	2012/06/13
187	宁波君润创业投资管理有限公司	宁波市鄞州区鄞县大道 1299 号商会大厦北楼 21 楼	057487863106	宁波君润恒信股权投资合伙企业（有限合伙）	2016/05/11	2012/05/02
188	宁波君润创业投资管理有限公司	宁波市鄞州区鄞县大道 1299 号商会大厦北楼 21 楼	057487863106	宁波金杰股权投资合伙企业（有限合伙）	2016/05/11	2012/06/11

续表

序号	管理机构	通讯地址	联系电话	所管理创业投资企业	备案时间	设立时间
189	宁波君润创业投资管理有限公司	宁波市鄞州区鄞县大道1299号商会大厦北楼21楼	057487863106	宁波金丰股权投资合伙企业（有限合伙）	2016/05/11	2011/08/08
190	宁波金润股权投资合伙企业（有限合伙）	宁波鄞州区鄞县大道1299号商会大厦北楼21楼	057487863106	宁波金润股权投资合伙企业（有限合伙）	2016/05/11	2011/01/14
191	宁波君润创业投资管理有限公司	宁波市鄞州区鄞县大道1299号商会大厦北楼21楼	057487863106	宁波北仑民创股权投资合伙企业（有限合伙）	2016/05/11	2011/01/04
192	宁波丹诚创业投资管理有限公司	宁波市鄞州区天童南路707号明创大楼四楼	18957828126	宁波友胜创业投资中心（有限合伙）	2016/05/11	2015/03/05
193	宁波君润创业投资管理有限公司	宁波市鄞州区鄞县大道1299号商会大厦北楼21楼	057487863106	宁波君润科元股权投资合伙企业（有限合伙）	2016/05/11	2015/09/02
194	宁波君润创业投资管理有限公司	宁波市鄞州区鄞县大道1299号商会大厦北楼21楼	057487863106	宁波才富君润一期创业投资合伙企业（有限合伙）	2016/05/12	2015/11/09
195	宁波东元创业投资有限公司	宁波市高新区光华路299弄29号C12幢21楼	0574-87747281	宁波东元创业投资有限公司	2016/05/12	2005/05/16
196	宁波东方智创投资有限公司	宁波人民路132号外滩大厦525室	13705748542	宁波东方智创投资有限公司	2016/05/12	2011/06/15
197	宁波君润创业投资管理有限公司	宁波市鄞州区鄞县大道1299号商会大厦北楼21楼	057487863106	宁波君润科胜股权投资合伙企业（有限合伙）	2016/05/12	2015/04/29
198	宁波欧迅创业投资有限公司	宁波高新区光华路299弄26-31号12幢3楼	057483887739	宁波欧迅创业投资有限公司	2016/05/13	2010/09/28
199	宁波君润创业投资管理有限公司	宁波市鄞州区鄞县大道1299号商会大厦北楼21楼	057487863106	宁波君润恒隆创业权投资合伙企业（有限合伙）	2016/05/13	2012/11/05

续表

序号	管理机构	通讯地址	联系电话	所管理创业投资企业	备案时间	设立时间
200	宁波千茂创业投资管理有限公司	宁波高新区星海北路 35 号 009 幢 23-1-15 室	13586514131	宁波厚土创业投资合伙企业（有限合伙）	2016/05/18	2015/04/15
201	安丰创业投资有限公司	浙江省杭州市上城区甘水巷 141 号 101 室	0571-87633583	浙江安丰进取创业投资有限公司	2016/05/19	2009/03/25
202	宁波新以创业投资管理有限公司	宁波市高新区扬帆路 999 弄 5 号 205 室	87993883	宁波新以创业投资合伙企业（有限合伙）	2016/05/19	2010/01/29
203	宁波千创投资管理合伙企业（有限合伙）	浙江省奉化市汇明路 98 号	15061583883	宁波海禾创业投资合伙企业（有限合伙）	2016/05/20	2014/11/24
204	宁波杉杉创业投资有限公司	浙江省宁波市云林中路 218 号望春工业园区杉杉新能源产业基地综合研发中心 C 区 3 楼	0574-88133981	宁波杉杉创业投资有限公司	2016/05/24	2007/03/30
205	宁波创业风险投资有限公司	宁波保税西区鸿海商贸楼 508 室	0574-86896339	宁波创业风险投资有限公司	2016/05/25	1999/05/06
206	宁波涌盛行创业投资管理有限公司	宁波镇海区庄市街道中官西路 777 号 317 室	13505889282	宁波复生创业投资合伙企业（有限合伙）	2016/05/30	2014/08/13
207	宁波海达蓝源投资管理有限公司	象山县丹城天安路 135 弄 1 号 7 楼	87904756	宁波海达蓝源创业投资有限公司	2016/05/31	2011/12/12
208	宁波成捷创业投资有限公司	宁波市高新区光华路 299 号研发园 C12 幢 2 楼	27904980	宁波成捷创业投资有限公司	2016/05/31	2012/06/29
209	宁波英飞伯乐创业投资管理有限公司	宁波高新区研发园聚贤路 587 弄 A2 号楼 7-4 号	87993883	宁波英飞伯乐创业投资合伙企业（有限合伙）	2016/06/02	2015/09/10
210	宁波市丰海信息科技开发有限公司	宁波高新区清水桥路 535 号 802 室	13056974083	宁波市科鼎创业投资合伙企业（有限合伙）	2016/06/20	2013/04/19

续表

序号	管理机构	通讯地址	联系电话	所管理创业投资企业	备案时间	设立时间
211	浙江浙大科发股权投资管理有限公司	杭州市庆春路 38 号金龙财富中心 15 楼	057189939939	宁波科发海鼎创业投资合伙企业（有限合伙）	2016/06/27	2014/05/30
212	宁波市科发股权投资基金合伙企业（有限合伙）	杭州市庆春路 38 号金龙财富中心 15 楼浙大科发	057189939939	宁波市科发股权投资基金合伙企业（有限合伙）	2016/06/27	2012/03/01
213	宁波海邦财智投资管理有限公司	宁波市高新区聚贤路 587 弄 A 区 2 幢 10 层 1009	13857197531	宁波海邦人才创业投资合伙企业（有限合伙）	2016/08/01	2011/09/28

附录 2.12　安徽省备案创业投资机构名录

序号	管理机构	通讯地址	联系电话	所管理创业投资企业	备案时间	设立时间
1	安徽纪元时代创业投资管理有限公司	合肥市高新区黄山路 626 号 1 幢 518 室	0551-65323126	安徽鼎信创业投资有限公司	2013/06/20	2012/06/05
2	中科大资产经营有限责任公司	合肥金寨路 92 号高科技广场南一座 19 号	0551-63601770-501	中科大资产经营有限责任公司	2013/06/21	1988/03/23
3	安徽国元创投有限责任公司	合肥经济技术开发区翠微路 6 号海恒大厦 8 楼	0551-63699715	安徽国元创投有限责任公司	2013/06/21	2010/06/13
4	芜湖远大创业投资有限公司	芜湖市九华中路 200 号	13505598630	芜湖远大创业投资有限公司	2013/06/21	2009/04/23
5	深圳市同威创业投资有限公司	深圳市南山区华侨城汉唐大厦 1104 室	0755-26935226	合肥同安创业投资基金行（有限合伙）	2013/06/21	2010/09/06
6	上海瑞业投资管理中心（有限合伙）	上海市茂名南路 59 号锦江饭店贵宾楼西五层	021-54663981	芜湖瑞业股权投资基金（有限合伙）	2013/06/21	2009/12/21

续表

序号	管理机构	通讯地址	联系电话	所管理创业投资企业	备案时间	设立时间
7	六安高科创业投资有限公司	六安市长安南路环保大厦	15156400202	六安高科创业投资有限公司	2013/06/21	2011/10/20
8	合肥市高科技风险投资有限公司	合肥市政务新区总商会大厦 25 层	0551-3535800 转 8738	合肥市高科技风险投资有限公司	2013/06/21	2000/04/18
9	蚌埠中城创业投资有限公司	蚌埠市涂山东路 1757 号投资大厦 1110 室	0552-3183878	蚌埠中城创业投资有限公司	2013/06/21	2009/03/16
10	安徽省高新创业投资有限责任公司	安徽省马鞍山市太白大道 699-1 号	0555-2210837	安徽省高新创业投资有限责任公司	2013/06/21	2009/12/23
11	安徽省创业投资有限公司	安徽省合肥市望江东路 46 号投资大厦	0551-63677123	安徽省创业投资有限公司	2013/06/21	2008/07/10
12	安徽省创业投资有限公司	安徽省合肥市望江东路 46 号投资大厦	0551-63677123	安徽国安创业投资有限公司	2013/06/21	2010/09/15
13	安徽高科创业投资有限公司	合肥高新区习友路与香樟大道交汇处深港数字化产业园 1 号楼 A 单元 4 层	0551-65323126	安徽高科创业投资有限公司	2013/06/22	2010/01/28
14	蚌埠盛世金牛创业投资管理有限公司	蚌埠市经济开发区兴业街 800 号	18900522178	蚌埠皖北金牛创业投资有限公司	2013/06/23	2011/05/17
15	安徽省科技产业投资有限公司	安徽省合肥市蜀山区肥西路 66 号汇金大厦 22 层	0551-65170058	安徽省科技产业投资有限公司	2013/06/24	1999/07/20
16	安徽云松投资管理有限公司	合肥市高新区黄山路 601 号省科创服务中心 607	0551-63677159	安徽兴皖创业投资有限公司	2013/06/24	2010/08/20
17	华晟创业投资管理有限公司	合肥市圣泉路 1118 号	18019903669	华晟创业投资管理有限公司	2013/06/24	2012/05/14
18	合肥信息投资有限公司	合肥市肥西路 66 号汇金大厦 24 楼	65378859	合肥信息投资有限公司	2013/06/24	2002/12/30

续表

序号	管理机构	通讯地址	联系电话	所管理创业投资企业	备案时间	设立时间
19	合肥市创新科技风险投资有限公司	合肥市花园街安徽科技大厦17层	0551-62633422	合肥市创新科技风险投资有限公司	2013/06/24	2000/08/28
20	淮南市创业风险投资有限公司	淮南市田家庵区陈洞路56号	0554-6881339	淮南市创业风险投资有限公司	2013/06/24	2011/11/28
21	安徽徽商产业投资基金管理有限公司	合肥市高新区科学大道与海棠路交叉口创新大厦16F	13955110207	安徽徽商创业投资基金行（有限合伙）	2013/06/26	2008/09/25
22	安徽红土创业投资管理有限公司	安徽省合肥市雅溪路财富广场C1206室	0551-5773595	安徽红土创业投资有限公司	2013/06/26	2010/08/10
23	合肥汇智基金管理有限公司	合肥市黄山路602号大学科技园C-308室	13866157165	汇智创业投资有限公司	2013/06/27	2009/04/29

附录2.13 福建省备案创业投资机构名录

序号	管理机构	通讯地址	联系电话	所管理创业投资企业	备案时间	设立时间
1	福建省中投隆创创业投资有限公司	福州市五四路158号环球广场B区1501室	0591-87377777	福建省中投隆创创业投资有限公司	2012/07/05	2008/08/19
2	深圳市中科招商创业投资有限公司	深圳市福田区深南大道4009号投资大厦13层C1区	075582913284	福州中科精英创业投资有限公司	2013/05/22	2008/03/15
3	福建中盛创业投资有限公司	福州市鼓楼区五四路159号世界金龙大厦10层	0591-88010388	福建中盛创业投资有限公司	2013/05/22	2008/08/06
4	福鼎市创业投资有限公司	福鼎市太姥大道50号（新华书店大楼五层）	13816732218	福鼎市创业投资有限公司	2013/05/22	2008/09/03

续表

序号	管理机构	通讯地址	联系电话	所管理创业投资企业	备案时间	设立时间
5	福建迅成创业投资有限公司	福州市鼓楼区工业路 611 号福建火炬高新技术创业园 1 号楼 7 层	0591-22855302	福建迅成创业投资有限公司	2013/05/22	2007/07/31
6	福建嘉诺创业投资有限公司	福州市晋安区五四北利嘉路秀山区 1 号三层	87955916	福建嘉诺创业投资有限公司	2013/05/24	2007/11/07
7	福建弘凯创业投资有限公司	福建省福安市阳春小区 2 幢	13950589199	福建弘凯创业投资有限公司	2013/05/29	2010/03/18
8	龙岩市天路创业投资有限公司	龙岩市新罗区南城隔后工行龙兴大院 2 幢 704 室	0597-6811222	龙岩市天路创业投资有限公司	2013/05/29	2009/08/12
9	福建中保创业投资股份有限公司	福州市软件园 A 区 22 号楼 2 层	0591-88085193	福建中保创业投资股份有限公司	2013/06/18	2008/11/05
10	福建劲达创业投资有限公司	北京市西成区阜外大街 1 号四川大厦东塔 2319	010-68364831	福建劲达创业投资有限公司	2013/06/19	2007/10/10
11	福建金石开创业投资有限公司	福州市新店镇秀峰路 233 号居住主题公园 467 座	88085133	福建金石开创业投资有限公司	2013/06/20	2011/10/13
12	福建华兴龙腾创业投资有限公司	福州市鼓楼区湖东路 268 号证券大厦 8 楼	0591-88524881	福建华兴龙腾创业投资有限公司	2014/07/04	2009/12/18
13	泉州市同方创业投资有限公司	泉州市丰泽区泉秀路中段阳光巴黎名流办公大楼 4 楼	0595-22191930	泉州市同方创业投资有限公司	2014/07/04	2010/09/08
14	华讯（福建）创业投资集团股份有限公司	福州市鼓楼区软件大道 89 号福州软件园 A 区 32 号楼五层	88302370	华讯（福建）创业投资集团股份有限公司	2015/06/05	2010/05/25
15	福建红桥创业投资管理有限公司	厦门市斗西路 183 号光明大厦东塔 34A	15259154955	泉州市红桥民间资本管理股份有限公司	2015/06/05	2008/10/29

续表

序号	管理机构	通讯地址	联系电话	所管理创业投资企业	备案时间	设立时间
16	福建红桥创业投资管理有限公司	厦门市斗西路183号光明大厦东塔34A	15259154955	南安市红桥创业投资有限公司	2015/06/17	2010/12/21
17	福建红桥创业投资管理有限公司	厦门市斗西路183号光明大厦东塔34A	15259154955	泉州市红桥创业投资有限公司	2015/06/17	2010/02/19
18	福州开发区新城发展投资有限公司	福州市马尾区罗星街道名成水产大厦706	83686228	福州开发区新城发展投资有限公司	2015/07/07	2013/10/25
19	福建华兴新兴创业投资有限公司	福建省鼓楼区湖东路99号证券大厦17层	0591-88524881	福建华兴新兴创业投资有限公司	2016/10/11	2013/04/03
20	福建阳明创业投资有限公司	福州市仓山区六一南路3号中庚红鼎天下1＃906	0591-87814075-801	福建阳明创业投资有限公司	2016/10/12	2013/02/18
21	福建红桥创业投资管理有限公司	厦门市斗西路183号光明大厦东塔34A	15259154955	泉州丰泽红桥创业投资有限公司	2016/10/17	2011/09/20
22	福建省大同创业投资有限公司	福建省福州市鼓楼区湖东路99号标力大厦17层	88524881	福建省大同创业投资有限公司	2016/10/17	2009/07/20
23	福建华兴润明创业投资有限公司	福州市鼓楼区湖东路99号17层	059188524881	福建华兴润明创业投资有限公司	2016/10/17	2009/12/29
24	福建红桥创业投资管理有限公司	厦门市斗西路183号光明大厦东塔34A	15259154955	福建红桥新能源发展创业投资有限公司	2016/10/17	2012/04/12
25	福建华兴创业投资有限公司	福建省福州市鼓楼区湖东路99号17层	88524881	福建华兴创业投资有限公司	2016/10/19	2000/12/26
26	福建和君盛观投资管理有限公司	福建省福州市马尾区儒江西路1号新大陆科技园	059183979771	福建永益物联网产业创业投资有限公司	2016/10/20	2012/02/27

续表

序号	管理机构	通讯地址	联系电话	所管理创业投资企业	备案时间	设立时间
27	福建华兴漳发创业投资有限公司	福建省福州市鼓楼区湖东路99号标力大厦17层	059188524881	福建华兴漳发创业投资有限公司	2016/10/26	2010/11/05
28	福建省华科创业投资有限公司	福建省福州市鼓楼区湖东路99号标力大厦17层	88524881	福建省华科创业投资有限公司	2016/10/26	2010/03/24
29	厦门高新软投创业投资有限公司	厦门市东渡路258号银龙大厦12楼	13599501825	厦门高新软投创业投资有限公司	2012/05/23	2010/08/16
30	厦门鑫东森创业投资有限公司	厦门市思明区金新河16号二楼236室	05928066532	厦门鑫东森创业投资有限公司	2012/05/28	2007/10/11
31	世盈（厦门）创业投资有限公司	厦门莲岳路1号磐基中心商务楼2102单元	01059568771	世盈（厦门）创业投资有限公司	2013/04/28	2007/09/12
32	厦门永红创业投资有限公司	厦门市观音山营运中心2号楼6层	5081798	厦门永红创业投资有限公司	2013/05/10	2007/08/07
33	厦门创翼创业投资有限公司	福建省厦门市思明区厦禾路668号海翼大厦B座26层	13666003905	厦门创翼创业投资有限公司	2013/05/13	2008/06/20
34	厦门三微创业投资有限公司	厦门市思明区厦禾路844号中厦国际大厦十层A区	2918952	厦门三微创业投资有限公司	2013/05/15	2008/09/22
35	厦门科莱益创业投资有限公司	厦门市思明区厦禾路666号海翼大厦A栋20层01单元之二	05922111511	厦门科莱益创业投资有限公司	2013/05/15	2008/07/07
36	厦门鑫东森创业投资有限公司	厦门市思明区金新河16号二楼236室	8066976	厦门鑫东森创业投资有限公司	2013/05/23	2007/10/11
37	厦门恒一创业投资管理有限公司	厦门市思明区湖滨南路388号国贸大厦43层	5892260	厦门市软件信息产业创业投资有限公司	2013/05/24	2012/04/18

续表

序号	管理机构	通讯地址	联系电话	所管理创业投资企业	备案时间	设立时间
38	厦门迅誉达创业投资有限公司	厦门市厦禾路 189 号银行中心 6 楼 0605 单元	2992515；2992512	厦门迅誉达创业投资有限公司	2013/05/27	2011/09/09
39	博楷（福建）创业投资有限公司	厦门市思明区仙岳路 458 号邮政大楼八层 C1C3 单元	13860152818	博楷（福建）创业投资有限公司	2013/05/30	2010/04/09
40	基金自我管理	未知	未知	厦门赛富创业投资合伙企业（有限合伙）	2013/08/15	2012/11/28
41	厦门海银生物医药产业创业投资合伙企业（有限合伙）	厦门市海沧区海沧街道钟林路 8 号海投大厦 21 楼	0592-6806785	厦门海银生物医药产业创业投资合伙企业（有限合伙）	2014/06/21	2011/05/16
42	厦门高新技术风险投资有限公司	厦门市生产力促进中心大楼 209-210	0592-2078632	厦门高新技术风险投资有限公司	2014/06/23	1998/12/28
43	厦门华登创业投资有限公司	厦门市思明区湖滨南路 36 号之一 9 楼	13859919558	厦门华登创业投资有限公司	2014/06/23	2008/08/13
44	福建东润投资有限公司	厦门市集美区同集南路 90 号凤林美办公综合楼 408 室	13625955079	福建东润投资有限公司	2014/06/24	2000/08/18
45	厦门致德创业投资有限公司	厦门市思明区厦禾路 666 号海翼大厦 A 栋 901	2109717	厦门致德创业投资有限公司	2014/06/24	2010/12/15
46	厦门红土创业投资有限公司	厦门市火炬高新区创业园创业大厦 227A 室	0592-5778290	厦门红土创业投资有限公司	2014/06/25	2010/06/08
47	厦门京道联萃创业投资管理有限公司	厦门火炬高新区软件园曾厝垵北路 1 号-302A 单元	0592-3869888	厦门京道联萃天和创业投资基金合伙企业（有限合伙）	2014/06/25	2013/01/28

续表

序号	管理机构	通讯地址	联系电话	所管理创业投资企业	备案时间	设立时间
48	厦门轻工集团创业投资有限公司	厦门市思明区后埭溪路28号皇达大厦18楼A单元	0592-5820072	厦门轻工集团创业投资有限公司	2014/06/28	2012/04/25
49	厦门中红石创业投资有限公司	厦门软件园火炬软件大厦观日路22号102室	13718808889	厦门中红石创业投资有限公司	2014/06/28	2010/03/08
50	厦门高新技术创业中心	厦门火炬高新区创业园诚业楼一层101室	0592-3923926	厦门高新技术创业中心	2014/06/28	1996/12/01
51	厦门高新科创天使创业投资有限公司	厦门留学人员创业园诚业楼一层	0592-3923926	厦门高新科创天使创业投资有限公司	2014/06/28	2013/03/11
52	厦门国海坚果投资管理有限公司	福建省厦门市思明区珍珠湾软件园创新大厦A区一楼102B坚果资本	18906015657	厦门国海坚果创业投资合伙企业（有限合伙）	2014/06/30	2013/05/06
53	厦门弘信创业工场投资集团股份有限公司	厦门东渡路258号银龙大厦12楼	0592-5670106	厦门弘信创业工场投资集团股份有限公司	2014/06/30	1996/10/30
54	厦门七匹狼创业投资有限公司	厦门思明区观音山汇金国际中心31层楼	0592-5957235	厦门七匹狼创业投资有限公司	2014/07/03	2009/07/03
55	厦门火炬集团创业投资有限公司	厦门火炬大厦南五楼518室	0592-8317777	厦门科技创业投资有限公司	2014/07/07	2011/04/06
56	厦门铭源红桥高科创业投资有限合伙企业	厦门斗西路183号光明大厦东塔34A	15259154955	厦门铭源红桥高科创业投资有限合伙企业	2014/07/07	2011/10/19
57	中汇融（厦门）创业投资有限公司	厦门市思明区塔埔东路（观音山国际商务营运中心）170号18层1802单元之一	13950135066	中汇融（厦门）创业投资有限公司	2014/08/04	2010/03/15
58	福建红桥创业投资管理有限公司	厦门市斗西路183号光明大厦东塔34A	15259154955	厦门携合创业投资合伙企业（有限合伙）	2014/08/04	2013/08/01
59	厦门火炬集团创业投资有限公司	厦门火炬大厦南五楼518室	0592-8317777	厦门火炬集团创业投资有限公司	2014/08/04	2004/04/05

附录 2.14 江西省备案创业投资机构名录

序号	管理机构	通讯地址	联系电话	所管理创业投资企业	备案时间	设立时间
1	江西联邦华盈投资有限公司	南昌市西湖区广场南路 205 号恒茂国际华城 16 栋 A 座 803 室	13767137682	江西联邦华盈投资有限公司	2013/06/14	2008/09/25
2	南昌创业投资有限公司	南昌市高新开发区泰豪信息大厦 B 座 5 楼	0791-88110618	南昌创业投资有限公司	2016/06/13	2005/12/09
3	江西鄱阳湖产业投资管理有限公司	北京西城区西单北大街乙 131 号大悦城酒店公寓 1723	010-58313275	江西鄱阳湖产业投资管理有限公司	2016/08/23	2008/12/31
4	江西高技术产业投资股份有限公司	江西南昌高新开发区火炬大街 199 号	0791-8112096	江西高技术产业投资股份有限公司	2016/08/24	2002/03/15
5	江西裕润立达股权投资管理有限公司	南昌市高新区高新七路 192 号高迅大楼	13707090299	江西立达新材料产业创业投资中心（有限合伙）	2016/08/25	2011/08/03
6	华章天地传媒投资控股集团有限公司	江西省南昌市红谷滩新区绿茵路 129 号 39 层	0791-86895353	华章天地传媒投资控股集团有限公司	2016/08/29	2013/04/28
7	赣州盛虔投资管理有限公司	赣州市章贡区张家围路 7 号	0797-8153598	赣州虔盛创业投资中心（有限合伙）	2016/09/01	2010/07/27
8	赣州高能创业投资管理有限公司	江西省赣州市章贡区张家围路七号	13776710050	赣州红石矿业创业投资中心（有限合伙）	2016/09/02	2010/02/03
9	南昌新世纪创业投资有限责任公司	南昌市红谷滩新区红角洲学府大道 899 号慧谷创意创业园 2 号楼 1 楼	86757616	南昌新世纪创业投资有限责任公司	2016/09/06	2009/02/08
10	基金自我管理	未知	未知	南昌中科创业投资有限责任公司	2016/09/06	2009/06/12

附录2.15　山东省备案创业投资机构名录

序号	管理机构	通讯地址	联系电话	所管理创业投资企业	备案时间	设立时间
1	山东银团创业投资有限公司	山东省滨州市无棣县中心大街58号	0543-6335001	山东银团创业投资有限公司	2013/05/30	2006/12/30
2	山东东科源泰科技创业投资有限公司	东营市府前大街59号孵化大厦	13505462006	山东东科源泰科技创业投资有限公司	2013/05/30	2009/01/21
3	山东五岳创业投资有限公司	济南市高新区新宇路750号5号楼2-401-3	18605320640	山东五岳创业投资有限公司	2013/05/31	2012/06/04
4	滨州市北海新区宝利来创业投资有限公司	滨州市北海新区滨港路以西450处	15065433666	滨州市北海新区宝利来创业投资有限公司	2013/06/03	2011/04/13
5	山东华融创业投资股份有限公司	济南市经十路38号海兰德大厦1203、1204	82912988	山东华融创业投资股份有限公司	2013/06/26	2006/10/23
6	山东省创新创业投资有限公司	济南市千佛山南路9号	18653180011	山东省创新创业投资有限公司	2013/06/26	2004/12/30
7	烟台科纳尔创业投资有限公司	烟台市芝罘区南山路53号天鸿大厦4号楼15楼	6223766	烟台科纳尔创业投资有限公司	2013/06/27	2010/06/24
8	山东富斯隆创业投资有限公司	淄博高新区柳泉路105号新世纪广场2号楼18层1810号	0533-6219366	山东富斯隆创业投资有限公司	2013/06/27	2011/10/20
9	山东金茂创业投资有限公司	东营市东营区府前大街70号	0546-8056628	山东金茂创业投资有限公司	2013/06/27	2008/12/24
10	山东泰山创业投资股份有限公司	泰安市府前街8号	0538-8261791	山东泰山创业投资股份有限公司	2014/05/26	2008/08/27
11	山东华源创业投资有限公司	山东省泰安市宁阳县堽城镇项目聚集区	05385752777	山东华源创业投资有限公司	2014/05/30	2007/03/09
12	福建红桥创业投资管理有限公司	厦门市斗西路183号光明大厦东塔34A	15259154955	济宁红桥科技创业投资有限公司	2014/06/03	2009/12/10

续表

序号	管理机构	通讯地址	联系电话	所管理创业投资企业	备案时间	设立时间
13	威海市大有正颐创业投资有限公司	山东省威海市新威路 11 号北洋大厦 11 楼	0631-5273705	威海市大有正颐创业投资有限公司	2014/06/03	2010/06/22
14	山东利泰投资有限公司	山东省沂南县苏村镇	0539-3851048	山东利泰投资有限公司	2014/06/17	2009/04/28
15	济宁博大创业投资有限公司	济宁市益民小区西区	15963040211	济宁博大创业投资有限公司	2014/06/18	2009/10/27
16	山东科信创业投资有限责任公司	滨州市黄河六路渤海十八路 669 号	13181026777	山东科信创业投资有限责任公司	2014/06/27	2006/11/03
17	山东金正创业投资有限公司	东营垦利县董集镇政府驻地　博新路北	15066041501	山东金正创业投资有限公司	2014/06/27	2010/10/14
18	莱芜创业投资有限公司	山东省莱芜市龙潭东大街 29 号	0634-8891156	莱芜创业投资有限公司	2014/06/27	2009/12/28
19	烟台昭宣元泰九鼎创业投资中心（有限合伙）	北京市西城区金融大街 7 号英蓝大厦 D 座 6 层	13910163769	烟台昭宣元泰九鼎创业投资中心（有限合伙）	2014/06/27	2012/05/14
20	山东江诣创业投资有限公司	烟台市莱山区迎春大街 131 号	13376384488	山东江诣创业投资有限公司	2014/06/27	2010/08/12
21	烟台市富泉创业投资有限公司	烟台市芝罘区世回尧路 129 号	0535 6023000	烟台市富泉创业投资有限公司	2014/06/30	2010/04/13
22	威海火炬创业投资有限公司	威海火炬高技术产业开发区火炬大厦 1311 室	5623068	威海火炬创业投资有限公司	2014/07/08	2010/09/15
23	山东蓝色经济创业投资有限公司	济南高新区舜华路 2000 号舜泰广场 6 号楼 19 层	15854181875	山东蓝色经济创业投资有限公司	2014/07/08	2011/02/16
24	威海蓝海创业投资中心（有限合伙）	山东省文登市龙山路 66 号	06318452366	威海蓝海创业投资中心（有限合伙）	2014/07/11	2011/08/25
25	潍坊万通创业投资有限公司	潍坊市东风东街 6222 号投资大厦 1105 室	0536-8101013	潍坊万通创业投资有限公司	2014/07/11	2009/09/28

续表

序号	管理机构	通讯地址	联系电话	所管理创业投资企业	备案时间	设立时间
26	巨野汇通创业投资有限公司	巨野县招商街北段路东	13515308399	巨野汇通创业投资有限公司	2014/07/12	2008/11/05
27	山东金土地创业投资有限责任公司	威海市高区沈阳路108号创业大厦1011、1012室	13561899663	山东金土地创业投资有限责任公司	2014/07/15	2011/11/04
28	山东宇田创业投资有限公司	烟台市芝罘区机场路208号	6696358	山东宇田创业投资有限公司	2014/07/18	2012/01/09
29	山东乐赛新能源创业投资基金有限合伙企业	淄博市高新区鲁泰大道51号高分子创新园b座	0533-2073333	山东乐赛新能源创业投资基金有限合伙企业	2015/04/13	2012/05/16
30	烟台建信股权投资管理有限公司	烟台市南大街11号壹通国际大厦2511室	18621936298	烟台建信蓝色经济创业投资有限公司	2015/07/14	2011/12/15
31	山东大众创业投资有限公司	山东省济南市经十路16122号山东报业大厦4楼	0531-85196587	山东大众创业投资有限公司	2015/07/14	2013/03/01
32	山东弘利创业投资有限公司	临沂市河东区人民路369号宏艺科技园	0539-8389055	山东弘利创业投资有限公司	2015/07/14	2009/12/31
33	滨州北海新区汇通创业投资有限公司	滨州北海新区富民路中段路北	0543-2151888	滨州北海新区汇通创业投资有限公司	2015/07/16	2011/05/13
34	山东正金源泰创业投资有限公司	东营市东营区沂河路189号	15854106197	山东正金源泰创业投资有限公司	2015/08/03	2012/05/15
35	东营市世丰创业投资有限公司	山东省垦利县万光花园D1区42号	13176628988	东营市世丰创业投资有限公司	2015/08/10	2010/01/11
36	山东滨州长江创业投资有限公司	滨州市黄河二路渤海十二路586号	13905433888	山东滨州长江创业投资有限公司	2015/11/05	2007/12/20
37	淄博高新技术风险投资股份有限公司	淄博市高新区鲁泰大道51号	0531-3586338	淄博高新技术风险投资股份有限公司	2015/11/19	2003/07/10
38	山东府新创业投资有限公司	滨州高新区青田办事处驻地	05433199899	山东府新创业投资有限公司	2015/11/20	2012/10/23
39	中喜瑞富（北京）投资基金管理有限公司	滨州市滨城区黄河五路338号	0543-3082107	黄蓝创业投资有限公司	2015/11/23	2012/08/06

续表

序号	管理机构	通讯地址	联系电话	所管理创业投资企业	备案时间	设立时间
40	滨州市创业发展投资有限公司	滨州市渤海十六路滨州海关 512 室	0543-5085186	滨州市创业发展投资有限公司	2015/11/24	2006/01/17
41	山东旗城科技创业投资股份有限公司	山东省潍坊市青州市益都西路 89 号	13806365102	山东旗城科技创业投资股份有限公司	2016/03/11	2009/08/19
42	山东泰山创业投资股份有限公司	泰安市府前街 8 号	0538-8261791	山东东岳创业投资有限公司	2016/03/18	2012/11/28
43	烟台华升创业投资有限公司	烟台市芝罘区青年路 13 号凯旋大厦 B 座 1507	0535-6663009	烟台华升创业投资有限公司	2016/03/30	2007/03/16
44	济宁海达信科技创业投资有限公司	济南经十路 9999 号黄金时代广场 C 座 408	18615187383	济宁海达信科技创业投资有限公司	2016/05/06	2012/04/24
45	山东东原创业投资有限责任公司	东平县东平镇汶河街西段	2839919 15698130778	山东东原创业投资有限责任公司	2016/05/17	2010/07/01
46	山东昌润创业投资股份有限公司	聊城市经济开发区黄山南路 60 号	0635-2119071	山东昌润创业投资股份有限公司	2016/05/30	2008/08/28
47	山东嘉华盛裕创业投资股份有限公司	山东省烟台市芝罘区南大街 11 号壹通国际 1811 室	18865669999	山东嘉华盛裕创业投资股份有限公司	2016/05/30	2009/08/27
48	烟台联丰创业投资有限公司	烟台市莱山区观海路观海大厦 267 号	0535-6618263	烟台联丰创业投资有限公司	2016/06/07	2013/03/18
49	山东红桥股权投资管理有限公司	济南市高新区舜华路 747 号	15605315103	山东红桥创业投资有限公司	2016/07/12	2011/12/22
50	山东华峰创业投资有限公司	滨州市渤海十七路、黄河五路-1 阳光大厦	13210716777	山东华峰创业投资有限公司	2016/07/12	2012/07/23
51	山东德泰创业投资有限公司	烟台市高新区科技大道 69 号创业大厦西塔 1905	13583505616	山东德泰创业投资有限公司	2016/07/19	2010/03/29

续表

序号	管理机构	通讯地址	联系电话	所管理创业投资企业	备案时间	设立时间
52	山东齐星创业投资有限公司	山东省邹平县经济开发区	0543-4309089	山东齐星创业投资有限公司	2016/07/19	2007/01/30
53	鲁资创业投资有限公司	山东省济南市高新区新宇路 750 号 5 号楼 2-201-2	82663900	鲁资创业投资有限公司	2016/07/19	2012/09/12
54	临沂经开创业投资有限公司	山东省临沂市兰山区沂州路 201 号	0539-8053388	临沂经开创业投资有限公司	2016/09/14	2010/09/03
55	日照华和科技创业投资有限责任公司	日照市天津路 61 号	0633-8336990	日照华和科技创业投资有限责任公司	2016/09/22	2010/05/28
56	滨州市阳光创业投资有限公司	山东省滨州市黄河六路 524 号	0543-3211966	滨州市阳光创业投资有限公司	2016/09/22	2010/08/31
57	滨州高新技术创业投资有限公司	山东省滨州市滨城区小营办事处龙腾二路 1 号	0543-8191188	滨州高新技术创业投资有限公司	2016/09/22	2010/05/07
58	滨州市慧立创业投资有限公司	滨州高新区高创服务中心 1 号楼	0543-3160189	滨州市慧立创业投资有限公司	2016/09/22	2011/06/20
59	烟台市双兴创业投资有限公司	烟台市高新区创业大厦西塔 9 楼 906 室	13695451288	烟台市双兴创业投资有限公司	2016/09/22	2010/08/04
60	烟台市创业投资有限公司	烟台市芝罘区南大街 11 号壹通国际 1106	0535-6656505	烟台市创业投资有限公司	2016/09/22	2008/08/15
61	山东省高新技术创业投资有限公司	济南市解放路 166 号	0531-86566770	山东省高新技术创业投资有限公司	2016/09/22	2000/06/16
62	山东省高新技术创业投资有限公司	济南市解放路 166 号	0531-86566770	山东鲁信投资管理有限公司	2016/09/22	2004/07/15
63	山东省高新技术创业投资有限公司	济南市解放路 166 号	0531-86566770	烟台鲁创恒富创业投资中心（有限合伙）	2016/09/23	2012/06/06
64	东营市金凯高新投资有限公司	东营市东营区府前大街 59 号新孵化大厦（B 楼）541 房间	0546-8300909	东营市金凯高新投资有限公司	2016/09/23	2009/02/16

续表

序号	管理机构	通讯地址	联系电话	所管理创业投资企业	备案时间	设立时间
65	黄河三角洲投资管理有限公司	山东省东营市东营区府前大街59号新孵化大厦（B楼）512房间	0546-7768883	东营经济开发区斯博特创业投资有限公司	2016/09/23	2012/06/04
66	山东省高新技术创业投资有限公司	济南市解放路136号	0531-86566770	山东省科技创业投资有限公司	2016/09/26	2009/07/17
67	烟台创新创业投资有限公司	山东省烟台市开发区珠江路28号	18663162488	烟台创新创业投资有限公司	2016/09/26	2014/05/08
68	美世联合创业投资股份有限公司	山东省滨州市黄河五路352号国际金融中心18楼	0543—5164777	美世联合创业投资股份有限公司	2016/09/26	2007/04/04
69	山东省方正创投有限责任公司	山东省无棣县府前大街（财政大厦7楼）	0543-6782271	山东省方正创投有限责任公司	2016/09/26	2010/10/29
70	山东恒发创业投资有限公司	无棣县棣州大街西首国土大厦	05435077698	山东恒发创业投资有限公司	2016/09/27	2012/02/28
71	济宁英飞尼迪创业投资管理有限公司	山东省济宁市金宇路52号创新大厦西414室	05373281509	济宁英飞尼迪创业投资中心（有限合伙）	2016/09/29	2011/04/21
72	淄博齐鲁创业投资有限责任公司	淄博开发区政通路135号D座504室	0533-6206606	淄博齐鲁创业投资有限责任公司	2016/09/29	2002/12/06
73	淄博市高新技术创业投资有限公司	淄博市高新区政通路135号D座510室	0533-6206610	淄博市高新技术创业投资有限公司	2016/09/30	2007/07/25
74	德州市创业投资有限公司	德州市经济开发区康博大道368号	15905342288	德州市创业投资有限公司	2016/09/30	2009/12/31
75	山东科创投资有限公司	山东省济宁市金宇路52号创新大厦西区	15965373693	山东科创投资有限公司	2016/10/08	2010/10/22
76	烟台市蓝海创业投资有限公司	莱山区科技创业大厦A619	15283793932	烟台市蓝海创业投资有限公司	2016/10/08	2011/12/15
77	烟台盈智创业投资有限公司	烟台市莱山区港城东大街289号南山世纪大厦B區3209室	05356293092	烟台盈智创业投资有限公司	2016/10/12	2014/03/11

续表

序号	管理机构	通讯地址	联系电话	所管理创业投资企业	备案时间	设立时间
78	滨州北海创业投资有限公司	滨州市北海经济开发区北海大街1号	0543-2258272	滨州北海创业投资有限公司	2016/10/12	2011/12/26
79	淄博创新资本创业投资有限公司	淄博市高新区政通路135号	0533-3583388	淄博创新资本创业投资有限公司	2016/11/03	2007/05/15
80	潍坊市国信创业投资有限公司	潍坊市奎文区文化路439号一号楼218号	5166702	潍坊市国信创业投资有限公司	2016/11/03	2012/07/17
81	济南华科创业投资合伙企业（有限合伙）	济南市高新区新宇路750号5号楼2-201-3	88880699	济南华科创业投资合伙企业（有限合伙）	2014/06/16	2013/11/12
82	山东红桥股权投资管理有限公司	济南市高新区舜华路747号	15605315103	山东科融天使创业投资合伙企业（有限合伙）	2016/09/19	2015/02/06
83	山东吉富创业投资合伙企业（有限合伙）	济南高新区新宇路750号	13706413078	山东吉富创业投资合伙企业（有限合伙）	2016/09/21	2013/06/04
84	济南华科创业投资合伙企业（有限合伙）	山东省济南市高新区经十路8000号龙奥金座1号楼2101室	0531 88880699	济南华科创业投资合伙企业（有限合伙）	2016/09/22	2013/11/12
85	济南科技风险投资有限公司	济南高新区舜风路322号	0531-88879287	济南科技风险投资有限公司	2016/09/22	2001/04/28
86	济南科技风险投资有限公司	济南高新区舜风路322号	0531-88879287	济南科信创业投资有限公司	2016/09/22	2011/10/13
87	深圳市创新投资集团有限公司	深圳市福田区深南大道4009号投资大夏11层B区	0755-82912888	山东红土创业投资有限公司	2016/09/22	2012/01/19
88	山东汇益创业投资有限公司	济南高新区舜华路2000号舜泰广场B5B号楼11层	0531-68654798	山东汇益创业投资有限公司	2016/09/27	2014/01/13
89	山东天齐创业投资有限公司	济南市高新区世纪大道西首理想新城1号2411室	13606437953	山东天齐创业投资有限公司	2016/09/30	2010/03/24

续表

序号	管理机构	通讯地址	联系电话	所管理创业投资企业	备案时间	设立时间
90	济南云海创业投资有限公司	济南市高新区浪潮路 1036 号浪潮科技园 S05 楼　济南市高新区浪潮路 1036 号浪潮科技园 S05 楼 507	0531-85102255	济南云海创业投资有限公司	2016/09/30	2013/05/24
91	青岛拥湾资产管理有限责任公司	青岛市海尔路 182 号青岛公馆 3 号楼 2101	0532-88728003	青岛拥湾成长创业投资有限公司	2013/12/31	2011/08/04
92	青岛常春藤投资管理中心（有限合伙）	上海市浦东新区芳甸路 1155 号嘉里城 3803 室	021-61908981	青岛常春藤创业投资中心（有限合伙）	2014/05/06	2012/04/17
93	融银资本投资管理有限公司	北京市海淀区善缘街 1 号立方庭 2 段 328 房间	82871118	融银黄海创业投资有限公司	2014/05/19	2011/08/04
94	青岛海尔创业投资有限责任公司	青岛市海尔路 1 号	0532-88936096	青岛海尔创业投资有限责任公司	2014/05/26	2010/04/16
95	青岛海洋基石创业投资企业（有限合伙）	青岛市高新技术产业开发区创业中心 141-B 室	18811189935	青岛海洋基石创业投资企业（有限合伙）	2014/05/26	2011/09/22
96	青岛蓝桉投资管理咨询有限公司	青岛东海东路 87 号 6 号楼	13905320822	青岛安芙兰创业投资有限公司	2014/05/28	2006/01/01
97	青岛高新创业投资有限公司	青岛高新区创业大厦 1809 房间	58882882	青岛高新创业投资有限公司	2015/04/30	2011/06/24
98	青岛市市北区创业投资有限公司	青岛市市北区辽阳西路 18 号 901 室	68886177	青岛市市北区创业投资有限公司	2015/05/05	2011/03/03
99	青岛厚土创业投资有限公司	青岛市崂山区株洲路 153 号 2 号楼 1503 室	13969800039	青岛厚土创业投资有限公司	2015/05/15	2005/07/28
100	青岛鲁信驰骋创业投资管理有限公司	青岛市崂山区科苑纬一路 1 号青岛国际创新园 B 座 2203 室	0532-66750603	青岛鲁信驰骋创业投资管理有限公司	2015/06/02	2014/06/26

续表

序号	管理机构	通讯地址	联系电话	所管理创业投资企业	备案时间	设立时间
101	青岛市崂山区创业投资有限责任公司	崂山区松岭路169号软件大厦A区410室	88999930	青岛市崂山区创业投资有限责任公司	2015/06/15	2008/12/04
102	青岛静远投资管理有限公司	青岛市南香港中路52号时代广场25楼	15966875331	青岛静远创业投资有限公司	2015/06/15	2011/10/19
103	青岛华仁创业投资有限公司	青岛市高新技术产业开发区创业中心1102室	15376770122	青岛华仁创业投资有限公司	2015/06/18	2010/12/27
104	青岛市科技风险投资有限公司	青岛市市南区湛山一路2号	0532-85063788-817	青岛市科技风险投资有限公司	2015/07/23	2000/08/17
105	青岛市科技风险投资有限公司	青岛市市南区湛山一路2号	0532-85063788-817	青岛知灼创业投资有限公司	2015/07/23	2010/11/02
106	青岛华耀资本管理中心（有限合伙）	青岛市市北区辽阳西路18号兴业大厦903	18953153163	青岛华耀资本创业投资企业（有限合伙）	2016/09/26	2012/12/11

附录2.16　河南省备案创业投资机构名录

序号	管理机构	通讯地址	联系电话	所管理创业投资企业	备案时间	设立时间
1	河南开创创业投资有限公司	郑州市郑东新区商务外环路19号楼19层1902号	13839035883	河南开创创业投资有限公司	2014/08/28	2009/05/15
2	河南益瑞创业投资有限公司	郑州市郑东新区商务外环路12号21层5号	0371-86082366	河南益瑞创业投资有限公司	2014/08/28	2013/06/14
3	河南德瑞恒通高端装备创业投资基金有限公司	河南省郑州市郑东新区商务外环12号世纪峰会2301	15037152157	河南德瑞恒通高端装备创业投资基金有限公司	2015/04/29	2013/05/15

续表

序号	管理机构	通讯地址	联系电话	所管理创业投资企业	备案时间	设立时间
4	河南高科技创业投资股份有限公司	郑州市高新技术产业开发区瑞达路96号创业中心2号楼B302室	0371-67895091	河南高科技创业投资股份有限公司	2015/04/30	2001/04/29
5	河南华夏海纳创业投资集团有限公司	河南省郑州市高新区长椿路11号Y06独栋	0371-86068166	河南华夏海纳创业投资集团有限公司	2016/09/13	2009/06/18
6	河南华祺节能环保创业投资有限公司	郑州市高新技术开发区长椿路11号y06栋	0371-86684801	河南华祺节能环保创业投资有限公司	2016/09/13	2013/06/20
7	河南联创华凯先进装备制造创业投资基金（有限合伙）	郑州市郑东新区正光路北、众旺路西5幢15层15C8号	13608429118	河南联创华凯先进装备制造创业投资基金（有限合伙）	2016/09/13	2014/06/18
8	河南龙裕创业投资有限公司	郑州市郑东新区商务外环路29号13层13C5号	18637909211	河南龙裕创业投资有限公司	2016/09/13	2013/05/28
9	河南平能创业投资股份有限公司	河南省郑东新区CBD商务外环路南A-25	13183356990	河南平能创业投资股份有限公司	2016/09/13	2007/04/26
10	河南深蓝远航创业投资有限公司	洛阳市洛龙区开元大道224号00幢2-201	0379-65507666	河南深蓝远航创业投资有限公司	2016/09/13	2011/04/11
11	河南创业投资股份有限公司	郑州高新区国槐街8号火炬大厦A座五楼	0371-67897008	河南创业投资股份有限公司	2016/09/13	2002/09/09
12	河南长源创业投资股份有限公司	河南省长垣县人民路80号	03738820888	河南长源创业投资股份有限公司	2016/09/13	2009/09/02
13	中原文产创业投资有限公司	河南省新乡市金穗大道688号新乡商会大厦A座12层	0373-3523291	中原文产创业投资有限公司	2016/09/13	2009/01/16
14	安阳惠通高创新材料创业投资合伙企业（有限合伙）	安阳市文峰区永明路财政综合办公大楼2楼2613室	037186615679	安阳惠通高创新材料创业投资合伙企业（有限合伙）	2016/09/13	2012/07/25

续表

序号	管理机构	通讯地址	联系电话	所管理创业投资企业	备案时间	设立时间
15	河南宝祥民营科技创业投资有限公司	郑州市金水区花园路27号16层	0371-55011760	河南宝祥民营科技创业投资有限公司	2016/09/13	2012/12/05
16	河南元化创业投资有限公司	许昌经济开发区屯里路中段	0374-3185066	河南元化创业投资有限公司	2016/09/13	2003/08/15
17	河南中财创业投资管理有限公司	郑州市红专路109号7层712	13323813106	河南中财创业投资管理有限公司	2016/09/13	2011/03/02
18	河南中证开元创业投资基金（有限合伙）	洛阳市洛阳新区开元大道伊川农商行科研大楼5层	0379-60662802	河南中证开元创业投资基金（有限合伙）	2016/09/13	2013/09/17
19	焦作通财创业投资有限责任公司	河南省焦作市建设东路88号	0391-3121382	焦作通财创业投资有限责任公司	2016/09/13	2007/09/24
20	洛阳红土创新资本创业投资有限公司	洛阳高新区滨河路24号火炬大厦C4C1	0379-64902650	洛阳红土创新资本创业投资有限公司	2016/09/13	2009/04/18
21	许昌市发展创业投资有限公司	许昌市毓秀路33号	0374-2783269	许昌市发展创业投资有限公司	2016/09/13	2006/06/20
22	郑州百瑞创新投资管理有限公司	郑州市商务外环路10号中原广发金融大厦29层	0371-69177632	郑州百瑞创新资本创业投资有限公司	2016/09/13	2007/07/31
23	河南秉鸿生物高新技术创业投资有限公司	郑州市郑东新区金水东路49号1号楼1[illegible]层46号	13703956274	河南秉鸿生物高新技术创业投资有限公司	2016/11/08	2012/11/05

附录2.17 湖北省备案创业投资机构名录

序号	管理机构	通讯地址	联系电话	所管理创业投资企业	备案时间	设立时间
1	基金自我管理	未知	未知	武汉普洛顿创业投资基金（有限合伙）	2013/05/31	2010/06/18
2	恩施金凯路创业投资有限公司	湖北省恩施市	15327895111	恩施金凯路创业投资有限公司	2013/06/03	2011/10/09

续表

序号	管理机构	通讯地址	联系电话	所管理创业投资企业	备案时间	设立时间
3	基金自我管理	未知	未知	武汉中部万农成长企业投资中心（有限合伙）	2013/06/17	2011/04/19
4	襄阳信诚阳光创业投资有限公司	襄阳市襄城区麒麟村麒麟路1号301室	0710-3539683	襄阳信诚阳光创业投资有限公司	2014/05/30	2012/07/10
5	基金自我管理	未知	未知	襄阳创新资本创业投资有限公司	2015/04/24	2008/09/18
6	基金自我管理	未知	未知	湖北九派创业投资有限公司	2015/05/11	2010/09/09
7	基金自我管理	未知	未知	湖北红土创业投资有限公司	2015/07/24	2009/12/15
8	华人创新集团有限公司	武汉经济技术开发区东风三路1号东合中心B座二层1号	027-87138836	华人创新集团有限公司	2015/07/27	2000/03/06
9	湖北省高新技术产业投资有限公司	武汉市洪山区珞瑜路716号华乐商务中心12楼	02787440549	湖北省高新技术产业投资有限公司	2015/10/14	2005/10/25
10	基金自我管理	未知	未知	科华银赛创业投资有限公司	2016/07/11	2009/07/30
11	武汉科技投资有限公司	汉口发展大道164号科技大厦0913室	65692512	武汉科技投资有限公司	2013/05/30	1992/05/06
12	武汉科技创新投资有限公司	武汉市汤逊湖北路33号华工科技园创新基地7栋	81778768	武汉科技创新投资有限公司	2014/06/06	2005/03/31
13	武汉智慧产业股权投资基金管理有限公司	武汉市光谷软件园F2座18楼	027-88189833	武汉智慧城市创业投资基金合伙企业（有限合伙）	2015/04/09	2014/09/10
14	基金自我管理	未知	未知	湖北盛世高金创业投资有限公司	2015/06/02	2011/03/24
15	武汉火炬科技投资有限公司	武汉市江汉区新华路25号伟业大厦10楼	13986006617	武汉火炬科技投资有限公司	2016/05/03	2000/12/01

续表

序号	管理机构	通讯地址	联系电话	所管理创业投资企业	备案时间	设立时间
16	武汉华工创业投资有限责任公司	武汉市东湖高新区华工科技园创新基地5号楼	81338731	武汉华工创业投资有限责任公司	2016/05/03	2000/09/11
17	武汉光谷烽火科技创业投资有限公司	武汉市洪山区邮科院路88号	87693305	武汉光谷烽火科技创业投资有限公司	2016/09/21	2008/09/23
18	武汉武大创新投资有限公司	武昌洪山区鲁磨路399号金域广场411室	18702754116	武汉武大创新投资有限公司	2016/11/08	2002/02/09
19	基金自我管理	未知	未知	武汉科技创新朝阳创业投资有限公司	2016/11/08	2010/12/22
20	基金自我管理	未知	未知	武汉光谷生物产业创业投资基金有限公司	2016/11/08	2009/07/24
21	基金自我管理	未知	未知	武汉东湖创新创业投资基金有限公司	2016/11/08	2011/06/14
22	基金自我管理	未知	未知	武汉东湖百兴创业投资中心（有限合伙）	2016/11/08	2012/03/20
23	基金自我管理	未知	未知	湖北新能源创业投资基金有限公司	2016/11/08	2012/01/21
24	基金自我管理	未知	未知	湖北量科高投创业投资有限公司	2016/11/08	2010/11/26
25	武汉东湖创新科技投资有限公司	汉口唐家墩路32号国资大厦B座4楼	027-85613357	武汉东湖创新科技投资有限公司	2016/11/08	1999/12/26

附录2.18 湖南省备案创业投资机构名录

序号	管理机构	通讯地址	联系电话	所管理创业投资企业	备案时间	设立时间
1	基金自我管理	未知	未知	湖南省广信创投投资基金有限公司	2013/05/23	2012/06/05
2	基金自我管理	未知	未知	长沙华鸿芙蓉创业投资合伙企业（有限合伙）	2013/06/13	2011/07/18

续表

序号	管理机构	通讯地址	联系电话	所管理创业投资企业	备案时间	设立时间
3	基金自我管理	未知	未知	华菱津杉（湖南）创业投资有限公司	2013/06/14	2011/01/04
4	基金自我管理	未知	未知	华菱津杉（湖南）信息产业创业投资基金企业（有限合伙）	2013/06/17	2010/12/09
5	湖南中联传怡创业投资有限公司	长沙市芙蓉区五一大道 826 号新华大厦 20 楼	85582005	湖南中联传怡创业投资有限公司	2013/06/17	2010/12/24
6	湖南晟果创业投资有限公司	长沙开福区芙蓉中路一段 478 号运达国际广场 2403	13874892949	湖南晟果创业投资有限公司	2013/06/28	2010/03/18
7	长沙汉红股权投资有限公司	长沙市雨花区湘府中路 9 号融程国际广场 2010 室	18711138001	长沙汉红股权投资有限公司	2013/08/15	2012/04/01
8	湖南财信创业投资有限责任公司	长沙市城南西路 1 号财信大厦 701 室	0731-85196821	湖南财信创业投资有限责任公司	2014/04/25	2001/01/17
9	湖南高新创业投资集团有限公司	长沙市天心区城南西路 1 号	0731-89761697	湖南高新创业投资集团有限公司	2014/05/26	2007/06/28
10	长沙先导创业投资有限公司	湖南省长沙市高新区麓天路 2 号五强工业园 606	18774858234	长沙先导创业投资有限公司	2014/05/27	2009/05/15
11	基金自我管理	未知	未知	长沙先导硅谷天堂创业投资有限公司	2014/06/05	2010/04/21
12	湖南赢联中小企业创业投资集有限公司	长沙市芙蓉区五一大道 618 号	13907316251	湖南赢联中小企业创业投资集有限公司	2014/06/05	2004/02/13
13	基金自我管理	未知	未知	湖南文化旅游投资基金企业（有限合伙）	2014/06/10	2010/12/21
14	深圳市达晨财智创业投资管理有限公司	深圳市福田区深南大道特区报业大厦 2303	83515108	湖南达晨财鑫创业投资有限公司	2014/06/10	2011/03/27
15	基金自我管理	未知	未知	株洲兆富成长企业创业投资有限公司	2014/06/16	2010/10/13

续表

序号	管理机构	通讯地址	联系电话	所管理创业投资企业	备案时间	设立时间
16	基金自我管理	未知	未知	湖南湖大海捷津杉创业投资有限公司	2014/06/16	2011/04/29
17	湖南华鸿景开投资管理有限公司	长沙市芙蓉中路二段80号顺天国际财富中心702	0731-88186797	湖南瑞景创业投资企业（有限合伙）	2014/06/23	2010/11/25
18	湖南高科时代发创投资管理有限公司	株洲市天元区株洲大道高新大厦政务中心三楼	15073349185	湖南高科发创智能制造装备创业投资有限公司	2014/06/23	2013/02/05
19	湖南迪策创业投资有限公司	长沙市湘府西路222号华菱园主楼701室	073189952741	湖南迪策创业投资有限公司	2016/08/16	2002/12/05
20	基金自我管理	未知	未知	湖南富坤文化传媒投资中心（有限合伙）	2016/08/25	2011/04/28
21	湖南湘投高科技创业投资有限公司	湖南长沙市岳麓区含浦北路999号湘投控股集团办公大楼A栋3楼	0731-85188641	湖南湘投高科技创业投资有限公司	2016/08/26	2000/02/23
22	基金自我管理	未知	未知	常德中科芙蓉创业投资有限责任公司	2016/08/26	2011/01/12
23	基金自我管理	未知	未知	湖南三泽生物医药创业投资企业（有限合伙）	2016/08/26	2012/07/23
24	三泽创业投资管理有限公司	长沙市湘府路198号标志商务中心A栋1324房	0731-82768610	三泽创业投资管理有限公司	2016/08/26	2008/02/28
25	长沙高新技术创业投资管理有限公司	长沙市湘江大道101号汇源大厦5F	073188286868	长沙高新技术创业投资管理有限公司	2016/08/26	2000/09/09
26	基金自我管理	未知	未知	湖南新能源创业投资基金企业（有限合伙）	2016/08/30	2010/05/14

续表

序号	管理机构	通讯地址	联系电话	所管理创业投资企业	备案时间	设立时间
27	湖南浙商嘉立创业投资有限公司	长沙市岳麓区银杉路 529 号阳光丽城营销中心三楼	0731-85696976	湖南浙商嘉立创业投资有限公司	2016/09/06	2010/08/06
28	湖南博云投资管理有限公司	长沙市岳麓区雷锋大道 346 号博云新材创新工业园 209	88122755	湖南新材料产业创业投资基金企业（有限合伙）	2016/09/08	2011/05/10
29	长沙麓谷创业投资管理有限公司	长沙高新区麓景路 8 号巨星创业基地 712 室	88820100	长沙麓谷创业投资管理有限公司	2016/11/02	2007/12/18

附录 2.19　广东省备案创业投资机构名录

序号	管理机构	通讯地址	联系电话	所管理创业投资企业	备案时间	设立时间
1	广东南方星辰创业投资有限公司	广州市越秀区广州大道中 239 号	020-87329436	广东南方星辰创业投资有限公司	2016/09/14	2009/05/26
2	佛山市东方汇银资本管理有限公司	佛山市南海区桂城南平西路 13 号承业大厦第九层 05-08 室	0757-81230880	佛山南海区东方高新创业投资合伙企业（有限合伙）	2016/09/21	2011/05/27
3	东莞市东实投资管理有限公司	东莞市莞城区汇峰路 1 号汇峰中心 A 区 10 楼	0769-28822338	东莞市东实创业投资有限公司	2016/09/21	2014/12/05
4	江门市科创润华投资管理有限公司	江门市篁庄大道西 10 号 7 幢 2-515	0750-3882729	广东粤科润华创业投资有限公司	2016/09/21	2012/10/18
5	珠海清华科技园创业投资有限公司	珠海唐家大学路 101 号力合大厦 B10 楼	0756-3612500	珠海清华科技园创业投资有限公司	2016/09/21	2001/07/09
6	广东中科招商创业投资管理有限责任公司	广东省 广州市 天河区珠江新城珠江西路 5 号广州国际金融中心西塔 21 层	15920357683	中山中科创业投资有限公司	2016/09/21	2010/10/26

续表

序号	管理机构	通讯地址	联系电话	所管理创业投资企业	备案时间	设立时间
7	广东粤科创业投资管理有限公司	广东省广州市天河区珠江新城珠江西路17号4301房自编5号房	020-38206952	广东粤科钜华创业投资有限公司	2016/09/21	2010/10/11
8	广东通盈创业投资有限公司	广州市越秀区寺右新马路111-115号2418房	13699713469	广东通盈创业投资有限公司	2016/09/21	2007/06/11
9	广东广弘创业投资有限公司	广州市天河区广州大道北680号广弘大院自编1栋办公楼215房	020-87638233	广东广弘创业投资有限公司	2016/09/21	2011/10/11
10	广东德运创业投资有限公司	佛山市顺德区容桂街道容里建丰路7号（首层）	15919014278	广东德运创业投资有限公司	2016/09/21	2013/05/03
11	东莞市融易分享创业投资管理有限公司	东莞市松山湖科技产业园区创意生活城D222号商铺	13686691670	广东融易创业投资有限公司	2016/09/22	2011/02/14
12	广东红土创业投资管理有限公司	广州市天河区天河北路233号中信广场6803室	38773139-216	广东红土创业投资有限公司	2016/09/22	2012/03/27
13	佛山市科海创业投资有限公司	佛山市南海区狮山镇南海软件科技园崇贤楼A201-1	0757-86683130	佛山市科海创业投资有限公司	2016/09/22	2002/05/15
14	广东粤财创业投资有限公司	广州市东风中路481号粤财大厦11楼	83063164	广东粤财创业投资有限公司	2016/09/22	1995/06/22
15	广东粤科创业投资管理有限公司	广东省广州市天河区珠江新城珠江西路17号4301房自编5号房	020-38206952	广东省科技创业投资公司	2016/09/23	1992/11/05
16	广东粤科风险投资管理有限公司	广州市珠江西路17号广晟国际大厦43楼	020-87686355	广东省科技风险投资有限公司	2016/09/23	1998/01/08

续表

序号	管理机构	通讯地址	联系电话	所管理创业投资企业	备案时间	设立时间
17	佛山市科技风险投资有限公司	佛山市禅城区华宝南路 13 号创新创业火炬园 B 座二楼	13823416279	佛山市科技风险投资有限公司	2016/09/23	2010/09/10
18	广东粤科风险投资管理有限公司	广州市珠江西路 17 号广晟国际大厦 43 楼	020-87686355	广东粤科天使一号创业投资有限公司	2016/09/23	2013/12/09
19	广东省粤科金融集团有限公司	广州市天河区珠江西路广晟国际大厦 45 楼	020-38206952	广东省粤科金融集团有限公司	2016/09/23	2000/09/21
20	广东恒健创业投资有限公司	广州市越秀区天河路 45 号 17 楼	13822220084	广东恒健创业投资有限公司	2016/09/26	2011/04/12
21	惠州市 TCL 恺创企业管理有限公司	深圳市南山区高新南一路 TCL 大厦 B 座 18 楼	18688979795	惠州市恺创创业投资合伙企业（有限合伙）	2016/09/27	2010/08/05
22	佛山市东方汇银资本管理有限公司	佛山市南海区桂城南平西路 13 号承业大厦第九层 05-08 室	0757-81230880	佛山市东方禅控创业投资企业（有限合伙）	2016/09/30	2011/08/23
23	广州至尚股权投资中心（普通合伙）	广州高新技术产业开发区科学城科学大道 191 号商业广场 A1 栋 503 单元	13926014168	广州至善创业投资合伙企业（有限合伙）	2013/05/10	2011/02/24
24	广东合银创业投资有限公司	广州天河区珠江东路 11 号 F1302 单元	02083983568	广东合银创业投资有限公司	2015/05/28	2010/06/27
25	广州支点创业投资有限公司	广州市萝岗区科学城科林路 9 号	020-62879398	广州支点创业投资有限公司	2016/05/16	2011/07/13
26	广州诚信创业投资有限公司	广州市科学城科丰路 31 号华南新材料创新园 G1 栋 10 楼	13533389343	广州诚信创业投资有限公司	2016/05/17	2006/10/18
27	广州科技金融创新投资控股有限公司	广州市珠江西路 5 号广州国际金融中心 59 层	15802022420	广州科技金融创新投资控股有限公司	2016/05/24	1999/11/25
28	广州廷博创业投资有限公司	广州科学城科丰路 31 号华南新材料创新园 G1 栋 1001 号	020-32211619	广州廷博创业投资有限公司	2016/05/24	2010/08/03

续表

序号	管理机构	通讯地址	联系电话	所管理创业投资企业	备案时间	设立时间
29	广州凯得科技创业投资有限公司	广州科学城科学大道237号A2座10楼	020-82116611	广州凯得科技创业投资有限公司	2016/05/30	2008/11/06
30	广州司浦林信息产业创业投资企业	广州市天河区黄埔大道西100号富力盈泰B座13A04	13902262035	广州司浦林信息产业创业投资企业	2016/05/30	2012/07/25
31	广州金发科技创业投资有限公司	广州市高新技术产业开发区科学城科丰路33号A1栋101房	66221800	广州金发科技创业投资有限公司	2016/06/01	2009/10/13
32	广东中大科技创业投资管理有限公司	广州海珠区新港西路135号中大科技园13A12	02084113537	广东中大一号投资有限合伙企业（有限合伙）	2016/06/01	2010/08/26
33	广东中大科技创业投资管理有限公司	广州海珠区新港西路135号中大科技园13A12	02084113537	广东中大科技创业投资管理有限公司	2016/06/02	2010/02/09
34	广州海汇成长创业投资中心（有限合伙）	广州科学城科学大道191号科学城商业广场A1栋10楼1001室	32210188	广州海汇成长创业投资中心（有限合伙）	2016/06/17	2008/08/12
35	广东盛世润都股权投资管理有限公司	广州市天河区珠江西路5号国际金融中心23楼	13602455998	广东财富润都创业投资合伙企业（有限合伙）	2016/06/17	2012/01/11
36	广东盛世润都股权投资管理有限公司	广州市天河区珠江西路5号国际金融中心23楼	13602455998	广东卓越润都创业投资合伙企业（有限合伙）	2016/06/20	2011/11/16
37	广州海汇投资管理有限公司	广州科学城科学大道191号科学城商业广场A1栋1002室	32210188	广州海汇财富创业投资企业（有限合伙）	2016/06/20	2010/12/06
38	广州富鑫创业投资有限公司	广州科学城神舟路885号A—502	13926073367	广州富鑫创业投资有限公司	2016/06/23	2007/01/17
39	广州科技创业投资有限公司	广州市萝岗区科学城科学大道191号1001单元	82116611	广州科技创业投资有限公司	2016/07/11	2002/04/16

续表

序号	管理机构	通讯地址	联系电话	所管理创业投资企业	备案时间	设立时间
40	广州市达安基因科技有限公司	广州市萝岗区香山路 19 号	32290789-228	广州市达安基因科技有限公司	2016/07/11	2009/05/06
41	广东粤科风险投资管理有限公司	广州市珠江西路 17 号广晟国际大厦 43 楼	020-87686355	广东粤科白云新材料创业投资有限公司	2016/07/13	2014/12/16
42	深圳市创新投资集团有限公司	深圳市福田区深南大道 4009 号投资大厦 11 层 B 区	0755-82912888	广州红土科信创业投资有限公司	2016/08/04	2011/07/06
43	广州越秀产业投资基金管理有限公司	广州天河珠江西路 5 号西塔 63 楼	18613199918	广州越秀生物产业创业投资基金合伙企业（有限合伙）	2016/08/05	2014/04/24
44	广东中科招商创业投资管理有限责任公司	广东省广州市天河区珠江新城珠江西路 5 号广州国际金融中心西塔 21 层	15920357683	广东中科白云创业投资有限公司	2016/10/09	2009/08/18
45	深圳市滨基创业投资有限公司	深圳市福田区上步中路深勘大厦 11A	83674939	深圳市滨基创业投资有限公司	2013/05/10	2011/03/16
46	深圳力合华清创业投资有限公司	深圳市南山区高新区南区深圳清华大学研究院大楼 C419 室	0755-26551458、13316882115	深圳力合华清创业投资有限公司	2013/05/30	2009/09/15
47	深圳市东方富海壹号创业投资企业（有限合伙）	深圳市福田区天安数码城时代大厦主楼 2602-4	83476163	深圳市东方富海壹号创业投资企业（有限合伙）	2013/05/31	2009/08/05
48	深圳长易资产管理有限公司	深圳市福田区卓越时代广场 3106B-3107	82775990	深圳长易资产管理有限公司	2013/10/08	2010/08/13
49	深圳市达晨财富创业投资企业（有限合伙）	深圳特区报业大厦 2301	83515046	深圳市达晨财富创业投资企业（有限合伙）	2014/05/20	2008/05/29
50	深圳市富海银涛投资管理合伙企业（有限合伙）	深圳市福田区二梅林八号路鼎业大楼 0911	0755-8258 8181	深圳市富海银涛创业投资有限公司	2014/05/28	2007/10/12

续表

序号	管理机构	通讯地址	联系电话	所管理创业投资企业	备案时间	设立时间
51	基金自我管理	未知	未知	深圳中科汇富创业投资基金合伙企业（有限合伙）	2014/05/29	2010/12/14
52	深圳市同创伟业创业投资有限公司	深圳市福田区益田路与福华三路交汇处深圳国际商会中心 2703A	0755-82877047	深圳市同创伟业创业投资有限公司	2014/05/29	2000/06/26
53	深圳市东方富海创业投资企业（有限合伙）	深圳市福田区深南西路天安数码时代大厦主楼 2602-2	83476163	深圳市东方富海创业投资企业（有限合伙）	2014/06/20	2007/11/08
54	深圳市中科宏易创业投资有限公司	深圳市福田区深南西路侨福大厦 2707（仅限办公）	82931460	深圳市中科宏易创业投资有限公司	2014/08/14	2007/03/20
55	深圳市卓越创业投资有限责任公司	深圳市福田区福华三路卓越世纪中心 1 号楼 1805 室	0755-82794061	深圳市卓越创业投资有限责任公司	2015/05/15	2011/03/16
56	深圳清源创业投资管理合伙企业（有限合伙）	深圳市南山区科技园深圳清华大学研究院 A307	0755-26711778	深圳清源创业投资管理合伙企业（有限合伙）	2015/05/25	2011/12/15
57	深圳市中金石创业投资有限公司	深圳市福田区新洲路东深圳国际商会大厦 1821A	82876374	深圳市中金石创业投资有限公司	2015/05/26	2009/09/18
58	深圳市瑞合鑫业创业投资有限公司	深圳市福田区竹子林求是大厦西 2108	88316001	深圳市瑞合鑫业创业投资有限公司	2015/05/29	2007/07/10
59	深圳中科汇商创业投资有限公司	深圳市福田区深南大道 4009 号投资大厦 13 层 D2 区	82913284	深圳中科汇商创业投资有限公司	2015/06/04	2007/10/31
60	深圳市达晨财智创业投资管理有限公司	深圳市福田区深南大道特区报业大厦 2303	83515108	深圳市达晨财智创业投资管理有限公司	2015/06/17	2008/12/15

续表

序号	管理机构	通讯地址	联系电话	所管理创业投资企业	备案时间	设立时间
61	深圳市达晨创业投资有限公司	深圳市福田区特区报业大厦东区23楼	83515108	深圳市达晨创业投资有限公司	2015/06/24	2000/04/19
62	深圳市领航成长创业投资有限公司	深圳市福田区深南中路1099号平安银行大厦20C	13925019881	深圳市领航成长创业投资有限公司	2015/06/24	2011/01/30
63	深圳市鹏德创业投资有限公司	深圳市宝安区观澜街道上坑社区高新科技园宝德研发中心4楼410室	18503068945	深圳市鹏德创业投资有限公司	2015/09/11	2010/07/19
64	深圳市卓佳汇智创业投资有限公司	深圳市福田区深圳中心商务大厦2209室	82032663-8067	深圳市卓佳汇智创业投资有限公司	2016/04/14	2006/09/25
65	深圳市倚锋创业投资有限公司	深圳市福田区福中三路诺德金融中心主楼10B单元	075588302078	深圳市倚锋创业投资有限公司	2016/05/10	2007/08/22
66	深圳市国成科技投资有限公司	深圳市特区报业大厦21C	83515443	深圳市国成科技投资有限公司	2016/05/17	1997/09/08
67	深圳市海富通创业投资有限公司	深圳市福田区福华一路深圳国际商会大厦A1415	0755-82931272	深圳市海富通创业投资有限公司	2016/05/17	2006/07/21
68	深圳市中洲创业投资有限公司	深圳市深南中路1093号中信大厦17楼	0755-25942441	深圳市中洲创业投资有限公司	2016/05/17	2010/01/25
69	深圳市智和资本创业投资有限公司	深圳市南山区海德三道天利中央广场C座2205室	0755-86595155	深圳市智和资本创业投资有限公司	2016/05/17	2010/05/14
70	基金自我管理	未知	未知	深圳硅谷天堂阳光创业投资有限公司	2016/05/17	2009/06/02
71	深圳市天图创业投资有限公司	深圳市南山区侨香路智慧广场B栋24-2	0755-36909850	深圳市天图创业投资有限公司	2016/07/11	2002/04/11

续表

序号	管理机构	通讯地址	联系电话	所管理创业投资企业	备案时间	设立时间
72	深圳国成世纪创业投资有限公司	深圳市福田区福中三路 1006 号诺德金融中心 13E-1	83733767	深圳国成世纪创业投资有限公司	2016/07/14	2003/04/16
73	盈富泰克创业投资有限公司	深圳市福田区滨河路联合广场 B 座 1701 室	82966478	盈富泰克创业投资有限公司	2016/07/25	2000/04/20
74	深圳新力世纪创业投资有限公司	深圳市福田区深南中路 2018 号兴华大厦东栋十层 1031 室	075582877810	深圳新力世纪创业投资有限公司	2016/07/25	2009/06/29
75	深圳市招商局科技投资有限公司	深圳市南山区蛇口南海大道 1077 号北科创业大厦 5 楼	0755-26888619	深圳市招商局科技投资有限公司	2016/07/25	1995/12/20
76	深圳市远望谷创业投资有限公司	深圳市南山区高新技术产业园南区 T2-B	0755-26711735	深圳市远望谷创业投资有限公司	2016/07/25	2008/05/09
77	深圳市天图创业投资有限公司	深圳市南山区侨香路智慧广场 B 栋 24-2	0755-36909850	深圳市天图兴瑞创业投资有限公司	2016/07/25	2009/07/16
78	深圳市深港产学研科技发展有限公司	深圳高新区南区深港产学研基地大楼	075533631902	深圳市深港产学研科技发展有限公司	2016/07/25	2001/04/06
79	深圳市融元创业投资有限责任公司	深圳市南山区海德三道天利中央商务广场 A 座 15 楼	86332999-825	深圳市融元创业投资有限责任公司	2016/07/25	2004/04/07
80	深圳市南山创业投资有限公司	深圳市南山区南山街道深南大道 10128 号南山软件园东塔楼	13510680099	深圳市南山创业投资有限公司	2016/07/25	2013/07/23
81	深圳市龙岗创新投资有限公司	深圳市笋岗东路 1002 号宝安广场 C 座 17 楼龙岗创投	13724319013	深圳市龙岗创新投资有限公司	2016/07/25	2008/06/12

续表

序号	管理机构	通讯地址	联系电话	所管理创业投资企业	备案时间	设立时间
82	中科招商投资管理集团股份有限公司	深圳市福田中心区深南大道 4009 号投资大厦 13 层 D2-1 区	075582913284	中科招商投资管理集团股份有限公司	2016/07/25	2000/12/04
83	深圳市汇博成长创业投资有限公司	深圳市学府路与科园路交汇处软件产业基地 2 栋 C 座 15 楼	13267154376	深圳市汇博成长创业投资有限公司	2016/07/25	2012/06/26
84	深圳市高新投创业投资有限公司	深圳市福田区时代科技大厦 2209 房	82857716	深圳市高新投创业投资有限公司	2016/07/25	2010/06/29
85	深圳市创新投资集团有限公司	深圳市福田区深南大道 4009 号投资大厦 11 层 B 区	0755-82912888	深圳市创新投资集团有限公司	2016/07/25	1999/08/25
86	深圳清研创业投资有限公司	深圳市南山区科-技园南区深圳清华研究院大楼	26551419	深圳清研创业投资有限公司	2016/07/25	2004/09/28
87	深圳力合新能源创业投资基金有限公司	深圳市南山区高新区南区深圳清华大学研究院大楼 3 区 305 室	0755 26551901	深圳力合新能源创业投资基金有限公司	2016/07/25	2012/03/05
88	深圳力合创赢股权投资基金合伙企业（有限合伙）	深圳市南山区高新技术产业园南区深圳清华大学研究院 B307	26711778	深圳力合创赢股权投资基金合伙企业（有限合伙）	2016/07/25	2011/02/23
89	鲁证创业投资有限公司	深圳市福田区中心区中心广场香港中旅大厦第八 01B. 03	18664917607	鲁证创业投资有限公司	2016/07/25	2010/05/21
90	力合科创集团有限公司	深圳市高新科技园北区清华信息港科研楼 1001	26711642	力合科创集团有限公司	2016/07/25	1999/08/31
91	深圳市康沃资本创业投资有限公司	深圳市福田区中心区中心广场旁香港中旅大厦第 19A3	0755-82912860-802	深圳市康沃资本创业投资有限公司	2016/07/25	2007/04/23

续表

序号	管理机构	通讯地址	联系电话	所管理创业投资企业	备案时间	设立时间
92	国信弘盛创业投资有限公司	深圳市罗湖区红岭中路1010号国际信托大厦1608室	82775995	国信弘盛创业投资有限公司	2016/07/26	2008/08/08
93	深圳市大雄风创业投资有限公司	深圳市福田区皇岗路与深南中路交界东北田面城市大厦19F	0755-33356948	深圳市大雄风创业投资有限公司	2016/07/27	2009/08/06
94	深圳市中科招商创业投资有限公司	深圳市福田区深南大道4009号投资大厦13层C1区	075582913284	深圳市中科招商创业投资有限公司	2016/07/28	2001/06/22
95	深圳市点石创业投资合伙企业（有限合伙）	深圳市龙华新区清祥路1号宝能科技园9栋C座20楼K单元	0755-86627779	深圳市点石创业投资合伙企业（有限合伙）	2016/07/28	2010/02/10
96	深圳市同威创业投资有限公司	深圳市南山区华侨城汉唐大厦1104室	0755-26935226	深圳市同威创业投资有限公司	2016/07/29	2008/03/02
97	深圳市博叡创业投资有限公司	深圳市福田区车公庙天祥大厦CD座2C2-3	0755-83669873	深圳市博叡创业投资有限公司	2016/07/29	2010/03/18
98	深圳市汉迪创业投资有限公司	深圳市南山区学府路与白石路交汇处芒果网大厦5楼A001	13922816181	深圳市汉迪创业投资有限公司	2016/07/29	2009/07/30
99	深圳市富坤创业投资集团有限公司	深圳市南山区白石路东8号蓝楹国际商务中心6-2	075588311638	深圳市富坤创业投资集团有限公司	2016/07/29	2008/04/11
100	深圳市创新资本投资有限公司	深圳市福田区深南大道4009号投资大厦11层C1区	82912727	深圳市创新资本投资有限公司	2016/08/01	2001/05/10
101	深圳市中科远东创业投资有限公司	深圳市福田区深南大道4009号投资大厦13楼C2-2	82913284	深圳市中科远东创业投资有限公司	2016/08/01	2005/01/18

续表

序号	管理机构	通讯地址	联系电话	所管理创业投资企业	备案时间	设立时间
102	深圳市深港产学研创业投资有限公司	深圳市福田区深南大道 1006 号国际创新中心 C 座 16 层	0755-83290531	深圳市深港产学研创业投资有限公司	2016/08/01	1996/09/04
103	深圳创富成长创业投资有限公司	深圳市松坪山新西路 11 号东座三楼	13612828889	深圳创富成长创业投资有限公司	2016/08/03	2009/05/22
104	深圳市量科创业投资有限公司	深圳市罗湖区中兴路外贸集团大厦 2102 室	13902471706	深圳市量科创业投资有限公司	2016/08/04	2000/12/25
105	深圳市达晨财智创业投资管理有限公司	深圳市福田区深南大道特区报业大厦 2303	83515108	深圳市达晨创丰股权投资企业（有限合伙）	2016/08/08	2013/03/20
106	深圳市佳利泰创业投资有限公司	深圳市南山区蛇口沿山路以西、工业六路以北佳利泰大厦三楼 D 单元	25312076	深圳市佳利泰创业投资有限公司	2016/08/08	2009/07/20
107	深圳市创新投资集团有限公司	深圳市福田区深南大道 4009 号投资大厦 11 层 B 区	0755-82912888	深圳市福田创新资本创业投资有限公司	2016/08/08	2008/05/27
108	深圳市创东方投资有限公司	深圳市福田区竹子林求是大厦西座 29 楼	0755-83189608	深圳市创东方投资有限公司	2016/08/11	2007/08/21
109	深圳市华信创业投资有限公司	深圳市南山区南海大道山东大厦主楼 0436	13537541033	深圳市华信创业投资有限公司	2016/08/11	2011/05/19
110	深圳市百禾通顺创业投资有限公司	深圳市福田区福华一路国际商会大厦 A1822	82876367	深圳市百禾通顺创业投资有限公司	2016/08/11	2008/03/05
111	深圳市德同富坤创业投资合伙企业（有限合伙）	白石路东 8 号欢乐海岸蓝楹国际商务中心 6 楼 6-3	0755-88311638（8048）	深圳市德同富坤创业投资合伙企业（有限合伙）	2016/08/19	2010/10/22
112	深圳市经典创业投资有限公司	深圳市福田区车公庙江西世纪豪庭 32C	82562269	深圳市经典创业投资有限公司	2016/08/19	2008/07/14

附录2.20 广西壮族自治区备案创业投资机构名录

序号	管理机构	通讯地址	联系电话	所管理创业投资企业	备案时间	设立时间
1	天津海达创业投资管理有限公司	天津经济技术开发区第四大街5号生物研发大厦A座6层	022-62002048	广西海东科技创业投资有限公司	2011/07/27	2010/04/14
2	柳州开元创业投资有限公司	柳州市高新一路15号信息产业园A栋5楼A5-26	15994359936	柳州开元创业投资有限公司	2013/06/06	2011/12/19
3	广西中小企业创业投资有限公司	广西南宁市金浦路22号名都苑1号商住楼12楼	0771-5586630	广西中小企业创业投资有限公司	2013/06/09	2009/08/12

附录2.21 海南省备案创业投资机构名录

序号	管理机构	通讯地址	联系电话	所管理创业投资企业	备案时间	设立时间
1	基金自我管理	未知	未知	海南信息产业创业投资基金（有限合伙）	2015/08/07	2011/11/21
2	海南正和弘毅创业投资有限公司	洋浦开发区盐田路8号政务服务中心大楼东区1-1-206	089866590596	海南正和弘毅创业投资有限公司	2016/07/04	2011/05/10

附录2.22 重庆市备案创业投资机构名录

序号	管理机构	通讯地址	联系电话	所管理创业投资企业	备案时间	设立时间
1	重庆星光投资有限公司	重庆市渝中区青年路38号国贸大厦23F6-11	63106222	重庆星光投资有限公司	2014/05/29	2007/11/14
2	基金自我管理	未知	未知	重庆西永创新投资有限公司	2014/05/29	2007/07/23

续表

序号	管理机构	通讯地址	联系电话	所管理创业投资企业	备案时间	设立时间
3	重庆华犇创业投资管理有限公司	重庆市江北区建新南路1号中信大厦8-9-2	13657673800	重庆华犇电子信息创业投资中心（有限合伙）	2014/06/03	2010/11/16
4	基金自我管理	未知	未知	重庆三屋领秀创业投资有限公司	2014/06/09	2011/11/22
5	重庆科技风险投资有限公司	重庆市渝北区新溉大道2号重庆科技大厦七楼	023-67516829	重庆科技风险投资有限公司	2015/10/21	1993/01/19
6	重庆科技风险投资有限公司	重庆市渝北区新溉大道2号重庆科技大厦七楼	023-67516829	重庆天使科技创业投资有限公司	2016/08/23	2010/01/25
7	基金自我管理	未知	未知	重庆软银创业投资中心（有限合伙）	2016/08/31	2008/11/26
8	重庆科兴乾建创业投资有限公司	重庆市渝北区新溉大道2号重庆科技大厦7楼	67516829	重庆科兴乾建创业投资有限公司	2016/08/31	2011/11/18
9	重庆高技术创业中心	重庆北部新区黄山大道中段杨柳路2号	67300612	重庆高技术创业中心	2016/08/31	2002/03/25
10	重庆高新创业投资有限公司	重庆市渝北区星光大道1号星光大厦D座	02367233073	重庆开创高新技术创业投资有限公司	2016/09/01	2005/03/25
11	重庆高新创业投资有限公司	重庆市渝北区星光大道1号星光大厦D座	02367233073	重庆高新创业投资有限公司	2016/09/06	2007/08/03
12	基金自我管理	未知	未知	重庆德同创业投资中心（有限合伙）	2016/09/12	2010/04/01
13	重庆富坤创业投资中心（有限合伙）	重庆市北部新区星光大道62号（海王星科技大厦C区2楼1-1号）	023-67030567	重庆富坤创业投资中心（有限合伙）	2016/10/10	2009/09/22

附录 2.23 四川省备案创业投资机构名录

序号	管理机构	通讯地址	联系电话	所管理创业投资企业	备案时间	设立时间
1	内江弘信创业工场投资有限公司	内江市东兴区兴盛路玉都花园B区11栋1单元510号	13850083730	内江弘信创业工场投资有限公司	2013/06/14	2011/11/30
2	四川蜀祥创业投资有限公司	四川省成都市金牛区蜀跃路9号	028-87579735	四川蜀祥创业投资有限公司	2013/06/24	2009/04/03
3	四川蜀祥创业投资有限公司	四川省成都市金牛区蜀跃路9号	028-87579735	四川三新创业投资有限责任公司	2013/06/24	2010/08/03
4	四川鸿鑫创业投资有限公司	四川广汉经济开发区四川汉舟电气有限公司	13981093088	四川鸿鑫创业投资有限公司	2015/10/10	2008/04/02
5	广元市广发创业投资有限公司	四川省广元市利州区兴安路147号	0839-3289981	广元市广发创业投资有限公司	2016/03/09	2013/03/15
6	绵阳久盛科技创业投资有限公司	绵阳市临园路西段78号	0816-2316521	绵阳久盛科技创业投资有限公司	2016/04/28	2004/03/05
7	攀枝花市金源创业投资有限公司	四川省攀枝花市东区机场路93号	0812-3373896	攀枝花市金源创业投资有限公司	2016/06/02	2008/08/15
8	绵阳西南科技大学创业投资管理有限公司	四川省绵阳市涪城区青龙大道中段59号西南科技大学行政楼7-21	15681200607	绵阳西南科技大学创业投资管理有限公司	2016/09/12	2008/01/23
9	成都光控西部创业投资有限公司	成都高新区天府大道北段1480号13栋4层402号	14715688840	成都光控西部创业投资有限公司	2013/06/03	2012/10/30
10	成都泰豪晟大股权投资基金管理中心（有限合伙）	成都市人民南路四段45号新希望大厦1704室	18980818608	成都泰豪银科创业投资中心（有限合伙）	2014/06/06	2012/09/11
11	成都中铁海达股权投资基金管理有限公司	成都高新区天府大道北段1480号拉德芳斯西楼3层311号	18583737268	成都中铁高端交通装备产业创业投资合伙企业（有限合伙）	2015/01/15	2014/06/06
12	成都盈创动力投资管理有限公司	成都高新区天府大道北段1480号拉德方斯大厦西楼504	028-65938907	成都盈创动力创业投资有限公司	2015/06/09	2010/03/18

续表

序号	管理机构	通讯地址	联系电话	所管理创业投资企业	备案时间	设立时间
13	成都高投创业投资有限公司	成都高新区锦城大道539号盈创动力大厦A座5	85988449/85335111	成都高投创业投资有限公司	2015/06/09	2004/05/17
14	成都光控西部创业投资有限公司	成都高新区天府大道北段1480号13栋4层402号	(852) 28601124	成都光控西部创业投资有限公司	2015/07/14	2012/10/30
15	基金自我管理	未知	未知	成都招商局银科创业投资有限公司	2015/07/14	2010/12/31
16	成都绎达成长投资管理有限公司	成都市武侯区桐梓林6号中华园锦苑	028-86241018-605	成都国泰光华投资有限公司	2015/07/21	2010/08/16
17	成都创新投管理有限公司	成都市高新区天府大道北段966号2号楼20222	85336920	成都红土银科创新投资有限公司	2015/07/24	2010/03/18
18	成都银科创业投资有限公司	成都市高新区锦城大道539号盈创动力大厦401室	028-85336380	成都银科创业投资有限公司	2016/04/12	2009/03/18
19	成都盈创兴科创业投资合伙企业（有限合伙）	成都高新区锦城大道539号盈创动力大厦A座5楼	13881945152	成都盈创兴科创业投资合伙企业（有限合伙）	2016/06/08	2014/09/26
20	成都高特佳银科祥富投资管理有限公司	成都高新区天府大道北段1480号拉德方斯大厦大厦西楼四楼406	18980790946	成都高特佳银科创业投资合伙企业（有限合伙）	2016/06/08	2011/07/01
21	成都德同银科锦程创业投资合伙企业（有限合伙）	成都市天府大道北段1480号13栋1单元14层6号	(028) 85231260转11	成都德同银科锦程创业投资合伙企业（有限合伙）	2016/06/08	2013/11/29
22	成都德同银科创业投资合伙企业（有限合伙）	成都天府大道北段1480号拉德方斯大厦西楼1406号	(028) 85231260转11	成都德同银科创业投资合伙企业（有限合伙）	2016/06/08	2010/03/03
23	成都晟唐银科创业投资企业（有限合伙）	成都市天府大道北段966号2号楼401室	028-85987150	成都晟唐银科创业投资企业（有限合伙）	2016/06/08	2011/01/20

续表

序号	管理机构	通讯地址	联系电话	所管理创业投资企业	备案时间	设立时间
24	成都盈创世纪股权投资基金管理有限公司	成都天府大道北段 1480 号拉德方斯西楼 503 号	028-65938909	成都盈创成长股权投资基金合伙企业（有限合伙）	2016/06/08	2011/07/29
25	成都易高投资管理有限公司	成都市蜀金路 1 号金沙万瑞中心 B 座 1602	62050155	成都易高成长创业投资有限公司	2016/06/08	2010/09/19
26	成都盈创德弘股权投资基金管理有限公司	成都高新区锦城大道 539 号盈创动力大厦 A 座 5 楼	18113184218	成都盈创德弘创业投资合伙企业（有限合伙）	2016/06/14	2015/09/23
27	双流英飞尼迪创业投资管理有限公司	成都双流西航港开发区长城路一段 2 号创业中心 315	028-67066688	双流英飞尼迪聚源创业投资中心（有限合伙）	2016/07/13	2010/07/14
28	开铂（成都）创业投资管理有限公司	成都高新区天府大道北段 1480 号拉德方斯大厦西楼 305 室	028-65938828	开铂银科（成都）创业投资企业	2016/07/18	2010/12/06
29	成都盈创德弘股权投资基金管理有限公司	成都高新区锦城大道 539 号 A 座 5 层	18113184218	成都盈创德弘创业投资合伙企业（有限合伙）	2016/07/18	2015/09/23
30	成都成创引力投资管理企业（有限合伙）	成都高新区锦城大道 539 号盈创动力大厦 B2 座 7 楼	028-85337114-825	成都成创汇智创业投资有限公司	2016/07/18	2009/12/16
31	成都科创动力投资发展有限公司	成都市高新区创业路 16 号火炬大厦 B 座一楼	65575921	成都科创动力投资发展有限公司	2016/07/18	2001/06/15
32	成都天下惠创创业投资中心（有限合伙）	成都市天府大道 1700 号环球中心 E5-1501	18380228307	成都天下惠创创业投资中心（有限合伙）	2016/07/18	2014/07/22
33	成都诚毅创业投资管理有限公司	成都市新都区静安路 469 号兴城大厦 10 楼	02864320023	成都市新申创业投资有限公司	2016/09/07	2011/08/29

续表

序号	管理机构	通讯地址	联系电话	所管理创业投资企业	备案时间	设立时间
34	成都光控医疗健康创业投资管理有限公司	上海市浦东新区世纪大道 210 号二十一世纪大厦 25 楼	021-20890805	成都光控世纪医疗健康创业投资有限公司	2016/09/27	2012/10/17
35	硅谷天堂资产管理集团股份有限公司	北京海淀区中关村南大街甲 12 号寰太大厦 17 层	13688373597	成都硅谷天堂通威银科创业投资有限公司	2016/09/27	2022/10/12
36	成都创业加速器投资有限公司	成都市天府大道北段 1480 号拉德方斯西楼 308	021-62959001＊228	成都创业加速器投资有限公司	2016/09/27	2010/08/17
37	成都创新风险投资有限公司	成都市高新区锦城大道 539 号盈创动力大厦 7 楼	028-85337113	成都创新风险投资有限公司	2016/09/27	2001/06/08
38	成都亚商盈泰创业投资管理有限公司	成都市高新区神仙树南路 53 号（清华坊）9 号楼	85183430	成都亚商新兴创业投资有限公司	2016/09/27	2009/07/24
39	维梧创业投资管理（成都）有限公司	成都高新区天府大道北段 1480 号拉德方斯西楼 405 室	18980629622	维梧（成都）生物技术创业投资有限公司	2016/09/27	2010/08/30
40	四川威比特投资有限公司	成都市锦江区华润路 158 号 6 幢 1503 室	028-86749176	四川威比特投资有限公司	2016/09/27	2008/03/05
41	四川中物创业投资有限公司	成都市高新区高新国际广场 D 座 808 号	028-85311608	四川中物创业投资有限公司	2016/09/27	2007/02/08
42	双流聚源创业投资有限公司	双流县东升街道白河路四段 169 号御苑风景 2 号	18982131110	双流聚源创业投资有限公司	2016/09/27	2009/10/28

附录 2.24 贵州省备案创业投资机构名录

序号	管理机构	通讯地址	联系电话	所管理创业投资企业	备案时间	设立时间
1	贵州金磐科技创业投资有限公司	遵义市汇川区大连路高新技术产业园区	0851-8696113	贵州金磐科技创业投资有限公司	2014/07/10	2007/12/17
2	贵阳花溪科技创业投资有限公司	贵阳市花溪区清溪路 99 号（原乡企局）三楼	15885065474	贵阳花溪科技创业投资有限公司	2015/10/21	2011/07/19
3	贵州经开创业投资管理有限公司	贵阳市小河区锦江路口沐风园 17 栋 2 层	83890646 转 802	贵州经开创业投资有限公司	2015/10/29	2012/08/21
4	贵州省科技风险投资有限公司	贵阳市南明区花果园大街贵阳国际中心 1 号楼 37 楼	0851-85806600	贵阳创新天使投资基金有限公司	2016/05/09	2014/03/01
5	基金自我管理	未知	未知	鼎信博成创业投资有限公司	2016/05/20	2010/08/26
6	贵州中水建设管理股份有限公司	贵阳市宝山南路 27 号凯尼大厦 13 楼	0851-85584532	贵州中水建设管理股份有限公司	2016/05/23	2004/02/17
7	基金自我管理	未知	未知	贵阳高新技术创业投资有限公司	2016/05/25	2011/04/27
8	贵州双龙航空港创业投资有限公司	贵阳市南明区龙洞堡乡龙洞堡电子商务港 A 栋 2 单元 16 层 2 号	13908503522	贵州双龙航空港创业投资有限公司	2016/05/25	2015/10/13
9	六盘水市科技创业投资有限公司	六盘水市红桥新区	18798483382	六盘水市科技创业投资有限公司	2016/06/08	2012/11/13
10	遵义科技创业投资有限公司	遵义市上海路凤凰花园 4 栋 2 楼	0852-8922337	遵义科技创业投资有限公司	2016/06/14	2010/11/05
11	贵州吉源云驾科技有限公司	贵州省贵阳市南明区小碧乡云盘村	13885063460	贵州吉源云驾科技有限公司	2016/06/15	2012/09/12
12	贵阳市创业投资有限公司	贵阳市观山湖区金朱路 2 号中铝科技大厦 B 座 10 楼	0851-84757198	贵阳市引凤高技术产业创业投资基金有限公司	2016/06/15	2014/05/13
13	贵州筑银资本管理有限公司	贵阳市金阳新区金朱路 2 号中铝科技大厦 B 座 10 楼	0851-84757198	贵阳工投生物医药产业创业投资有限公司	2016/06/15	2013/02/19

续表

序号	管理机构	通讯地址	联系电话	所管理创业投资企业	备案时间	设立时间
14	贵阳成创合力创业投资管理企业	贵阳市观山湖区金朱路2号中铝科技大厦B座8楼	0851-84757198	贵阳甲秀创业投资中心（有限合伙）	2016/06/15	2011/04/08
15	贵阳市创业投资有限公司	贵阳市观山湖区金朱路2号中铝科技大厦B座10楼	0851-84757198	贵阳市创业投资有限公司	2016/06/15	2010/12/28
16	贵州省科技风险投资有限公司	贵州省贵阳市南明区花果园大街贵阳国际中心1号楼37楼	0851-85806600	贵州省科技风险投资有限公司	2016/06/16	1998/11/10
17	贵州红土创新资本管理有限公司	贵阳市观山湖区长岭南路31号国家数字内容产业园1层	13765121273	贵州红土创业投资有限公司	2016/06/17	2014/08/22
18	贵州省科技风险投资有限公司	贵州省贵阳市南明区花果园大街贵阳国际中心1号楼37楼	0851-85806600	贵阳市星火现代服务业创业投资有限公司	2016/06/29	2014/05/13

附录2.25 云南省备案创业投资机构名录

序号	管理机构	通讯地址	联系电话	所管理创业投资企业	备案时间	设立时间
1	云南科技创业投资有限公司	昆明市官渡区春城路219号东航投资大厦305	13708410952	云南科技创业投资有限公司	2014/06/12	2007/12/19
2	基金自我管理	未知	未知	云南越弘创业投资有限公司	2014/06/30	2011/05/26
3	云南文产创业投资有限责任公司	昆明市东风西路顺城西塔604	08717269939	云南文产创业投资有限责任公司	2016/09/21	2011/12/21
4	红塔创新投资股份有限公司	昆明市五华区北门街俊园小区F幢二层	0871-65177809	红塔创新投资股份有限公司	2016/09/21	2000/06/15
5	昆明创业投资有限责任公司	昆明市青年路延长线448号华尔顿大厦5楼	0871-65387797	昆明创业投资有限责任公司	2016/09/21	2010/07/07

附录2.26 西藏自治区备案创业投资机构名录

序号	管理机构	通讯地址	联系电话	所管理创业投资企业	备案时间	设立时间
1	山南格立创业投资有限公司	深圳市福田区车公庙泰然劲松大厦17A	15813842561	山南格立创业投资有限公司	2014/04/02	1998/07/13
2	西藏源江创业投资合伙企业（有限合伙）	拉萨市达孜县工业园区	13951751566	西藏源江创业投资合伙企业（有限合伙）	2014/06/17	2014/01/02
3	西藏恩泽创业投资合伙企业（有限合伙）	拉萨市达孜县工业园区	13951751566	西藏恩泽创业投资合伙企业（有限合伙）	2014/06/17	2014/01/02
4	西藏汇享创业投资合伙企业（有限合伙）	拉萨市达孜县工业园区	13951751566	西藏汇享创业投资合伙企业（有限合伙）	2014/06/17	2014/01/02
5	达孜新升创业投资合伙企业（有限合伙）	达孜工业园区江苏拉萨展销中心214室	15918899556	达孜新升创业投资合伙企业（有限合伙）	2014/07/15	2013/11/28
6	曲水益和创业投资合伙企业（有限合伙）	湖南省长沙高新技术产业开发区谷苑路265号	18673160386	曲水益和创业投资合伙企业（有限合伙）	2014/07/15	2010/12/16
7	西藏山南盛华康源创业投资合伙企业（有限合伙）	西藏自治区山南地区乃东县英雄路13号	13989988145	西藏山南盛华康源创业投资合伙企业（有限合伙）	2014/07/17	2010/04/12
8	拉萨恒宁创业投资合伙企业（有限合伙）	拉萨市金珠西路158号11-7-03	18739797888	拉萨恒宁创业投资合伙企业（有限合伙）	2014/07/18	2013/04/26
9	西藏劲邦劲达创业投资合伙企业（有限合伙）	拉萨市金珠西路158号21幢三单元四楼二号	13818299127	西藏劲邦劲达创业投资合伙企业（有限合伙）	2014/08/06	2013/06/25
10	西藏君丰医药产业创业投资中心（有限合伙）	拉萨市北京中路85号自治区文联职工房18栋二单元402室	13510028977	西藏君丰医药产业创业投资中心（有限合伙）	2015/06/17	2013/01/30

续表

序号	管理机构	通讯地址	联系电话	所管理创业投资企业	备案时间	设立时间
11	西藏山南熠明创业投资合伙企业（有限合伙）	西藏自治区山南地区山南宾馆	13805780758	西藏山南熠明创业投资合伙企业（有限合伙）	2015/07/01	2010/01/20
12	西藏嘉泽创业投资有限公司	拉萨经济技术开发区西藏金采科技股份有限公司综合楼 4091 号	13815994960	西藏嘉泽创业投资有限公司	2015/07/29	2012/12/20
13	西藏山南宏源创业投资合伙企业（有限合伙）	山南宾馆	15959025700	西藏山南宏源创业投资合伙企业（有限合伙）	2015/08/11	2006/08/28
14	清控创业投资有限公司	北京市海淀区清华科技园科技大厦 A 座 25 层	13911621506	清控创业投资有限公司	2015/08/11	2011/06/14
15	西藏珠峰创业投资有限公司	西藏拉萨市经济技术开发区阳光新城别墅区 A5	15108494067	西藏珠峰创业投资有限公司	2015/09/10	2012/07/03
16	西藏云端创业投资合伙企业（有限合伙）	拉萨市金珠西路 158 号阳光新城 B 区 6 栋 2 单元 6-2 号	13951751566	西藏云端创业投资合伙企业（有限合伙）	2016/10/14	2013/12/24
17	西藏鑫信创业投资合伙企业（有限合伙）	拉萨市金珠西路 158 号	13951751566	西藏鑫信创业投资合伙企业（有限合伙）	2016/10/14	2013/12/25

附录 2.27 陕西省备案创业投资机构名录

序号	管理机构	通讯地址	联系电话	所管理创业投资企业	备案时间	设立时间
1	陕西宏盛创业投资有限公司	汉中市汉台区南团结街长安银行汉中分行办公楼 3 层	13571656666	陕西宏盛创业投资有限公司	2015/10/29	2012/03/29

续表

序号	管理机构	通讯地址	联系电话	所管理创业投资企业	备案时间	设立时间
2	宝鸡正茂创业投资有限公司	宝鸡市高新大道195号钛谷大厦11层	13636810178	宝鸡正茂创业投资有限公司	2015/11/12	2013/07/19
3	陕西华晨金亿创业投资有限公司	西安市高新区莲湖科技园财富中心21层2106室	18691886925	陕西华晨金亿创业投资有限公司	2016/05/31	2012/09/12
4	陕西金泰创业投资有限公司	西安市高新六路52号立人科技B座5层	88452621	陕西金泰创业投资有限公司	2016/05/31	2006/09/13
5	陕西宏豪创业投资有限公司	西安市经济技术开发区凤城四路海荣豪佳花园3号楼011101号	17709150404	陕西宏豪创业投资有限公司	2016/06/03	2012/03/20
6	陕西富晨创业投资管理有限公司	西安市高新一路2号国家开发银行大厦23F	029-88377281	陕西富晨创业投资管理有限公司	2016/06/06	2006/02/27
7	陕西航天红土创业投资有限公司	西安市航天中路369号	15091672510	陕西航天红土创业投资有限公司	2016/06/06	2010/06/10
8	陕西金河科技创业投资有限责任公司	陕西省西安市高新区锦业路1号绿地领海大厦A座1401	029-82279199-804	陕西金河科技创业投资有限责任公司	2016/06/22	2010/07/08
9	陕西先锋投资有限公司	陕西省西安市高新技术产业开发区科技二路68号西安软件园D区5层	13991841318	陕西先锋投资有限公司	2016/06/22	1997/11/18
10	陕西银海创业投资有限公司	西安市高新区高新路西部国际广场11701室	15002970165	陕西银海创业投资有限公司	2016/06/28	2012/01/30
11	西安保德信投资发展有限责任公司	西安市和平路93号1306室	88365309	西安保德信投资发展有限责任公司	2014/05/28	1998/02/10
12	陕西乾丰创业投资有限公司	西安市南二环180号财富中心C座15楼	029-62960107	陕西乾丰创业投资有限公司	2014/05/29	2008/11/11

续表

序号	管理机构	通讯地址	联系电话	所管理创业投资企业	备案时间	设立时间
13	西安汇乙创业投资有限公司	陕西省西安市柿园路 181 号郎福大厦 3 楼	029-82401343	西安汇乙创业投资有限公司	2014/05/29	2006/11/05
14	西安正茂创业投资有限公司	西安市环城南路东段 330 号银博大厦	029-88313412	西安正茂创业投资有限公司	2014/06/04	2006/04/29
15	陕西祥泰智通创业投资有限公司	西安市高新区唐延路 35 号旺座现代城 1 幢 20905	15591812536	陕西祥泰智通创业投资有限公司	2014/06/05	2001/04/04
16	陕西中金创业投资有限责任公司	西安市科技路旺座国际城 D-2005	88895060	陕西中金创业投资有限责任公司	2014/06/05	2008/08/01
17	陕西鑫鹏达创业投资有限公司	西安市和平路 99 号金鑫国际大厦 3 层 308 号	029-87206038	陕西鑫鹏达创业投资有限公司	2015/05/20	2011/12/01
18	陕西万兴创业投资股份有限公司	西安市未央路 126 号赛高国际 D 座 42402 室	029-86478411	陕西万兴创业投资股份有限公司	2015/05/25	2012/12/17
19	陕西钰沣隆创业投资有限公司	陕西省西安市雁塔区太白南路 5 号紫薇尚层西一楼二单元 805	029-81887380	陕西钰沣隆创业投资有限公司	2015/05/27	2013/03/28
20	西安曲江文化产业风险投资有限公司	西安市雁塔南路政通大道 2 号曲江文化创意大厦 10 层	029-85427805	西安曲江文化产业风险投资有限公司	2016/08/29	2009/12/01
21	西安高创投资管理有限公司	西安市高新区锦业路 1 号都市之门 B 座 704 室	029-68596690	西安火炬创业投资有限公司	2016/08/30	2011/11/30
22	西安高新技术产业风险投资有限责任公司	西安高新区锦业路 1 号都市之门 B 座 1804 室	65690856-828	西安高新技术产业风险投资有限责任公司	2016/08/30	1999/02/01
23	西安智信投资管理有限公司	西安市高新区锦业路 1 号都市之门 B 座 7 层 10705 室	029-68596690	西安晨阳创业投资有限公司	2016/09/06	2011/06/10

续表

序号	管理机构	通讯地址	联系电话	所管理创业投资企业	备案时间	设立时间
24	陕西远望达创业投资有限公司	西安市高新区唐延路都市之门D座第2幢1单元11层11111号房	15529477000	陕西远望达创业投资有限公司	2016/09/18	2012/02/21
25	西安经发创新投资有限公司	西安市未央路132号经发大厦27层	029-88348859-12	西安经发创新投资有限公司	2016/09/27	2004/09/18
26	西安红土创新投资有限公司	西安市碑林区南二环西段27号西安旅游大厦7层	88348859-16	西安红土创新投资有限公司	2016/09/27	2008/06/25

附录2.28　甘肃省备案创业投资机构名录

序号	管理机构	通讯地址	联系电话	所管理创业投资企业	备案时间	设立时间
1	甘肃省盛华投资有限公司	兰州市城关区张苏滩579号	09318481455	甘肃省盛华投资有限公司	2016/03/24	2009/11/11
2	甘肃华龙金城投资管理有限公司	甘肃省兰州市城关区东岗西路638号财富中心21楼2103室	0931-4890527	甘肃现代农业产业创业投资基金有限公司	2016/04/25	2012/12/25
3	甘肃兴隆景泰投资有限责任公司	兰州市城关区庆阳路195号	0931-4890588	甘肃生物医药产业创业投资基金有限公司	2016/04/25	2012/12/06
4	甘肃国投基金管理有限公司	甘肃省兰州市城关区静宁路308号	8587789	甘肃生物产业创业投资基金有限公司	2016/05/30	2012/05/04
5	甘肃博信高新技术创业投资股份有限公司	兰州市城关区东岗东路1371号	0931-2117234/8673707	甘肃博信高新技术创业投资股份有限公司	2016/08/16	2010/05/14
6	甘肃高新创业投资管理有限公司	兰州市城关区北滨河东路69号	18693289601	甘肃新材料产业创业投资基金有限公司	2016/08/16	2015/06/24

附录 2.29 青海省备案创业投资机构名录

序号	管理机构	通讯地址	联系电话	所管理创业投资企业	备案时间	设立时间
1	乌鲁木齐海达阳明股权投资管理有限公司	天津经济技术开发区第一大街 79 号泰达 MSD-C1-23 层	022-59852166	青海宁达创业投资有限责任公司	2013/06/27	2010/08/04

附录 2.30 宁夏回族自治区备案创业投资机构名录

序号	管理机构	通讯地址	联系电话	所管理创业投资企业	备案时间	设立时间
1	基金自我管理	未知	未知	银川铸龙软银创业投资中心（有限合伙）	2015/05/27	2010/08/03
2	基金自我管理	未知	未知	银川铸龙商络科技创业投资基金有限公司	2015/05/28	2012/03/16

附录 2.31 新疆维吾尔自治区备案创业投资机构名录

序号	管理机构	通讯地址	联系电话	所管理创业投资企业	备案时间	设立时间
1	新疆新业盛融创业投资有限责任公司	乌鲁木齐市六道湾路 59 号灭火大厦 4 层	13899808010	新疆新业盛融创业投资有限责任公司	2015/05/27	2011/11/16
2	新疆昌源水务集团有限公司	新疆乌鲁木齐市沙依巴克区于田街 119 号新水大酒店 7 楼 B 区	0991-5833140	新疆昌源水务集团有限公司	2016/04/22	1999/02/12
3	霍尔果斯嘉泽创业投资有限公司	霍尔果斯口岸友谊西路 18 号中国银行办公楼 413 室	010-88854918	霍尔果斯嘉泽创业投资有限公司	2016/05/19	2012/11/28

续表

序号	管理机构	通讯地址	联系电话	所管理创业投资企业	备案时间	设立时间
4	新疆国际实业股份有限公司	乌鲁木齐市北京南路358号大成国际9楼	0991-5584793	新疆国际实业股份有限公司	2016/05/28	1999/03/28
5	新疆中小企业创业投资股份有限公司	乌鲁木齐市扬子江路91号	0991-4583310	新疆中小企业创业投资股份有限公司	2016/05/28	2010/01/26
6	新疆维吾尔自治区国有资产投资经营有限责任公司	乌鲁木齐市中山路462号广场联合大厦A座14楼	0991-2831446	新疆维吾尔自治区国有资产投资经营有限责任公司	2016/05/28	1998/04/23
7	新疆火炬创业投资有限公司	乌鲁木齐市高新街217号盈科广场4层商铺4-1	0991-3678085 18999991509	新疆火炬创业投资有限公司	2016/05/28	2012/08/09
8	新疆新科源科技风险投资管理有限公司	新疆乌鲁木齐市科学南路353号	0991-3680756	新疆新科源科技风险投资管理有限公司	2016/06/04	2004/08/17
9	霍尔果斯天信博峰创业投资有限公司	新疆伊犁州霍尔果斯口岸卡拉苏河欧陆经典小区8幢8231室	13910033281	霍尔果斯天信博峰创业投资有限公司	2016/06/14	2015/09/15
10	霍尔果斯瑞丰成长创业投资有限公司	北京市朝阳区北辰西路8号北辰世纪中心A825室	010-84378101-809	霍尔果斯瑞丰成长创业投资有限公司	2016/06/14	2009/07/08
11	新疆凯迪创业投资有限责任公司	乌鲁木齐市天山区金银路53号金融大夏	13619920139	新疆凯迪创业投资有限责任公司	2016/08/24	2009/11/19
12	喀什新昆创业投资有限公司	喀什经济开发区深喀大道总部经济区	13888716789	喀什新昆创业投资有限公司	2016/08/25	2012/07/24
13	苏州凯风正德投资管理有限公司	苏州工业园区凤里街345号沙湖创投中心1座	0512-66969517	霍尔果斯凯风进取创业投资有限公司	2016/08/31	2009/07/02

续表

序号	管理机构	通讯地址	联系电话	所管理创业投资企业	备案时间	设立时间
14	霍尔果斯瑞嘉创业投资有限公司	新疆伊犁州霍尔果斯口岸欧陆经典小区8号楼二单元301室	13381090718	霍尔果斯瑞嘉创业投资有限公司	2016/08/31	2015/07/23
15	新疆融汇湘疆创业投资有限合伙企业	新疆乌市经济技术开发区上海路13号3楼5号	0991-6993761 13609996057	新疆融汇湘疆创业投资有限合伙企业	2016/08/31	2011/12/20
16	霍尔果斯苍穹之下创业投资有限公司	新疆伊犁州霍尔果斯口岸亚欧路1号建设银行3楼315室	15801022711	霍尔果斯苍穹之下创业投资有限公司	2016/08/31	2015/06/04
17	喀什星河互联创业投资有限公司	新疆喀什地区喀什经济开发区深喀大道总部经济区	15801022711	喀什星河互联创业投资有限公司	2016/08/31	2015/06/02
18	霍尔果斯市微创之星创业投资有限公司	新疆伊犁州霍尔果斯口岸亚欧路1号建设银行3楼311室	15801022711	霍尔果斯市微创之星创业投资有限公司	2016/08/31	2015/06/04
19	紫腾投资有限公司	乌鲁木齐市光路59号时代广场A座8楼F	15909002229	紫腾投资有限公司	2016/08/31	2014/10/10

注1：本名录按备案地分类，并按备案时间排序。

注2：若一家管理机构受托管理多家基金（即创业投资企业），为更好体现其受托管理关系，其所受托的多家基金放在一起按备案时间排序。

注3：若一家管理机构受托管理外地基金，考虑到《办法》对基金实行属地备案，对管理机构实行附带备案，故将基金放在基金所在地名录中。

附录 3　创业投资企业备案管理部门名录

序号	备案管理部门	通讯地址	网　址	联系电话
1	北京市金融工作局	北京市西城区槐柏树街 2 号市府大楼 2 号楼	www. bjjrj. gov. cn	010-88011263
2	天津市发展改革委	天津市和平区大沽北路 157 号	www. tjdpc. gov. cn	022-23142109
3	河北省发展改革委	石家庄市自强路 55 号	www. hbdrc. gov. cn	0311-88600519
4	山西省发展改革委	太原市东后小河 12 号	www. sxdrc. gov. cn	0351-3119212
5	内蒙古自治区发展改革委	呼和浩特市赛罕区敕勒川大街发展大厦 B 座	www. nmgfgw. gov. cn	0471-6659505
6	辽宁省发展改革委	沈阳市皇姑区北陵大街 45-2 号	www. lndp. gov. cn	024-86892981
7	吉林省发展改革委	长春市新发路 329 号	www. jlsdrc. gov. cn	0433-88906517
8	黑龙江省发展改革委	哈尔滨市南岗区中山路 202 号	www. hljdpc. gov. cn	0451-82628682
9	上海市发展改革委	上海人民大道 200 号 918 室	www. shdrc. gov. cn	021-23112816
10	江苏省发展改革委	南京市北京西路 70 号	www. jsdpc. gov. cn	025-83391729
11	浙江省发展改革委	杭州市省政府 1 号楼	www. zjdpc. gov. cn	0571-87054726
12	安徽省发展改革委	合肥市红星路 92 号省经济信息中心	www. ahpc. gov. cn	0551-62602774
13	福建省金融办	福州市华林路 76 号省政府大院 8 号楼	www. fjetc. gov. cn	0591-87832762
14	江西省发展改革委	南昌市北京西路 69 号	www. jxdpc. gov. cn	0719-6200694
15	山东省发展改革委	济南市省府前街 1 号	www. sdjw. gov. cn	0531-86191753
16	河南省发展改革委	郑州市农业路东段 41 号投资大厦	www. hndrc. gov. cn	0371-69691531
17	湖北省发展改革委	武汉市武昌区水果湖东一路 17 号	www. hbjw. gov. cn	027-87231933
18	湖南省发展改革委	长沙市天心区湘府西路 8 号省政府第 4 办公楼	www. hnfgw. gov. cn	0731-89990838

续表

序号	备案管理部门	通讯地址	网　址	联系电话
19	广东省发展改革委	广州市东风中路 305 号（省政府大院）5 号楼	www. gddpc. gov. cn	020-83133139
20	广西壮族自治区发展改革委	南宁市民族大道 111—1 号广西发展大厦东楼	www. gxdrc. gov. cn	0771-2328816
21	海南省发展改革委	海口市国兴大道 9 号	plan. hainan. gov. cn	0898-65342595
22	重庆市发展改革委	重庆市渝北区洪湖西路 16 号	www. cqdpc. gov. cn	023-67575722
23	四川省发展改革委	成都市锦江区滨江东路 156 号发展大厦	www. scdrc. gov. cn	028-86705813
24	贵州省发展改革委	贵阳市延安中路 110 号	www. gzdpc. gov. cn	0851-85280637
25	云南省发展改革委	昆明市盘龙区东风东路 84 号	www. yndpc. yn. gov. cn	0871-63113471
26	西藏自治区发展改革委	拉萨市北京中路 22 号	www. xdrc. gov. cn	0891-6327532
27	陕西省发展改革委	西安市新城大院 8 号楼	www. sndrc. gov. cn	029-87294704
28	甘肃省发展改革委	兰州市中央广场 1 号	www. gspc. gov. cn	0931-4609170
29	青海省发展改革委	西宁市城西区五四大街五四西路 4 号	www. qhfgw. gov. cn	0971-6305723
30	宁夏回族自治区发展改革委	银川市兴庆区解放西街 361 号	www. nxdrc. gov. cn	0951-5043224
31	新疆维吾尔自治区发展改革委	乌鲁木齐市明德路 16 号	www. xjdrc. gov. cn	0991-2824119
32	新疆生产建设兵团发展改革委	乌鲁木齐市天山区光明路 196 号	fgw. xjbt. gov. cn	0991-2899048
33	哈尔滨市发展改革委	哈尔滨市松北区世纪大道 1 号	fgw. harbin. gov. cn	0451-84664670
34	长春市发展改革委	长春市人民大街 10111 号	www. ccdrc. gov. cn	0431-88777185
35	沈阳市发展改革委	沈阳市沈河区市府大路 260 号	www. sydrc. gov. cn	024-22741749
36	大连市发展改革委	大连市人民广场 1 号	www. pc. dl. gov. cn	0411-83635944
37	济南市发展改革委	济南市经二路 193 号	www. jndpc. gov. cn	0531-66607115

续表

序号	备案管理部门	通讯地址	网　址	联系电话
38	青岛市发展改革委	青岛市南区香港中路 11 号	www. qddpc. gov. cn	0532-85913638
39	南京市发展改革委	南京市北京东路 43-2 号	www. njdpc. gov. cn	025-68789642
40	杭州市发展改革委	杭州环城北路 318 号 19 楼	www. hzdpc. gov. cn	0571-85251802
41	宁波市发展改革委	宁波市解放北路 91 号（市政府北大院）	www. nbdpc. gov. cn	0574-87183993
42	厦门市金融办	厦门市思明区鹭江道 265 号交通大厦 19 楼	www. xmjr. gov. cn	0592-2660573
43	广州市发展改革委	广州市连新路 45 号 1108	www. gzplan. gov. cn	020-83123760
44	深圳市金融办	深圳市福田区福中三路市民中心 C 区 4059-4063	www. jr. sz. gov. cn	0755-82107542
45	武汉市发展改革委	武汉市汉口沿江大道 188 号	www. whjw. gov. cn	027-82796124
46	成都市发展改革委	成都市青羊区人民西路 2 号	www. cddrc. gov. cn	028-61881550
47	西安市发展改革委	凤城八路 108 号市政府 7 号楼	www. xadrc. gov. cn	029-86786324